BRIGITTE KÜSTER

Hoch-sensibilität.

Den eigenen Weg finden

SCM
Hänssler

SCM

Stiftung Christliche Medien

SCM Hänssler ist ein Imprint der SCM Verlagsgruppe,
die zur Stiftung Christliche Medien gehört,
einer gemeinnützigen Stiftung, die sich für die Förderung und Verbreitung
christlicher Bücher, Zeitschriften, Filme und Musik einsetzt.

Max-Eyth-Straße 41 · 71088 Holzgerlingen
Internet: www.scm-haenssler.de · E-Mail: info@scm-haenssler.de

Lektorat: Christiane Kathmann, www.lektorat-kathmann.de
Umschlaggestaltung: Sybille Koschera, Stuttgart
Titelbild: Illu Hand: juanmagarcia, istock
Autorenfoto: © Asger Jürgensen
Satz: Kathrin Spiegelberg, www.spika-design.de
Druck und Bindung: Finidr s.r.o.
Gedruckt in Tschechien
ISBN 978-3-7751-5967-8
Bestell-Nr. 395.967

Inhalt

HOCHSENSIBILITÄT UMSETZEN

Hochsensibel. Das Buch der Ideen und Möglichkeiten

Es war an einem Spätsommertag in Zürich. Die Sonne zauberte glitzernde Reflexe auf die Limmat. Ich saß mit meinem Mann in einem meiner Lieblingsrestaurants. Draußen, mit Blick auf den Fluss, ein Kaltgetränk vor uns. Genuss pur. Wir ließen uns die Sonne ins Gesicht scheinen und ich dachte an ein neues Buch.

Jedes Buch ist zuerst einmal ein Gedanke und mich fasziniert der Prozess vom Gedanken zum fertigen Werk, welches man in den Händen halten kann, jedes Mal aufs Neue. Und es ist jedes Mal gleich aufregend, mitzuerleben, wie sich Gedanken materialisieren.

Dort, an diesem schönen sonnigen Tag in Zürich, sprachen wir über Kochen, Essen, Genießen und was das alles mit Hochsensibilität zu tun hat. Mir wurde bewusst, dass die meisten Bücher zum Thema Hochsensibilität beschreiben, wie es sich anfühlt, sehr sensibel zu sein. Dabei gerät häufig, ohne dass die Autoren dies beabsichtigen, eine leicht negative Sichtweise in den Fokus. Obwohl in diesen Büchern zum Thema Hochsensibilität ausdrücklich hervorgehoben wird, dass es sich um eine Gabe, eine Begabung oder zumindest einen neutralen Wesenszug handelt, wird den Schwierigkeiten, die damit verbunden sind, oft ein Übermaß an Aufmerksamkeit geschenkt. Das ist verständlich, da es zum Menschsein dazugehört, Problemen viel Energie zu widmen. Evolutionsforscher sind der Ansicht, dass es sich dabei um einen Überlebensmechanismus handelt. Vor Urzeiten war es überlebenswichtig, sich Problemen zu stellen, wie etwa: Wo kommt die nächste Mahlzeit her? Wie können wir uns vor wilden Tieren schützen? Wie können wir uns warm halten? Probleme zu erkennen und zu lösen, sicherte das Überleben der Sippe. Forscher haben herausgefunden, dass das menschliche Gehirn stärker auf negative Meldungen, News oder Reize reagiert als auf positive. Und zwar kulturübergreifend![1] Dabei geht leider oft der Blick für das Positive verloren.

Wenn man in dem, was man hört und liest, das eigene Empfinden wiederfindet, fühlt man sich verstanden. Dies ist wie Balsam auf der Seele. Verständnis für Hochsensibilität zu zeigen heißt nun aber nicht, sich auf die Probleme zu fokussieren und ein übergroßes Maß an Energie auf die Schwierigkeiten zu legen, die mit einer hochsensiblen Veranlagung verbunden sein können. Stattdessen möchte ich Hochsensibilität als das anerkennen und darstellen, was es ist: eine Veranlagung unter vielen. Es ist wichtig, anzuerkennen, dass jemand hochsensibel ist, aber eher ungünstig, diesem Wesenszug eine zu große Dominanz einzuräumen.

Darum wünsche ich mir, dass Sie sich in der Tiefe kennenlernen und Ihre Veranlagung zur Hochsensibilität in Beziehung zu anderen Persönlichkeitsanteilen setzen können. Die Art und Weise, wie sich Ihre hochsensible Veranlagung in Ihrem Erwachsenenleben zeigt, ist das Ergebnis eines Zusammenspiels aller Ihrer Anlagen und Eigenschaften.

Machen Sie sich bewusst, dass Sie auch begeisterungsfähig, wissbegierig, innovativ, großzügig und engagiert sind!

Damals in Zürich wurde mir einmal mehr klar, dass es Millionen sensibler Menschen auf dieser Welt gibt, von denen jeder einzelne etwas Großartiges für die Gesellschaft zu leisten vermag, sei es in der Familie, im Freundeskreis, im Verein, in Wirtschaftsunternehmen, in der Gemeinde, im Ehrenamt oder in der Politik. Gleichzeitig fragte ich mich, warum Hochsensible in der breiten Öffentlichkeit so wenig sichtbar sind. Was braucht es, damit sehr sensible Menschen ihre Kraft und ihr Potenzial entfalten können und Empfindsamkeit als eine Stärke angesehen wird?

Dieses Buch habe ich für Sie geschrieben. Für den neugierigen, kreativen, engagierten und hochsensiblen Menschen, der Sie in Ihrem Wesenskern sind. Deshalb ist es mehr als nur die Summe seiner Anregungen und Übungen. Es zeigt Ihnen, wie Sie Ihre hochsensible Veranlagung individuell und kreativ für sich selbst und andere nutzen können, ohne sich ausgenutzt und unverstanden zu fühlen.

Ob streng nach Anleitung oder ganz nach Ihren Bedürfnissen – hier lernen Sie nebenbei, Ihrer Intuition zu vertrauen und die Möglichkeiten Ihrer Hochsensibilität frei zu entfalten. Dabei werden Sie feststellen, dass manche Vorschläge besser zu Ihnen passen als andere.

Ich möchte Sie ermutigen, im Einklang mit sich selbst zu leben und kreativ zu handeln. Alles, was Sie dazu brauchen, tragen Sie bereits in sich! In diesem Buch finden Sie Impulse, wie Sie diese umsetzen und auf eine einfache, gute Weise hochsensibel leben können – verständlich erklärt und mit Übungen, die Sie sofort umsetzen können.

Nachdem ich mich nun schon seit gut 15 Jahren mit Hochsensibilität beschäftige, ist in mir die Gewissheit gereift, dass jeder Mensch lernen kann, Sensibilität als etwas Positives und Nützliches anzuerkennen. Dabei ist aber jeder Mensch anders, hat eigene Vorstellungen, Bedürfnisse und einen ganz eigenen biografischen Hintergrund. Und das ist gut so.

Deswegen ist dieses Buch so aufgebaut, dass die Anregungen und Übungen alle miteinander kombinierbar sind. Wählen Sie diejenigen aus, die für Sie Sinn ergeben und von denen Sie sich angesprochen fühlen. Lassen Sie Ihrer Kreativität freien

Lauf und wandeln Sie die Übungen so ab, dass sie für Sie passen. Werden Sie gut Freund mit Ihrer Hochsensibilität, stellen Sie die Anregungen individuell zusammen und formen Sie so Ihre Persönlichkeit. Es gibt kein Richtig und Falsch – experimentieren Sie, überprüfen, testen und verwerfen Sie; Sie wissen am besten, was zu Ihnen passt.

Könnerschaft und Improvisation entstehen aus fundiertem Wissen, deshalb finden Sie in diesem Buch auch einführende Texte zu Grundlagen und Prinzipien der Hochsensibilität. Die Freude am Entdecken und Ausformen Ihrer Hochsensibilität soll dabei jedoch im Vordergrund stehen.

Seit einigen Jahren ist mir das Kochen wichtig geworden – nicht das Kochen, welches der täglichen Nahrungsaufnahme dient und sozusagen eine Pflicht ist, um die Familie zu ernähren, sondern jenes Kochen, welches mit Handwerk, Geschick, Lust und Freude Lebensmittel zu schmackhaften Gerichten transformiert, mit denen man sich selbst, der Familie und Freunden schöne Genussmomente bereiten kann. So darf es nicht verwundern, dass ich mich für dieses Buch von einigen Kochbüchern habe inspirieren lassen.

Mir begegnen in meiner Arbeit viele Menschen, die sozusagen nach »Rezepten« suchen, wie sie mit ihrer Hochsensibilität umgehen sollen. Selbstverständlich gibt es nicht das *eine* Rezept, welches für alle Gültigkeit besitzt, aber es gibt Zutaten, die den Geschmack des ganzen Gerichts bestimmen, und andere Beigaben, die man ersetzen oder weglassen kann. Kurz gesagt: Es gibt Grundzutaten und es gibt »Goodies«, die ein Gericht abrunden und ihm eine individuelle Note verleihen.

Um eine Idee davon zu bekommen, wie das »ideale« Rezept Ihrer Persönlichkeitsentwicklung aussieht, benötigen Sie zunächst einmal eine Ahnung von den Grundzutaten, die Ihnen dieses Buch vorstellt. Danach sind Sie in der Lage, selbstständig weitere »Zutaten« zu Ihrer »Küche« hinzuzufügen und mit Ihren Stärken und Wesenszügen zu performen, sodass letztlich Ihre eigene hochsensible »Kochkunst« entsteht.

Ich wünsche Ihnen viel Spaß, Experimentierfreude und gutes Gelingen dabei!

Herzlichst
Brigitte Küster

Vor dem Start

Den eigenen Weg zu finden funktioniert mit diesem Buch intuitiv. Dennoch möchte ich Ihnen ein paar Tipps geben, wie Sie es benutzen können.

Suchen Sie nach grundsätzlichen Informationen? Möchten Sie wissen, was Hochsensibilität überhaupt ist, welche Kriterien dazu gehören und welche nicht? Dann lesen Sie zunächst das Kapitel »Grundsätzliches und Wissenswertes«.

Wissen Sie schon viel und möchten zusätzliche Anregungen zur hochsensiblen Lebensgestaltung erhalten? Dann beginnen Sie gleich mit den entsprechenden Kapiteln, in denen Sie nach Lust und Laune stöbern können.

Es ist nicht notwendig, das Buch von vorne bis hinten in einem Stück zu lesen (obwohl Sie das natürlich tun können, wenn es Ihre Gründlichkeit von Ihnen verlangt), vielmehr können Sie es auf Ihre Bedürfnisse hin anwenden. Das stellt an sich schon eine Herausforderung dar, weil Sie dafür wissen sollten, was Sie am meisten brauchen. Keine einfache Sache, denn gerade hochsensible Menschen verlernen im Laufe ihres Lebens oft, eigene Bedürfnisse wahrzunehmen.

Deshalb hier mein Rat: Folgen Sie Ihrer Neugier, stöbern Sie, denken Sie, lassen Sie sich inspirieren!

Aufbau und Struktur

So wie professionelle Restaurantküchen einem bestimmten Aufbau folgen, hat auch dieses Buch eine Struktur.

VERSTEHEN

Im ersten Teil werden grundlegende Fakten vermittelt. Diese Kapitel verhelfen Ihnen zu einem Verständnis von dem, was man unter Hochsensibilität versteht, welche seriösen wissenschaftlichen Studien es dazu gibt und welche Forscher zu diesem Thema tätig sind. Man könnte sagen, hier werden die Grundlagen und die Handhabung der Grundzutaten vermittelt.

Unsere Persönlichkeit entwickelt sich unser Leben lang, ob es uns nun bewusst ist oder nicht. Daher werden andere Persönlichkeitsanteile wie Intro- und Extraversion oder Sensation Seeking ebenfalls in Bezug zur Hochsensibilität gesetzt. Sie lernen die Kriterien der Hochsensibilität kennen und wie sie sich von anderen Phänomenen wie beispielsweise AD(H)S abgrenzen lässt.

PERFORMEN

Unter Performance verstehe ich in diesem Buch die Kunst, mit der hochsensiblen Veranlagung zu jonglieren, zu spielen, zu experimentieren und daraus etwas ganz Eigenständiges zu machen. Deshalb schließt sich an den ersten Teil eine weiterführende Reflexion über die Möglichkeiten der Entfaltung Ihrer hochsensiblen Veranlagung an. Einen Übungsteil mit Anregungen finden Sie im dritten Teil dieses Buches. Außerdem gibt es weiterführende Gedanken zu Gesundheit, Stress und Resilienz, immer in Verbindung zur Veranlagung der Hochsensibilität.

Im Anhang finden Sie Tests und Fragebögen, wertvolle Literaturtipps, Links zu verschiedenen Themen, die im Buch behandelt werden, sowie das Literatur- und Quellenverzeichnis.

UMSETZEN

Im Übungsteil werden Anregungen vorgestellt, die nach Themen geordnet sind. Es gibt Übungen zu den Themen Neugier,

Kreativität, Schüchternheit, Abgrenzung, Selbstkompetenz und vieles mehr. Lassen Sie sich inspirieren!

Obwohl sich dieses Buch primär an eine hochsensible Leserschaft richtet, möchte ich betonen, dass Normalsensible ebenso von den Übungen profitieren können, denn was Hochsensiblen guttut, tut auch Normalsensiblen gut.

Die Grund-Übungen können von jedem Menschen zur Formung der eigenen Persönlichkeit eingesetzt werden. Sie sind allgemeingültig. Daneben gibt es zahlreiche Methoden und Techniken, die variiert und nach Belieben miteinander kombiniert werden können.

Die Grundzutaten

Bevor es losgeht, lassen Sie mich wieder eine Analogie zum Kochen herstellen:

In jeder Küche gibt es Grundzutaten, die praktisch immer vorhanden sind. Dazu gehören zum Beispiel Salz, Pfeffer, Öl, Gewürze, Pasta, Reis und vielleicht auch die eine oder andere Tiefkühlpizza (kein schlechtes Gewissen haben, bitte).

Sie können keine Nudeln kochen, wenn Sie keinen Topf haben. Deshalb gehören Töpfe und Pfannen zur Grundausstattung einer Küche, ebenso wie Siebe, Pfannenwender und Besteck. Alle diese Dinge sind uns so selbstverständlich, dass wir kaum darüber nachdenken, sondern einfach in die Schublade greifen und das entsprechende Werkzeug herausholen.

Erinnern Sie sich an Ihre erste eigene Wohnung? Vielleicht sah es bei Ihnen so ähnlich aus wie bei mir: Ich besaß einen Topf (für alles), ein Sieb, eine Pfanne (Durchschnittsgröße), einen Satz Besteck, einen Pfannenwender. Das war’s. Ich kam zurecht – aus heutiger Sicht für mich kaum vorstellbar.

So ist es auch um die Persönlichkeit bestellt. Zunächst legen wir uns das absolut notwendige Rüstzeug zu, welches wir zum Überleben benötigen. Mit der Zeit und steigendem Können kommen immer mehr Utensilien hinzu, Spitzsiebe, Kartoffelpressen, Durchschlagtücher, Auflaufformen, Wärmeschubladen und so weiter.

Ich glaube, dass es Eigenschaften gibt, die zu jeder Grundausstattung eines hochsensiblen Menschen gehören sollten und die man entwickeln kann. Ohne diese Eigenschaften ist es kaum möglich, zur Performance zu gelangen. Dazu zählen:

- Neugierde
- Kreativität
- Engagement
- Durchhaltevermögen
- Feingefühl

NEUGIERDE

Wenn Sie schon länger Mutter oder Vater sind, dann konnten Sie sicher an Ihren Kindern beobachten, wie sie sich anschickten, die Welt zu entdecken. Kaum konnte das Kind laufen, mussten Sie alle Gegenstände außerhalb seiner Reichweite bringen. Wahrscheinlich staunten Sie manchmal nicht schlecht, wie schnell es auf seinen kurzen Beinchen sein konnte, wenn es ein Ziel ins Auge gefasst hatte. Vorzugsweise dürfte es sich von Ihnen wegbewegt haben, denn ein gesundes Kind ist neugierig.

Was bei sehr kleinen Kindern als gesunder Entdeckerdrang angesehen wird, wird mit zunehmendem Alter eher mit Skepsis bis Ablehnung betrachtet. Es gilt nicht als erstrebenswert, neugierig zu sein. Wer kennt sie nicht, die neugierige und deshalb nervige Nachbarin hinter den Gardinen? Deshalb weisen viele Leute die Behauptung, neugierig zu sein, weit von sich.

Tatsächlich wird Neugier in der Wissenschaft und Philosophie ambivalent beschrieben. Bereits der Kirchenlehrer Augustinus (354-430 n. Chr.) drückte aus, dass sich die »Neugier als Wissensdrang tarnt«[2]. Thomas von Aquin zählte die Neugier zu den Lastern, die Wissbegier aber zu den Tugenden.[3] In der Folge wurde es im Laufe der Jahrhunderte immer verpönter, neugierig zu sein, obwohl uns jedes Kind lehrt, dass eine gesunde Neugierde dazu führt, dass wir die Welt entdecken, sie verstehen und begreifen. Ich möchte Sie deshalb dazu inspirieren, die eigene Neugier wiederzuentdecken und als Grundzutat Ihrer Persönlichkeit anzuerkennen, so wie ich es getan habe.

Vor einiger Zeit gab mir eine Klientin den Link zu einem Persönlichkeitsstärkentest, den sie im beruflichen Kontext anwendet. Ich stelle mich in solchen Fällen gerne als »Versuchskaninchen« zur Verfügung, weil ich immer auf der Suche nach Werkzeugen bin, die hochsensiblen Menschen nützlich sein können. Vor dem Test meinte ich, dass ich über eine hohe soziale Kompetenz verfüge, schließlich arbeite ich schon seit zwanzig Jahren mit Klienten und Klientinnen – und an mir selbst, seitdem ich denken kann. Stellen Sie sich meine Überraschung vor, als das Testergebnis mir als hervorstechendstes Merkmal Neugier attestierte, gleich gefolgt von der Liebe zum Lernen. Soziale Kompetenz kam erst auf Platz vier!

Es fiel mir nicht leicht, dieses Ergebnis zu akzeptieren, aber es brachte mich zum Nachdenken. Nach und nach kamen mir immer mehr Beispiele aus meinem Leben in den Sinn, die ich unter dem Begriff Neugierde verorten konnte. Ich lernte, anzuerkennen, dass ich neugierig bin, und in der Kombination mit meiner Liebe zum Lernen habe ich mich damit ausgesöhnt. Neugier in diesem Sinne meint Wissbegierde, und über diese verfüge ich in reichem Maße. Es reizt mich überhaupt nicht, zu erfahren, welches Auto der Nachbar in seiner Garage stehen hat oder wie oft er wilde Partys feiert. Doch es interessiert mich immer, was Menschen bewegt und welche Erfahrungen dazu führen, ob jemand dem Leben positiv oder eher skeptisch gegenübersteht. Ich möchte wissen, wie andere Schwierigkeiten meistern und was sie inspiriert. In diesem Sinne bin ich wirklich sehr neugierig.

Was ich hier mit Neugier meine, ist also die Wissbegierde, die zur Erkenntnis führt. Wenn die Neugier gering ist, dann fehlt es auch an der Motivation, etwas Neues und Originelles zu entwickeln.

Wenn Sie möchten, können Sie in Übung 1 nachschauen, welche Anregungen ich für Sie habe, um Ihre gesunde und angeborene Wissbegier zu stärken und wiederzubeleben, bevor Sie weiterlesen.

KREATIVITÄT

Kreativität ist die Fähigkeit, etwas Neues zu erschaffen. Der Begriff bezeichnet die Eigenschaft eines Menschen, gestalterisch oder schöpferisch tätig zu sein. Damit ist aber nicht nur die bildende Kunst oder Musik gemeint, sondern jeder Prozess, in dem etwas Neues und Originelles entsteht. Es ist zum Beispiel sehr kreativ, wenn Sie in Ihren Vorratsschrank schauen und sich überlegen, was Sie aus den Lebensmitteln kochen oder backen können, die Sie vorfinden. Ebenso zeugt es von Kreativität, im Gespräch neue Wege oder Möglichkeiten in Sprache, Gestik und Mimik zu erforschen, um einem möglichen Konflikt die Spitze zu nehmen.

Kreativ zu sein ist jedem Menschen angeboren. Beobachten Sie einmal ein Kind, das einen Gegenstand erforscht: Es wird ihn in den Mund nehmen, ihn betasten, erschmecken, erfühlen und schauen, was sich mit ihm anstellen lässt, ungeachtet seiner eigentlichen Funktion, von der das Kind ja noch nichts weiß.

Leider wird Menschen im Laufe des Sozialisierungsprozesses diese Kreativität »aberzogen« und in den Bereich der Kunst verwiesen. Das liegt unter anderem daran, dass das Bildungssystem in den westlichen Industrienationen sehr einseitig auf Wissenserwerb ausgerichtet ist. Wenn $1 + 1 = 2$ ist, bleiben kreative Lösungsansätze auf der Strecke.

Als meine Tochter in der dritten Klasse war, hatten die älteren Schüler und Schülerinnen einmal die Möglichkeit, an einer Unterrichtsstunde in den unteren Klassen teilzunehmen. Meine Tochter besuchte an diesem Tag eine Mathematikstunde in der ersten Klasse. Das Mädchen, neben dem meine Tochter saß, sollte die Aufgabe $2 + 2$ lösen. Sie überlegte nicht lange und rief unbekümmert: »Hm, ach, da schreibe ich jetzt einfach mal 7 hin!« Wir können davon ausgehen, dass das Mädchen diese Art von Kreativität nicht lange beibehalten konnte. Hoffentlich durfte sie ihre Schöpfungskraft dafür auf anderen Gebieten ausleben.

Auch bei meiner Tochter durfte ich erleben, wie kreativ Kinder sein können. Als sie drei oder vier Jahre alt war, liebte sie es, zu malen, und es entstanden viele bunte Bilder. Später im Kindergarten gab es Bilder zum Ausmalen. Sie malte von Anfang an exakt aus, aber bei ihr waren die Pferde rot, grün, gelb und blau, was ich eigentlich sehr schön und kreativ fand – bis eines Tages die Erzieherin meinte, dass das nicht richtig sei, denn es gäbe keine blauen Pferde. Auf meine Frage, warum sie denn keine bunten Pferde malen dürfe, entgegnete mir die Erzieherin: »Kann sie überhaupt realistische Pferde malen?« Ich wusste nichts mehr zu sagen. Im Rückblick betrachtet, denke ich, dass damals etwas mit der Kreativität meiner Tochter passiert ist. Fortan malte sie nur noch »realistisch« und nie mehr bunt.

Es ist sehr schade, dass Kreativität im Bildungssystem nur eine untergeordnete Rolle spielt, denn dadurch ist vielen Erwachsenen nicht bewusst, dass sie eigentlich kreativ sind. Dabei sind Sie dazu geboren, schöpferisch tätig zu sein! Aber die kreative Veranlagung kann verkümmern, wenn sie nicht geübt und gefördert wird.

Kreativ im Umgang mit der hochsensiblen Veranlagung zu sein, bedeutet, alle Aspekte der Empfindungsfähigkeit zu nehmen und eventuell neu zu bewerten. Hochsensible Menschen sind von Natur aus kreativ, denn sie finden oft innovative Lösungen und gestalten ihr Leben (je nach Reifegrad) farbig und differenziert.

Deshalb befasst sich Übung 2 im Übungsteil dieses Buches mit Anregungen für das (Wieder)entdecken Ihrer Kreativität.

ENGAGEMENT

Unter Engagement wird klassisch ein intensiver Einsatz für eine Sache verstanden. Diese Definition beinhaltet verschiedene Aspekte: Da ist zum einen die »Sache«, ein Thema, welchem man sein Engagement widmet. Viele Prominente, von Sportlerinnen über Sänger bis hin zu First Ladies, sind Botschafter für Stiftungen, gemeinnützige Organisationen oder gründen selbst welche zu einem Thema, das für sie Bedeutung hat, wie zum Beispiel der Opernsänger José Carreras, der aufgrund seiner eigenen Erkrankung die Deutsche José Carreras Leukämie-Stiftung e.V. gegründet hat. Zum anderen wird beim Engagement der intensive Einsatz hervorgehoben. Wirkliches Engagement lässt sich nicht so nebenbei betreiben, sondern verlangt oft eine anstrengende, intensive Beschäftigung mit dem Thema und ein besonderes Einlassen darauf. Dementsprechend bezeichnet

Engagement auch eine Verpflichtung. Es ist sicher kein Zufall, dass »Verlobung« im Englischen »Engagement« heißt.

Vielleicht fragen Sie sich, warum ich Engagement zu den Grundzutaten zähle, ohne die eine Performance im Umgang mit Hochsensibilität nicht möglich ist. Hochsensible neigen durch ihre intensive Wahrnehmung dazu, sich über das normale Maß hinaus für etwas oder jemanden zu engagieren. Sie sehen Handlungsbedarf, bevor andere ihn wahrnehmen. Wenn sie sich einmal für etwas entschieden haben, halten sie außerdem lange daran fest und sind in der Regel ihrem Engagement treu. Idealerweise empfinden sie einen großen Sinngehalt in ihrer Aufgabe. Fehlt dieser Sinn allerdings und haben sie noch nicht das passende Engagement gefunden, welches sie über eine längere Zeit hinweg interessiert, dann fühlen sie sich leer und unzufrieden.

Bevor mich das Thema Hochsensibilität getroffen hat, ging es mir genauso. Alles, was ich bis dahin getan hatte, hat mein Herz nicht berührt. Immer schon hatte ich eine »soziale Ader«, deshalb habe ich mich schon in jungen Jahren im deutschen Kinderschutzbund eingebracht, Briefe im Auftrag von Amnesty International geschrieben, diverse Patenschaften für Kinder in Entwicklungsländern gehabt und mich, als ich mit sechzehn Jahren für ein paar Wochen ins Krankenhaus musste, um sterbende Mitpatientinnen gekümmert. Es ist mein Naturell, dass ich mich kümmere – trotzdem habe ich bei diesen Tätigkeiten nie ein solches Engagement erlebt wie beim Thema Hochsensibilität. Ich lebe dieses Thema mit meiner ganzen Kraft und es ist mir außerordentlich wichtig, Verständnis für die sensiblere Wesensart zu wecken und hochsensible Menschen zu stärken. Das ist meins und dafür stehe ich ein, so gut ich kann. Ich möchte behaupten: Solange Sie nicht dieses Feuer in sich spüren, so lange haben Sie *Ihr* Engagement noch nicht gefunden.

Aufgrund Ihrer hochsensiblen Veranlagung kann ebenfalls ein solches Engagement für ein Thema entstehen. Wenn Sie sich intensiv mit Ihrer hochsensiblen Veranlagung beschäftigen, können Sie das nicht halbherzig tun. Das Thema verlangt Engagement, eine intensive Beschäftigung mit der Sache. Meines Erachtens liegt darin der Grund dafür, dass viele sehr sensible Menschen mit ihrer Veranlagung nicht zur Performance kommen. Sie bemühen sich zwar darum, die eigene Veranlagung zu akzeptieren, beschäftigen sich aber nur im Stillen damit und scheuen die Konsequenzen, die eine Intensität mit sich bringt. Dabei sind die Voraussetzungen jedem hochsensiblen Menschen gegeben, denn sie empfinden von Natur aus intensiv. Aus dieser Intensität heraus entsteht oft ein Engagement für gesellschaftliche, wirtschaftliche oder politische Themen, welches seinesgleichen sucht.

In Übung 15 finden Sie Anregungen und Impulse, wie Sie Ihr persönliches Engagement entdecken und stärken können.

DURCHHALTEVERMÖGEN

Eine weitere Grundzutat ist das Durchhaltevermögen. Neugier, Kreativität und Engagement sind zweifellos wichtig, aber wenn das Durchhaltevermögen fehlt, kommt man mit diesen Eigenschaften nicht weit. Meiner Ansicht nach ist das Durchhaltevermögen das Bindemittel, welches alle Grundzutaten zusammenhält.

Es geht nicht darum, dass Sie an jeder Sache unbedingt bis zum Ende festhalten müssen. Manchmal zeigt sich, dass es besser ist, eine Entscheidung rückgängig zu machen. Mitunter aber kann es für die Formung Ihrer Persönlichkeit notwendig sein, über Phasen der Ungeduld, der Unlust oder des Widerstandes hinweg durchzuhalten. Das gilt für Beziehungen, Arbeitsstellen, größere Projekte (das können auch Handarbeiten sein) oder Vereinsarbeit. Die Kunst ist, zu unterscheiden zwischen dem, was man besser aufgibt, und dem, wo Durchhalten sich lohnt.

Ich kenne Menschen, denen es schwerfällt, ein Buch bis zum Ende zu lesen. Mag sein, sie lesen generell nicht gerne, mag sein, dass ihnen der Inhalt des Buches nicht zusagt oder der Stil sie ärgert. Das allein ist für mich noch kein Indiz für ein schlechtes Durchhaltevermögen. Man muss sich immer anschauen, warum etwas nicht geht. Gravierender ist es beispielsweise, wenn Menschen ihre Berufsausbildung vorzeitig abbrechen. Dann muss man sich fragen, woran das liegt. War die Motivation nicht groß genug oder hat man sich vielleicht etwas anderes vorgestellt?

Hochsensible Menschen verfügen meiner Erfahrung nach über ein gutes Durchhaltevermögen. Das führt aber öfters dazu, dass sie an den falschen Dingen oder Menschen festhalten, über das gesunde Maß hinaus.

Im Übungsteil dieses Buches finden Sie Anregungen, die Ihnen helfen können, sinnvolles Durchhalten von sinnlosem Festhalten zu unterscheiden.

FEINGEFÜHL

Feingefühl ist etwas, was Hochsensiblen gerne zugeschrieben wird – zeichnet sich diese Veranlagung doch durch eine hohe Wahrnehmungsfähigkeit aus. Aber verstärkt wahrzunehmen, muss nicht unbedingt heißen, dass man über Feingefühl verfügt. Feingefühl beinhaltet, auf die Gefühle anderer Personen rücksichtsvoll einzugehen.[4] In dem Strudel der mannigfaltigen Wahrnehmungen geht genau dies aber hochsensiblen Menschen manchmal verloren.

Um mit einem Mythos aufzuräumen: Hochsensibel zu sein, bedeutet nicht, in jedem Falle empathisch oder rücksichtsvoll zu sein. Zur Ausbildung des Feingefühls braucht es vor allem Ruhe und Gelassenheit, Dinge, die man sich erarbeiten kann. Wenn ein hochsensibler Mensch unter großer Anspannung steht, ist es für ihn jedoch kaum möglich, rücksichtsvoll auf andere einzugehen. Rücksicht wird dann nur gegen sich selbst angewandt. In solchen Momenten nehmen sich Hochsensible selbst besonders fein wahr und fühlen sich vielleicht schon durch Kleinigkeiten stark verletzt.

Auf der anderen Seite gibt es Hochsensible, die eine offen zur Schau getragene Empathie für alle anderen zeigen, sich selbst dabei aber vergessen. Beide Ausformungen sind nicht nützlich.

Wie Sie Ihr Feingefühl kultivieren können, zeigen Ihnen die Impulse in Übung 9 hinten im Buch.

Nun kennen Sie die »Grundzutaten«, welche für einen gelingenden Umgang mit Ihrer hochsensiblen Veranlagung notwendig sind. Sollten Sie beim Lesen den Eindruck gewonnen haben, dass die eine oder andere »Zutat« bei Ihnen noch ausbaufähig ist, könn'en Sie im entsprechenden Kapitel dieses Buches nachschlagen, den Anregungen folgen und eigene Ideen kreieren.

Bevor man Veränderungen angehen kann, ist es notwendig, sich selbst besser zu verstehen. Deshalb geht es im nächsten Teil um Grundsätzliches und Wissenswertes zum Thema Hochsensibilität.

Hochsensibilität. Verstehen

Grundsätzliches und Wissenswertes

Wie alles begann

Falls Sie erst kürzlich auf das Thema Hochsensibilität gestoßen sind, fängt die Geschichte für Sie erst jetzt an. Für mich begann sie 2008, als mich eine Freundin anrief und mir von einem Buch zum Thema erzählte. Für Elaine Aron, Klinische Psychologin aus San Francisco, mag sie Anfang der 1990er-Jahre begonnen haben, als sie diesen Wesenszug systematisch erforschte und ihr erstes Buch darüber schrieb. Im deutschsprachigen Raum fiel der Startschuss ein paar Jahre später, Anfang des neuen Jahrtausends, als Arons Bücher erstmalig auf Deutsch erschienen. In der Geschichte insgesamt liegt der Startpunkt schon wesentlich früher.

Tatsächlich war bereits den Menschen im Altertum bewusst, dass sich Menschen in ihrer Empfindsamkeit unterscheiden. Entgegen der Meinung vieler Kritiker, Hochsensibilität sei eine Modeerscheinung und ein »Zeitgeistthema«, kann ich aufgrund meiner intensiven Beschäftigung damit sagen, dass es seit jeher sehr sensible Menschen gegeben hat. Allerdings lässt sich beobachten, dass aktuell wohl erstmalig in der Geschichte Hochsensibilität in der breiten Öffentlichkeit sehr viel Aufmerksamkeit erhält und sich viele Menschen mit diesem Begriff identifizieren. Dabei werden durch einseitige Berichterstattung in den Medien und lückenhaftes Allgemeinwissen Missverständnisse geschürt.

Es gibt viele Theorien darüber, weshalb immer mehr Menschen empfindlich auf Reize reagieren. Während Empfindlichkeit im öffentlichen Sprachgebrauch negativ gefärbt ist (»Sei nicht immer so empfindlich«), aber durchaus auch Sensibilität einschließt, geht der Begriff der Empfindsamkeit auf die Zeit der Aufklärung des 18. Jahrhunderts zurück, die man auch als Zeitalter der Empfindsamkeit bezeichnet.[5] In der damaligen

Auffassung wurde überschwängliches Gefühl nicht als Makel betrachtet, sondern als Merkmal eines sittlichen Menschen. Wie Tom Falkenstein schreibt, gehörte das Kultivieren der Empfindsamkeit zum guten Ton, vor allem bei Männern aus gutem Hause.[6] Es ist also nicht falsch, von Empfindlichkeit zu sprechen, wenn wir Hochsensibilität einen. Ich bevorzuge dennoch den Begriff Empfindsamkeit, weil er auch das positive Reagieren auf Reize in den Fokus nimmt.

Zu den angesprochenen Theorien gehört die Auffassung, dass die Böden, auf denen Ackerbau betrieben wird, durch Misswirtschaft (übertriebene Ertragssteigerung durch Düngemittel und den Einsatz von Pestiziden) belastet und ausgelaugt sind und dadurch die Lebensmittel weniger vollwertig sind. Dadurch können Mangelzustände im menschlichen Organismus entstehen, und möglicherweise reagieren hochsensible Menschen darauf besonders stark. Ein Arzt hat mir einmal erläutert, dass das hochsensible Gehirn mit Spitzensportlern zu vergleichen ist und dass es deshalb genauso viel Energie benötigt wie diese.

Aufgrund dieser Zusammenhänge werden Nahrungsmittelergänzungspräparate im Zusammenhang mit Hochsensibilität diskutiert.[7] Wie Anne-Barbara Kern schreibt, stellt Nahrungsergänzung alleine aber nicht die Lösung aller Probleme dar. Durch die Mittel wird lediglich die Energie zur Verfügung gestellt, damit das Gehirn leistungsfähiger ist und mentale Techniken wirkungsvoller sind. Kern stellt klar, dass alte Verhaltensmuster dadurch nicht verändert werden und negative Muster sogar durch die erhöhte Energiezufuhr verstärkt oder wiedererweckt werden können.[8] Deshalb sollten Nahrungsergänzungsmittel nur unter Beobachtung und Begleitung von Fachpersonen eingenommen werden.

Nicht alles, was empfindlich ist, ist hochsensibel. Die Tendenz, alles, was nur annähernd empfindsam ist, mit Hochsensibilität in einen Topf zu werfen, beobachte ich daher mit Sorge. Vieles wird miteinander vermischt und verwechselt. Durch Halbwissen verbreiten sich unseriöse Ansichten darüber, was Hochsensibilität ist, und es werden Ressentiments geschürt mit Aussagen und Fragen wie: »Sind das diese Mimosen?«, »Für Weicheier ist kein Platz in dieser Welt«, oder: »Sensible Menschen sind nicht belastbar.« Menschen sind weder nur »verletzlich« oder nur »belastbar«, wie es die Berichterstattung in den Medien oft nahelegt.

Deshalb ist viel seriöse Aufklärungsarbeit nötig und dieses Buch möchte seinen Beitrag dazu leisten, indem es Hochsensibilität beschreibt und von anderen Phänomenen abgrenzt.

Was ist Hochsensibilität?

Um diesen Wesenszug zu verstehen, ist es hilfreich, zu wissen, was Hochsensibilität *nicht* ist. Wie ich oben dargelegt habe, ist Hochsensibilität keine »Modeerscheinung« und kein »Zeitgeistthema«. Ebenso wenig ist es eine Krankheit oder eine Störung, obwohl manche medizinische Fachleute Hochsensibilität als Begleiterscheinung von psychischen Störungen verstehen. Tatsächlich gibt es Störungsbilder, bei denen eine »erhöhte Sensibilität und Erregbarkeit« zu den Diagnosekriterien gehören. Diese treten zum Beispiel nach einem erlittenen Trauma auf (siehe Posttraumatische Belastungsstörung, S. 116). Wenn Sie sich mit dem Thema befassen, werden Sie jedoch erkennen, dass Hochsensibilität viel komplexer ist und die erhöhte Empfindsamkeit nur einen Teil, wenn auch einen beträchtlichen, davon ausmacht.

ERSTE FORSCHUNGSERGEBNISSE ZU EMPFINDSAMKEIT

Wenn Hochsensibilität also keine »Erfindung« unserer Zeit und keine Krankheit ist, was ist es dann? Die Antwort liegt in der Persönlichkeit des Menschen an sich. So verschieden Menschen auch sind, in Aussehen, Sprache, Kultur, Lebensstil und ökonomischem Status, so ähnlich sind sich manche doch in grundlegenden Wesensmerkmalen. Die erhöhte Empfindsamkeit ist so ein Wesensmerkmal, das in der gesamten Menschheit vorkommt.

Diese Erkenntnis veranlasste den amerikanischen Kinderarzt Thomas Boyce dazu, in seiner Eigenschaft als Professor für Pädiatrie und Psychiatrie an der University of California in San Francisco die Temperamentsunterschiede eingehend zu erforschen. In Laboruntersuchungen testete er mit seinem Team die Stressreaktivität von Kindern, indem er ihnen Zitronensaft zu schmecken gab, sie Fragen beantworten ließ, ihnen einen traurigen Film vorführte und sie Zahlenreihen auswendig lernen ließ – alles Aufgaben, bei denen ein Teil der Kinder hohe Aktivierungsstressreaktionen zeigte.[9] Dabei kristallisierte sich heraus, dass es sich um einen bestimmten Anteil der Probanden handelte. Etwa 20 Prozent der Kinder reagierten auf diese Weise stark. Weitere Forschungsergebnisse brachten Boyce und sein Team zu dem Schluss, dass es sich um ein Temperamentsmerkmal handelte, von dem ein stets gleichbleibender Prozentsatz (eben das oben erwähnte Fünftel) »betroffen« war.

Das, was wir heute unter Hochsensibilität verstehen, ist also ein Wesenszug, der zu einem bestimmten Prozentsatz in der Menschheit vorkommt. Nicht mehr und nicht weniger. Das Wissen, dass jemand mit diesem Merkmal ausgestattet ist, lässt keine Rückschlüsse darauf zu, ob diese Person Schwierigkeiten im Leben haben oder gar Krankheiten oder Störungen entwickeln wird. Denn auch das fand Boyce heraus: Je nachdem, ob die Kinder in einer liebevollen und förderlichen Umgebung aufwuchsen oder nicht, blühten sie entweder auf und entwickelten sich großartig, oder aber sie hatten mit Schwierigkeiten zu kämpfen und blieben weit hinter ihrem Potenzial zurück. Diese Erkenntnis ist bahnbrechend, denn es gilt als erwiesen, dass es nicht das Temperamentsmerkmal an sich ist, welches über »Gedeih und Verderb« entscheidet, sondern die Umgebungsbedingungen. Die Ansicht, Hochsensible seien von Natur aus verletzlich und nicht belastbar, ist also ein Mythos, der durch diese Untersuchungen widerlegt wird.

WAS ÄNDERT SICH?

Halten wir fest: Hochsensibilität (oder die erhöhte Empfindsamkeit, von der Boyce spricht) ist eine Disposition, eine Veranlagung, welche zu einem bestimmten Prozentsatz in der Menschheit vorkommt und als Wesensmerkmal weder gut noch schlecht, sondern neutral ist. Das bedeutet zweierlei: Einerseits sind die Unterschiede zwischen hochsensiblen und normalsensiblen Menschen real, andererseits stellt die Veranlagung zur Hochsensibilität keine Entschuldigung für ein egozentrisches oder ein extremes Rückzugs- und Schonverhalten dar.

Trotzdem kann es sehr sinnvoll sein, herauszufinden, ob man zu der Personengruppe der empfindsamen Menschen gehört, einerseits, weil man sich selbst dann besser versteht, andererseits, damit man sein zukünftiges Leben mit dieser Veranlagung gestalten kann und nicht länger dagegen ankämpfen muss.

Ich weiß aus eigener Erfahrung, welchen Unterschied dies machen kann. Bevor mich der Begriff Hochsensibilität gefunden hat, war ich der Meinung, es sei meine Schuld und praktisch mein »Versagen«, dass ich so empfindsam bin. Mit dem Wissen über diese Veranlagung konnte ich mein bisheriges Leben und meine Kindheit ganz anders einordnen und plötzlich bekam alles einen Sinn. Ich verstand mein Verhalten und begriff, dass viele Hürden in meinem Leben darauf zurückzuführen waren, dass ich gegen meine Veranlagung angekämpft hatte, oftmals aus dem Versuch heraus, mich der normalsensiblen Mehrheit anzupassen. Nun versuche ich schon seit einigen Jahren, mein Leben im Einklang mit meiner hochsensiblen Veranlagung zu gestalten. Das gelingt nicht immer gleich gut, aber unter dem Strich viel besser als früher. Aus diesen Erfahrungen heraus bin ich überzeugt, dass jeder Mensch, der hochsensibel ist oder als Elternteil oder pädagogisch/psychologisch tätige Person besonders empfindsame Kinder betreut, seinen ganz eigenen Nutzen aus diesem Wissen schöpfen kann.

Vielleicht erleben Sie auf diesem Weg auch Überraschungen. Möglicherweise sind Sie davon überzeugt, hochsensibel zu sein, aber beim Lesen der nächsten Kapitel kommen Ihnen Zweifel. Oder im Gegenteil: Sie haben so perfekte Bewältigungsstrategien erlernt, dass Sie bisher meinten, Sie seien normalsensibel, doch beim Lesen stellen Sie fest, dass Sie empfindsamer sind, als Sie dachten. Beide Erfahrungen und alle Nuancen dazwischen möchte ich willkommen heißen. Jede Erkenntnis führt zu mehr Tiefe und Bewusstsein über die eigenen empfindsamen Anteile, wie auch immer sie sich zeigen mögen.

DEFINITION

Aber gehen wir einen Schritt nach dem anderen: Die Annäherung daran, was Hochsensibilität ist, beinhaltet grundsätzliche Gedanken darüber, wie man Hochsensibilität definieren kann. Wie die Forschungen von Boyce gezeigt haben, hat erhöhte Empfindsamkeit etwas mit der Wahrnehmung zu tun, doch dies ist nicht die einzige Komponente. Hochsensible Menschen nehmen nicht nur verstärkt wahr, sondern sie verarbeiten auch komplex. Sehr empfindsame Menschen können Erlebnisse und Situationen nicht so leicht »ablegen«, sondern die Dinge »laufen ihnen nach« und sie brauchen offensichtlich mehr Zeit zur Verarbeitung. Außerdem machen Hochsensible oft die Erfahrung, dass sie die Gefühle anderer Menschen aufnehmen, als wären es ihre eigenen.

Die zweite Komponente, mit der man Hochsensibilität definieren kann, bezieht sich also auf die Verarbeitung von Reizen. Eine Studie von Bianca Acevedo und ihrem Team zeigte, dass die Verarbeitung von Reizen in hochsensiblen Gehirnen komplexer verläuft als bei Normalsensiblen.[10] Die Forscher fanden heraus, dass in hochsensiblen Gehirnen diejenigen Bereiche stärker aktiviert werden, die mit dem Bewusstsein, der Integration sensorischer Reize, Empathie und Handlungsplanung assoziiert sind.

Wahrnehmung und Verarbeitung – jede seriöse Definition zu Hochsensibilität sollte diese zwei Facetten enthalten.

Prof. Dr. Michael Pluess, der an der Queen Mary University in London lehrt und forscht, hat folgende Definition der Empfindsamkeit in die Diskussion eingebracht, die sich seit einigen Jahren in der Forschung etabliert hat: »Sensitivität ist die Fähigkeit, Umgebungsreize zu registrieren und zu verarbeiten.«

Solche Umgebungsreize auf äußere Einflüsse wie Licht und Temperatur zu reduzieren, wäre jedoch höchst unzulässig und ein grobes Missverständnis. Nach Pluess umfassen Umgebungsreize folgende Aspekte:

- Innere und äußere Umgebungen, wie beispielsweise eigene Gefühle und die von anderen, Gedanken oder körperliche Empfindungen wie Hunger oder Schmerz
- Physische Umgebungen, wie Lebensmittel und Koffein

- Soziale Umgebungen, wie Kindheitserfahrungen, Stimmungen anderer Menschen, Menschenmassen
- Sensorische Umgebungen, auditiv, visuell, taktil, olfaktorisch[11]

Es liegt auf der Hand, dass nicht alle Menschen die gleichen Dinge gleich stark wahrnehmen und dass es sogar grob unvernünftig wäre, zu glauben, es gäbe nur eine Art von Wahrnehmung. Nur weil diejenigen, die anders und vielfältiger wahrnehmen, in der Minderheit sind, sollte nicht die Mehrheit bestimmen, welche Wahrnehmung »korrekt« ist. Leider geschieht das aber allzu oft. Vielfach erleben hochsensible Menschen schon in früher Kindheit, dass ihre Wahrnehmungen nicht ernst genommen oder ihnen sogar abgesprochen werden. Dies führt im Laufe der Zeit dazu, dass sie selbst an ihrer Wahrnehmung zweifeln und sie als »nicht richtig« und irgendwie zu »kompliziert« bewerten. Das ist sehr schade, denn die vielfältige und verstärkte Wahrnehmung ist eine Spielart des Menschseins.

SENSIBILITÄT IST NORMALVERTEILT

Wenn einem bewusst wird, dass es hochsensible und normalsensible Menschen gibt, liegt die Annahme nahe, dass es auch Personen gibt, die über eine geringe Sensibilität verfügen. Zusammengefasst kann man diese Aufteilung in der Gaußschen Glockenkurve darstellen. Carl Friedrich Gauß (1777-1855) war ein deutscher Mathematiker. Aufgrund seiner zahlreichen Verdienste wurde er auf dem Zehn-D-Mark-Schein von 1990 verewigt. Eine seiner Theorien besagt, dass ein Merkmal besonders häufig in einer Population vorkommt, es daneben aber »Ausreißer« an den Enden gibt. Zum Beispiel haben die meisten Äpfel eine Größe, die der Norm entspricht. Daneben gibt es aber immer eine Anzahl Äpfel, die besonders klein oder groß ausfallen.

Diese Regel gilt nicht nur für Äpfel, sondern auch für Menschen. Es ist wahrscheinlich, dass die meisten Menschen eine gewisse Durchschnittsgröße erreichen. Es gibt aber – unabhängig von Krankheitsbildern – immer außergewöhnlich kleine oder besonders große Menschen. Dasselbe kann man von der Gewichtsverteilung sagen. Die meisten Menschen verfügen über ein Durchschnittsgewicht, daneben gibt es aber besonders dünne und schwergewichtige Menschen. Das Gewicht unterliegt statistisch gesehen also ebenfalls der Normalverteilung.

Wenn wir nun das Merkmal Sensibilität zugrunde legen, können wir sagen, dass ein Großteil der Menschheit über eine Normalsensibilität verfügt, während ein kleinerer Prozentsatz (etwa 15 % bis 20 %) über eine hohe Sensibilität verfügt und wiederum ein kleiner Prozentsatz (etwa 10 % bis 15 %) über eine geringe Sensibilität. Die folgende Grafik verdeutlicht diesen Sachverhalt:

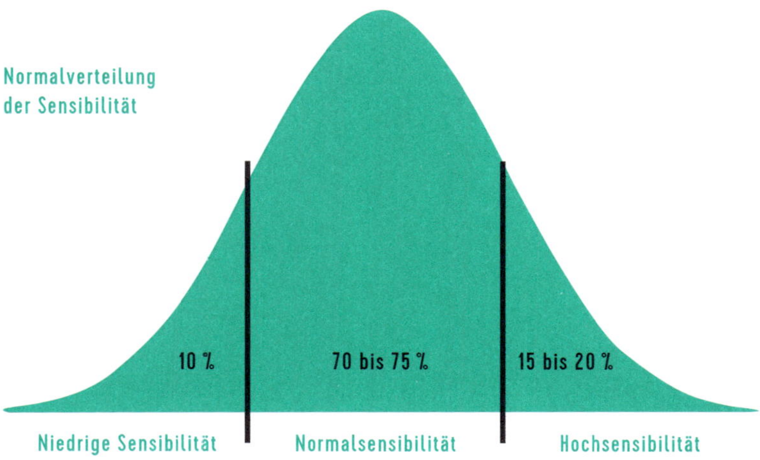

Halten wir fest: Sensibilität als Persönlichkeitsmerkmal ist in der Bevölkerung normalverteilt. Wenn ich hier von Hochsensibilität spreche, dann beziehe ich mich auf die oberen 15 bis 20 Prozent der Glockenkurve.

Nun lässt sich feststellen, dass es auch eine Bandbreite innerhalb dieser Gruppe gibt. Manche Hochsensible befinden sich an der Grenze zur Normalsensibilität, andere sind äußerst hochsensibel. Dies erklärt meines Erachtens sehr anschaulich, warum Hochsensible so verschieden sind, obwohl sie alle Ähnlichkeiten aufweisen.

SENSIBILITÄT LIEGT AUF EINEM KONTINUUM

Weiterführend kann man sagen, dass das Merkmal Sensibilität in der Bevölkerung auf einem Kontinuum liegt, auf dem sich jeder Mensch im Laufe seines Lebens bewegt. Je nach Lebensphase, Erfahrungen und biografischem Hintergrund ist die Sensibilität mal mehr, mal weniger ausgeprägt. Während Normalsensible (der mittlere Bereich der Normalverteilung) sich auch mal in den oberen Bereich der Hochsensibilität »verirren« können, zum Beispiel aufgrund von Lebenskrisen, Schocktraumata oder lang anhaltender Belastung, bewegen sich Hochsensible immer im oberen Bereich dieses Kontinuums, aber darin sind sie mal mehr, mal weniger empfindsam, je nach Tagesform oder Anforderungen.

Das bedeutet, dass die Gaußsche Normalverteilung, die in dem obigen Modell relativ starr wirkt, in Wirklichkeit eine Dynamik beinhaltet, die sich am besten anhand eines Kontinuums wie in der folgenden Grafik darstellen lässt:

Die Wellenlinie in dieser Grafik symbolisiert die Durchlässigkeit zwischen Normal- und Hochsensibilität. Wie erwähnt unternehmen Nicht-Hochsensible im Laufe ihres Lebens ebenfalls den einen oder anderen Ausflug in sehr sensible Bereiche, ohne dass sie jedoch grundsätzlich und von Natur aus über eine hochsensible Veranlagung verfügen. Umgekehrt wirken zwar Hochsensible aus verschiedenen Gründen mitunter ebenfalls nicht besonders sensibel, aber sie werden nie normalsensibel sein, sondern immer mehr wahrnehmen als andere.

Können sensible Menschen weniger empfindsam werden? Oder umgekehrt: Ist es möglich, dass sich die Sensibilität im Laufe des Lebens sogar verstärkt? Diese Fragen werden mir oft gestellt und mir erscheint es wichtig, sorgfältig und differenziert darauf zu antworten. Ich möchte hier einen Versuch dazu unternehmen.

KANN MAN WENIGER EMPFINDSAM WERDEN?

Mir sind im Laufe meiner Beratungstätigkeit viele Menschen begegnet, denen man von außen nicht unbedingt angesehen hat, dass sie hochsensibel sind. Jeder Mensch eignet sich im Laufe seines Lebens Strategien an, um das Leben zu bewältigen. Manche davon erleichtern es, manche sind dagegen erschwerend. Es gibt nützliche und weniger nützliche Strategien und solche, die zu einer gewissen Zeit hilfreich waren, es jetzt aber nicht mehr sind. Ein Kind, welches schon früh die Erfahrung gemacht hat, dass sein sensibles Empfinden keinen Platz in der Familie hatte, sondern dass Sensibilität im Gegenteil mit Schwäche gleichgesetzt wurde (das wird oft unausgesprochen vermittelt), wird lernen, dass es besser ist, nicht so sensibel zu sein. Nun kann man zwar nicht ursächlich etwas gegen seine Veranlagung unternehmen, aber es ist möglich, sie zu verstecken und so zu tun, als wäre man nicht so sensibel. Beispielsweise kann man lernen, auf gefühlte Verletzungen mit Schroffheit und Aggression zu reagieren. Andere eignen sich als Abwehrreaktion eine äußere Härte an, welche die zarte und empfindsame Seele schützen soll.

Diese Strategien mögen sinnvoll erscheinen und im Laufe des Lebens wie eine zweite Haut getragen werden. Dennoch ist es meines Erachtens nicht möglich, wirklich im Wesen weniger empfindsam zu werden, da es sich um eine angeborene Empfänglichkeit gegenüber Reizen handelt, die sich nicht einfach beseitigen lässt. Ich möchte daher eine Differenzierung einfügen: Die angeborene hochsensible Veranlagung lässt sich nicht »wegtherapieren« oder »abtrainieren«.

Es gibt jedoch eine erhöhte Sensibilität, die sich aufgrund von Erfahrungen und Lebensereignissen ausformt, die nicht immer gravierend sein müssen, aber zu Verletzungen führen. Hier bewegen wir uns im Bereich des traumatischen Erlebens. Da ich an anderer Stelle schon ausführlich über den Zusammenhang zwischen Hochsensibilität und Trauma geschrieben habe[12], möchte ich hier nicht ausführlich darauf eingehen. Aber es ist mir ein Anliegen, eine Beobachtung aus meiner Praxis mit Ihnen zu teilen: Zirka 80 Prozent meiner Klientel ist hochsensibel *und* traumatisiert. Ich denke, dass es sich dabei größtenteils um Entwicklungstraumata handelt, also um stetige Nadelstiche, die im Laufe der Zeit zermürbend wirken. Bei einem Entwicklungstrauma ist im Gegensatz zu einem Schocktrauma oft nicht eine punktuelle Ursache auszumachen wie eine schwere Krankheit, eine Naturkatastrophe, eine Gewalterfahrung, der Verlust eines Angehörigen oder Ähnliches. Bei einem Schocktrauma wird das traumatische Erleben durch ein Ereignis ausgelöst und es gibt ein »Davor« und ein »Danach«. Beispielsweise hatte ich einen Klienten, der einen Herzinfarkt erlitten hatte und danach eine hohe Sensibilität bei sich feststellte. Er konsultierte mich daher zum Thema Hochsensibilität. In unserer Arbeit wurde jedoch deutlich, dass er vor diesem Ereignis zwar nicht unsensibel, aber nicht den Kriterien entsprechend hochsensibel veranlagt war. Eine erfolgreiche Bearbeitung des Traumas führt in einem solchen Fall dazu, dass ein Mensch zu seiner natürlichen Veranlagung zurückfindet, in diesem Fall also einer normalen Sensitivität.

Bei einem Entwicklungstrauma ist es oft nicht so einfach, ein »Davor« und ein »Danach« zu unterscheiden, weil es sich um stetig wiederkehrende Einwirkungen handelt. Es entsteht, wenn Kinder nicht das bekommen, was sie für eine gesunde Entwicklung brauchen. Hierzu gehören beispielsweise die kontinuierliche Erfahrung von Schutzlosigkeit, mangelnder Fürsorge und Versorgung oder liebevoller Zuwendung.[13] Manche Traumata wurzeln zudem in vorsprachlicher Zeit, das heißt, die Erlebnisse geschahen vor dem dritten Lebensjahr und entziehen sich deshalb dem Bewusstsein. In diesem Fall ist es nicht so einfach, zu unterscheiden, was Veranlagung und was durch das Leben hinzugekommen ist. Im Rahmen einer Therapie können jedoch auch solche Verletzungen geheilt werden und das wahre Wesen zum Vorschein kommen, sei es nun sensibler, weil bisher eine harte Schale die verletzte Seele geschützt hat, oder weniger sensibel, weil die Verletzungen zu einer konstanten Alarmbereitschaft geführt haben.

Grundsätzlich gilt: Verletzungen oder Traumatisierungen, aus denen eine erhöhte Sensibilität resultiert, sind zu unterscheiden von einer erhöhten Empfindsamkeit, die angeboren ist. In meiner Praxis sehe ich den Unterschied zwischen gesunden Hochsensiblen und traumatisierten Menschen darin, dass bei Gesunden die Impulse zur Verhaltensänderung schneller umgesetzt werden können, während die Heilung traumatisierter Menschen Zeit braucht.

KANN MAN HOCHSENSIBILITÄT VERSTÄRKEN?

In den letzten Jahren ist das Bewusstsein über Hochsensibilität in der breiten Öffentlichkeit angekommen. Dies ist an sich positiv, weil dadurch mehr Menschen die Möglichkeit haben, ihre hochsensible Veranlagung zu entdecken und im Einklang mit ihr das Leben zu gestalten. Ein Nachteil ist jedoch, dass das Thema Hochsensibilität oft aufgebauscht wird und eine Relevanz erlangt, die ihm nicht zusteht. Insbesondere Eltern sind oft beunruhigt und besorgt, wenn sie ihre Kinder als hochsensibel einordnen.

Ich habe viele Eltern in Bezug auf ihre hochsensiblen Kinder begleitet. Meiner Erfahrung nach wünschen sich diese oft, dass in Kindergarten und Schule auf die Sensibilität ihres Kindes eingegangen wird, und leiden darunter, dass das pädagogische Personal einerseits (noch) über wenig Wissen zum Thema verfügt und andererseits das Thema ablehnt und Widerstand dagegen entwickelt. Besorgte Eltern haben Angst, dass ihrem Kind etwas unumkehrbar Schreckliches widerfährt, wenn in der Schule nicht auf die Sensibilität eingegangen wird. Sie versuchen dann oft, im privaten Bereich dieses »Defizit« auszugleichen, indem sie sehr aufmerksam auf die Gefühle und Regungen ihrer Kinder eingehen.

Ich erinnere mich gut an ein Telefongespräch mit einer besorgten Mutter, deren Sohn den Geräuschpegel in seiner lebendigen Klasse oft schwer ertrug. Zu Hause berichtete er davon, dass er sich wieder die Ohren habe zuhalten müssen, weil es ihm viel zu laut gewesen sei. Dies hatte die Eltern dazu veranlasst, über einen Schulwechsel nachzudenken. Bei diesem Gespräch spürte ich die Besorgnis und Beunruhigung der Mutter sehr stark. Nun weiß ich aber, dass gerade hochsensible Kinder die Befindlichkeiten ihrer engen Bezugspersonen intuitiv genau erfassen. Wenn ein Kind die Ängstlichkeit der Mutter stark wahrnimmt, dann wird es auf diese reagieren. Es spürt genau, dass seine Empfindsamkeit Aufmerksamkeit bindet, und hat möglicherweise erst deshalb das Gefühl, dass im obigen Beispiel der Geräuschpegel in der Klasse nicht in Ordnung ist und dass die Situation ihm nicht guttut.

Tatsächlich gibt häufig erst die Reaktion der Bezugspersonen auf eine Situation dem Kind das Gefühl, dass jetzt gerade etwas Bedeutsames geschieht. Aufgrund dessen wird das Kind sich bei der Mutter vielleicht noch mehr über die Lautstärke beklagen, was einen Teufelskreis in Gang setzt. Mangelnde Gelassenheit der Bezugspersonen kann also verstärkend wirken. Dies nennt man in der Fachsprache »Co-Regulation«. Ein Baby oder Kleinkind verfügt nicht über ausreichend Möglichkeiten, sich selbst zu regulieren. Diese Aufgabe müssen die Bezugspersonen übernehmen. Von Co-Regulation spricht man, wenn sich die Ruhe und Sicherheit der Bezugsperson auf das Kind übertragen, dies ist der Idealfall. Leider übertragen sich aber gleichermaßen Unsicherheit, Stress und Anspannung.

Nun sagt es sich so leicht: »Sei einfach gelassener, dann geht es dir und deinem Kind besser.« Der Alltag sieht aber oft anders aus. Da es keine »Elternschule« gibt, wird man eines Tages unversehens Vater oder Mutter und erlebt möglicherweise erst dann, wie verletzlich und reizanfällig man ist, wenn man 24/7 für ein kleines Wesen verantwortlich ist.[14] Deshalb lautet meine Empfehlung: Wenn Sie planen, Kinder zu bekommen, sehen Sie es als Teil der Geburtsvorbereitung, mit sich und der eigenen Geschichte ins Reine zu kommen, sich selbst und die eigenen Möglichkeiten und Grenzen zu erforschen und sich vertieft Gedanken über die Lebensveränderung zu machen, die da ins Haus steht. Falls Sie schon Kinder haben, gehen Sie die notwendigen Schritte, um zu einer gesunden Persönlichkeit zu reifen.

Wenn werdende Eltern den Eindruck haben, dass in ihrer Familie Hochsensibilität vorkommt, rate ich ihnen, sich um ein sicheres Netzwerk an Unterstützungsmöglichkeiten für die Zeit nach der Geburt zu bemühen. Idealerweise sollte dieses Netzwerk in Variationen über die gesamte Kinderzeit hinweg stabil bleiben. Dies ermöglicht ausreichende Regenerationszeiten, mehr Entspannung und damit auch mehr Co-Regulation für das Kind.

Irgendwann kommt der Punkt, dass das Kind außer Haus betreut wird, spätestens wenn es in die Schule geht. Obwohl sich meiner Ansicht nach einiges an unseren Schulsystemen verbessern ließe, nützt es den einzelnen Familien nichts, wenn sie gegen das System rebellieren. Besser ist es, sich in Gelassenheit zu üben und dem Kind das Gefühl zu vermitteln, dass es mit der Situation umgehen kann. Selbstverständlich gibt es Situationen, in denen ein Schulwechsel sinnvoll ist. Eltern müssen nicht alles hinnehmen. Aber manche Probleme nimmt man mit. Deshalb erscheint es mir zielgerichteter, das Kind in seinen Ressourcen und Fähigkeiten zu stärken, als sich in der Besorgnis zu verlieren.

Der hochsensiblen Veranlagung eine Dominanz zuzusprechen, hilft nicht wirklich weiter. Anerkennen ja, Dominanz nein, so könnte man vielleicht einen nutzbringenden Umgang mit Hochsensibilität betiteln.

Neben der Veranlagung zur Hochsensibilität gibt es zudem Eigenschaften, die damit zusammenspielen, ineinandergreifen und gemeinsam die besondere Persönlichkeit eines Menschen bilden. Wenn wir dies anerkennen, können wir auch hier zur bestmöglichen Performance gelangen.

ZUSAMMENSPIEL DER EIGENSCHAFTEN

Je mehr ich mich mit der Entwicklung der Persönlichkeit beschäftige, umso mehr bin ich der Überzeugung, dass wir wegkommen müssen von statischen Vorstellungen. Jeder Wesenszug, mit dem Menschen ausgestattet sind, trägt eine Bandbreite von Möglichkeiten der Ausformung in sich. Persönlichkeitseigenschaften verhalten sich anders als Körper- oder Schuhgröße. Die Persönlichkeitsanteile eines Menschen korrespondieren miteinander und stehen in einer Beziehung. Kein Aspekt steht für sich allein. Sensibilität ist kein festgefügtes Konstrukt, sondern Ihre Art, zu sein, hängt davon ab, ob Sie intro- oder extravertiert, risikobereit oder eher vorsichtig, großzügig oder sparsam (materiell wie emotional), offen oder eher verschlossen sind. Obwohl es manchmal den Anschein hat, als ob Sensibilität die dominante Eigenschaft einer Person sei, stimmt das so nicht.

Deshalb unternehme ich hier den Versuch, wichtige Wesenszüge in einen Zusammenhang mit der hochsensiblen Veranlagung zu bringen. Auch wenn sich dadurch ein sehr komplexes Bild entfaltet, werden wir damit meines Erachtens der menschlichen Wirklichkeit besser gerecht, als wenn wir in starren Vorstellungsmustern verharren. Sensibilität, und hier insbesondere Hochsensibilität, ist nicht so oder so, sondern entfaltet sich individuell aufgrund der Zusammensetzung der einzelnen Persönlichkeit.

Eine andere Persönlichkeitsdisposition, die mit Hochsensibilität oft gleichgesetzt oder sogar verwechselt wird, ist die Introversion. Deshalb folgt hier ein kleiner Exkurs zu diesem Thema.

INTRO- UND EXTRAVERSION

Intro- bzw. Extraversion sind zwei Pole einer relativ stabilen Persönlichkeitseigenschaft, welche unabhängig von einer eventuell vorhandenen Hochsensibilität existiert und sich im Zusammenhang mit sozialen Situationen zeigt. Bereits C. G. Jung teilte die Menschen 1921 in seiner »Typologie« in Introvertierte und Extravertierte ein. Da Jung und seine Typologie oft im Zusammenhang mit Hochsensibilität erwähnt werden, möchte ich ihn mit einigen Äußerungen selbst zu Wort kommen lassen:

> *Das introvertierte Bewusstsein sieht zwar die äußeren Bedingungen, erwählt aber die subjektive Determinanz als die ausschlaggebende. Dieser Typus richtet sich daher nach jenem Faktor des Wahrnehmens und Erkennens, welcher die den Sinnesreiz aufnehmende subjektive Disposition darstellt. … Während nun der extravertierte Typus sich stets vorwiegend auf das, was ihm vom Objekt zukommt, beruft, stützt sich der Introvertierte vorwiegend auf das, was der äußere Eindruck im Subjekt zur Konstellation bringt.*[15]

Was hier etwas altertümlich kompliziert ausgedrückt ist, bezeichnet nichts weiter als die Beobachtung, dass introvertierte Menschen die Welt durch ihren eigenen Filter wahrnehmen und alle Reize zunächst über das eigene innere Erleben interpretiert und bewertet werden. Nach Jung sind Introvertierte also subjekt-, Extravertierte dagegen objektbezogen.

Jung unterscheidet zwar klar zwischen Intro- und Extraversion, nimmt aber an, dass alle Menschen manchmal intro- und manchmal extravertiert sind.[16] So gibt es auch heute die Ansicht, dass es sich bei diesen Ausformungen um einen Persönlichkeitsstil handelt, der sich im Laufe der Sozialisation entwickelt. Demnach werden wir alle gleichermaßen mit intro- bzw. extravertierten Anteilen geboren. Anhand der Erfahrungen, die wir als Kinder mit der sozialen Umwelt machen, lernen wir später, dass es besser ist, sich entweder zurückzuhalten und erst einmal zu beobachten oder aber die Welt aktiv zu beeinflussen und in Besitz zu nehmen.

Wir leben in einer extravertierten Welt, in der es hoch angesehen ist, aktiv und gesellig zu sein. Daher bekommen zurückhaltende, ruhige und in sich gekehrte Menschen schon früh die Botschaft, dass sie »mehr aus sich herausgehen«, »nicht so schüchtern sein« oder »einfach mal machen und nicht so viel nachdenken« sollten. Diese oder ähnliche Aussagen entsprechen der Haltung einer Gesellschaft, die von Oberflächlichkeit, Schnelllebigkeit und Konsum geprägt ist, vor allem in der westlichen Zivilisation. Dass Introvertierte aber wesentlich zum Gelingen einer Gesellschaft beitragen, ist spätestens seit Susan Cains Buch »Still – Die Bedeutung von Introvertierten in einer lauten Welt«[17] ins Bewusstsein der Öffentlichkeit gedrungen. Introvertiert zu sein, bedeutet nicht, schüchtern zu sein oder kein Interesse an sozialen Kontakten zu haben. Im Gegenteil, Introvertierte wünschen sich qualitativ gute Kontakte und sind bereit, viel in soziale Beziehungen zu investieren. Der große Unterschied liegt aber darin, dass sie Energie aus wenigen, aber guten Kontakten und aus dem Allein- oder Zu-zweit-Sein schöpfen, während Extravertierte ihre Energie aus dem sozialen Kontext und vielen Kontakten ziehen.

Elaine Aron schätzt, dass 70 Prozent aller Hochsensiblen dem introvertierten Typus angehören und 30 Prozent dem extravertierten.[18] Dabei bricht sie eine Lanze für das gegenseitige Verständnis des jeweils anderen Typus. Es ist weder gut noch schlecht, intro- oder extravertiert zu sein. Ob jemand darunter leidet, introvertiert zu sein oder extravertiert, ist nur vor dem jeweiligen individuellen Hintergrund zu verstehen.

Aron zitiert eine Studie, die zeigt, dass beide Typen im sozialen Kontakt voneinander profitieren. Introvertierte Studentinnen erlebten den Kontakt mit extravertierten Kommilitoninnen als anregend und frisch, während die Extravertierten es als entlastend und angenehm empfanden, im Kontakt mit Introvertierten nicht immer so heiter und ausgelassen sein zu müssen.[19]

Für H. J. Eysenck, einen der bekanntesten Psychologen des letzten Jahrhunderts, waren Introversion und Extraversion Dimensionen auf einem Kontinuum. Er nahm an, dass Menschen nicht entweder introvertiert oder extravertiert sind, sondern sich mit vielen Abstufungen auf einem Kontinuum von sehr introvertiert bis sehr extravertiert einordnen lassen. Er postulierte, dass extravertierte Menschen über ein geringes inneres Erregungsniveau verfügen, aufgrund dessen sie sich Reize von außen zuführen müssen. Im Gegensatz dazu wären Introvertierte stets im Inneren von Reizen überflutet, was dazu führt, dass sie im Außen eher eine ruhige Umgebung mit wenig Reizen bevorzugen und sich wohler fühlen, wenn »wenig läuft«. Eysenck entwickelte ein Testverfahren, das »Eysenck-Persönlichkeits-Inventar«, mit dem der Grad der Extraversion ermittelt werden kann.

Dieses ist allerdings nicht mehr verfügbar, wohl auch deshalb, weil Eysenck posthum mit seinen Ergebnissen angegriffen wurde und Nachfolgestudien Kritik an seinem Vorgehen und seinen Ergebnissen geübt haben. Im Anhang finden Sie jedoch einen Test zur Intro-/Extraversion und können versuchen, sich anhand der Ergebnisse auf dem folgenden Kontinuum einzuordnen:

Introversion – Extraversion

Stellen Sie sich die grundlegende Frage, ob Sie eher aus dem Alleinsein oder aus dem Kontakt mit Menschen Energie schöpfen. Erinnern Sie sich an soziale Situationen (mit Familie, Nachbarn, Arbeitskollegen, Vereinskameraden). Wie haben Sie sich in diesen Situationen verhalten? Sehenswert ist in diesem Zusammenhang außerdem eine Sendung des Schweizer Fernsehsenders SRF zum Thema Introversion/Extraversion.[20]

Die Dimension »Extraversion« (bei schwacher Ausprägung als Introversion) ist außerdem eine der Facetten des Fünf-Faktoren-Modells, auch Big Five genannt, das ich im weiteren Verlauf dieses Teils des Buches vorstelle.

Halten wir fest: Es gibt sowohl introvertierte Hochsensible als auch extravertierte. Dabei wird Intro- bzw. Extraversion als Dimension verstanden, die auf einem Kontinuum liegt. So wie man äußerst hochsensibel sein kann, ist es möglich, entweder sehr introvertiert oder sehr extravertiert zu sein. Beide Persönlichkeitskomponenten korrespondieren und insbesondere Introversion und Hochsensibilität werden manchmal miteinander verwechselt.

HOCHSENSIBILITÄT UND INTROVERSION

Wie sieht es nun aus, wenn ein hochsensibler Mensch gleichzeitig introvertiert ist?

Wir haben gesehen, dass das Wesen der hochsensiblen Veranlagung darin besteht, Umgebungsreize verstärkt wahrzunehmen und komplex zu verarbeiten (Pluess). Das bedeutet konkret, dass die Energieleistung sehr groß ist, was wiederum dazu führt, dass hochsensible Menschen sich schneller erschöpft fühlen und mehr oder längere Pausen zur Regeneration benötigen. Sind sie dazu noch introvertiert, werden sie sich durch den Kontakt zu Menschen zusätzlich eher gestresst fühlen, und sei es nur beim Einkaufen.

Wir müssen lernen, uns dessen bewusst zu sein, dass die meisten übererregenden Reize von Menschen hervorgerufen werden. Oft wird sowohl Hochsensibilität als auch Introversion mit dem Attribut »nicht gesellig« versehen. Im Grunde genommen ist diese Zuschreibung verletzend, denn wir leben in einer Gesellschaft, in der Geselligkeit, ein großer Freundeskreis und viele »Likes« bei Facebook als sozialer Erfolg gelten.

Da meiner Erfahrung nach Hochsensible besonders beziehungsorientiert sind, hängt ihr Wohlbefinden entscheidend von ihren sozialen Kontakten ab. Das ist einer der Gründe, weshalb sie vorsichtig mit sozialen Kontakten umgehen und immerzu überprüfen, ob jetzt dieses oder jenes Gespräch, diese oder jene Einladung, dieses oder jenes Telefongespräch noch in ihren Energiehaushalt »hineinpasst«. Wenn sie dazu introvertiert sind, dann liegt es ihnen näher, soziale Termine abzusagen und auf ein Minimum zu beschränken. Arbeiten sie in einem beruflichen Umfeld, in dem sie viel Kontakt mit Menschen haben, kann es gut sein, dass ihr Kontaktbedürfnis dadurch schon recht gut erfüllt ist und sie schlicht keine Kapazitäten mehr haben, in ihrer Freizeit rege soziale Kontakte zu pflegen. Das bedeutet aber nicht, dass sie menschenscheu wären oder kein Interesse an Freundschaften oder sonstigen sozialen Kontakten hätten. Im Gegenteil, das Bedürfnis ist da und sie fühlen sich glücklich und erfüllt, wenn sie ein gutes Gespräch hatten, aber wenn sie abends nach einem langen Arbeitstag eine halbe Stunde fahren müssten, um eine Freundin zu besuchen, dann stellt dies eine große Hürde dar.

Was mir im Kontakt mit anderen Hochsensiblen auffällt: Sie haben oftmals das Gefühl, diejenigen zu sein, die aktiv dafür sorgen, dass ihre sozialen Beziehungen aufrechterhalten bleiben. Viele Hochsensible haben sich schon bei mir darüber beklagt, dass immer sie es sind, die anrufen, die einladen, die sich nach dem Wohlergehen der anderen erkundigen und so weiter. Dies spricht auf der einen Seite sehr für ihre Beziehungsorientiertheit, auf der anderen Seite stellen diese Erfahrungen eine stete Quelle der Kränkung dar, weil sie sich in ihrem Beziehungsbedürfnis nicht angenommen oder sogar abgelehnt fühlen. Wenn dieser Eindruck erst einmal entstanden ist, versuchen Hochsensible oft, dies zu beweisen. Eine Klientin erzählte mir, dass sie über lange Zeit einmal die Woche bei einer Freundin angerufen hatte, bis ihr auffiel, dass es zu 90 Prozent sie war, die zum Telefonhörer griff. Sie sprach ihre Freundin darauf an, worauf diese durchaus mitfühlend reagierte und ihr Bedauern darüber ausdrückte. Allerdings sagte sie auch, dass sie nicht den Eindruck hätte, dass die Kontakte so einseitig zustande kämen. Daraufhin führte meine Klientin eine Strichliste, wer wann bei wem anrief. Resultat: Tatsächlich rief sie häufiger an, obwohl nach diesem Gespräch die Bilanz etwas ausgeglichener wurde. Schließlich stellte meine Klientin ihre Anrufe bei dieser Freundin ein und seitdem haben sie keinen Kontakt mehr. Das ist nun drei Jahre her.

Fakt ist, dass Menschen verschiedene Bedürfnisse und Ansprüche an ihre sozialen Kontakte haben. Ich möchte hier niemandem Unrecht tun. Selbstverständlich gibt es ebenfalls Normalsensible, die sehr beziehungsorientiert sind. Keineswegs soll hier der Eindruck entstehen, dass nur Hochsensible einen hohen Anspruch an ihre Kontakte haben. Jedoch ist auffällig, dass sie bei hoher Beziehungsorientiertheit sehr zurückhaltend sind und sich oft schwer damit tun, neue Kontakte zu finden und diese zu pflegen.

Für hochsensible Introvertierte gilt: Als Hochsensible sind sie beziehungsorientiert, als Introvertierte ziehen sie ihre Energie aus dem Alleinsein.

HOCHSENSIBILITÄT UND EXTRAVERSION

Und wie verhält es sich nun mit der Kombination hochsensibel und extravertiert?

Extravertierte Menschen fühlen sich wohl in Gruppen. Menschen vermitteln ihnen ein Gefühl von Sicherheit und Vertrauen, deshalb gehen sie gerne offen auf andere Menschen zu und es fällt ihnen eher leicht, neue Kontakte herzustellen.

Wenn Extravertierte zugleich hochsensibel sind, ist das Dilemma offensichtlich: Auf der einen Seite brauchen sie den Kontakt zu Menschen, auf der anderen Seite sind sie schnell erschöpft. Sie nehmen als Hochsensible sehr viel wahr, regenerieren sich aber nicht durch Rückzug und Alleinsein, sondern durch einen qualitativ guten Kontakt zu einem Freund oder einer Freundin. Die Beziehungsorientiertheit Hochsensibler wird in dieser Kombination also ergänzt durch das Bedürfnis Extravertierter, in Kontakt mit anderen Menschen zu sein.

Grundsätzlich möchte ich noch einmal betonen, dass wir wegkommen sollten von dem Schwarz-Weiß-Denken und der Annahme, dass Menschen »so« oder »so« sind. Wir alle neigen dazu, in Kategorien zu denken: Da ist jemand gut oder böse, intro- oder extravertiert, offen oder verschlossen, hochsensibel oder nicht und was dergleichen Zuschreibungen sind. Dieses Denken wird der Komplexität der menschlichen Persönlichkeit jedoch in keiner Weise gerecht.

WEDER INTRO- NOCH EXTRAVERTIERT?

Nun gibt es neben Intro- und Extravertierten eine dritte Personengruppe, die sich nicht eindeutig einer der beiden Kategorien zuordnen lässt. Diese nennt man ambivertiert, manchmal wird auch der Begriff zentrovertiert verwendet. Sie sind weder eindeutig introvertiert, indem sie sich hinter Büchern vergraben oder viel Zeit für sich brauchen, noch sind sie eindeutig extravertiert, indem sie ständig nach außen gerichtet Kontakte suchen und unglücklich sind, wenn sie alleine sind.

Der Vorteil ambivertierter Menschen ist: Sie finden sich in beiden Welten zurecht, können sich an beiden erfreuen. Sie sind introvertiert genug, um Informationen in Ruhe zu verarbeiten. Und extravertiert genug, um ihre Erkenntnisse nach außen zu tragen, ohne sich dabei zu verausgaben.[21] Mit einer kleinen Differenzierung: Ambivertierte Hochsensible verausgaben sich durchaus, aber eher später.

Im Anhang finden Sie einen kleinen Fragebogen zur Beantwortung der Frage, ob Sie zu den ambivertierten Menschen gehören könnten.

Nun ist es Ihnen wahrscheinlich möglich, anhand Ihrer Antworten das obige Kontinuum von Intro- und Extraversion zu ergänzen und sich darauf mit einem Punkt einzuordnen.

Dabei können Sie Ihren Punkt intuitiv setzen – Sie werden vielleicht einiges von Ambiversion in sich wiederfinden, sich aber dennoch nahe der Introversion verorten. Andere empfinden sich vielleicht mehr als extravertiert, erkennen aber auch introvertierte Züge an sich. Also setzen Sie Ihren Punkt auf diesem Kontinuum näher am Pol der Extraversion.

Sie sehen, so langsam nähern wir uns Ihrer komplexen Persönlichkeit an. Um das Bild vollständiger (aber nicht komplizierter) zu machen, wenden wir uns nun einem Persönlichkeitsmerkmal zu, welches häufig in Kombination mit Hochsensibilität vorhanden ist: Sensation Seeking.

SENSATION SEEKER

Das Konzept des »Sensation Seeking« geht auf Marvin Zuckerman zurück, der seine Theorie bereits 1964 entwickelte. Die Grundannahme besagt, dass Menschen nach einem optimalen Erregungsniveau streben. Es gibt Personen, die naturgemäß über ein geringeres inneres Erregungsniveau verfügen. Deshalb sorgen sie dafür, dass die Erregung durch äußere Stimuli auf ein optimales Level steigt, wie auch Eysenck vermutet hat (siehe oben).

Sensation Seeking wird wie Hochsensibilität als ein relativ stabiles Persönlichkeitsmerkmal beschrieben. Wer hohe Sensation-Seeker-Anteile hat, zeigt die Tendenz, abwechslungsreiche, neue, komplexe und intensive Eindrücke, Erlebnisse und Erfahrungen zu suchen. Dabei handelt es sich nicht nur um Menschen, die Hochrisikosportarten ausüben und jedes Wochenende beim Freeclimbing oder Canyoning ihr Leben aufs Spiel setzen. Vielmehr kann sich Sensation Seeking relativ subtil äußern, zum Beispiel, indem jemand viel Persönlichkeitsentwicklung betreibt oder gerne reist und fremde Kulturen kennenlernt.

Sensation Seeking lässt sich in vier Unterbereiche einteilen:

Thrill and Adventure Seeking

Wer »Nervenkitzel und Abenteuer« sucht, macht körperlich riskante Aktivitäten. Dabei ist zu beachten, dass hochsensible Sensation Seeker hohen Wert auf Sicherheit legen, sie achten auf eine sehr gute Ausrüstung, bereiten ihre Events gut vor und haben einen Plan B im Kopf, sodass das Risiko für sie in einem überschaubaren Maß bleibt.

Experience Seeking

Experience Seeker suchen neue Erlebnisse und Erfahrungen und die persönliche Entwicklung, was das Experimentieren mit Drogen und Selbsterfahrung einschließen kann. Unter diesem Teilaspekt versammeln sich aber auch das Interesse an Reisen, fremden Kulturen sowie sensorische oder emotionale Stimulatoren.

Hochsensible Sensation Seeker, bei denen dieser Teilaspekt besonders deutlich ausgeprägt ist, können durchaus neugierig auf das Experimentieren mit Rauschmitteln sein, sorgen aber dafür, dass sie ein »Sicherheitsnetz« haben, das heißt, dass sie diese eventuell nur zu Hause ausprobieren oder jemand haben, der sie abholen kann, wenn es nötig ist. Viel häufiger ist es meiner Erfahrung nach jedoch, dass hochsensible Sensation Seeker stark Persönlichkeitsentwicklung betreiben, viele Bücher zu einem bestimmten Thema lesen oder sich überdurchschnittlich weiterbilden und auf diese Weise für kognitive Stimulation sorgen.

Disinhibition Seeking

Andere suchen nach »Enthemmung«, das heißt nach Abwechslung durch soziale Stimulation, zum Beispiel durch Partys, soziales Trinken oder Promiskuität. Nun lässt sich beobachten, dass hochsensible Menschen in der Regel ein Sicherheitsnetz aufspannen. Dieser Teilaspekt der »Enthemmung« passt also im Grunde genommen nicht zur hochsensiblen Veranlagung, vor allem, wenn jemand zusätzlich noch introvertiert ist. Allerdings kommt es vor, dass ein hochsensibler Mensch in bestimmten Lebensphasen für eine kürzere Zeit häufig wechselnde Sexualpartner hat oder die Nächte durchfeiert, sei es, weil er das Gefühl hat, etwas im Leben verpasst zu haben, oder aus reiner Neugier, um neue Erfahrungen zu sammeln, wohl wissend, dass es eigentlich nicht seine Natur ist. Demgemäß endet dieses Verhalten bald wieder.

Boredom Susceptibility

Manche Sensation Seeker sind besonders anfällig für Langeweile. Die Umwelt muss ein geeignetes Maß an Abwechslung bieten, damit es ihnen nicht langweilig wird. Interessant dabei ist: Die Tendenz, Konflikte heraufzubeschwören, kann ebenfalls unter diesem Teilaspekt verortet werden. Das ist nun wirklich tricky: Einerseits gelten Hochsensible als äußerst harmoniebedürftig und man meint, sie würden alles dafür tun, Konflikte zu vermeiden. In der Kombination mit Boredom Susceptibility neigen sie jedoch dazu, Konflikte zu provozieren, indem sie aussprechen, was ihrer Meinung nach schiefläuft und die Schwächen ihres Gegenübers aufzeigen. Dies führt nicht selten dazu, dass andere sich bloßgestellt fühlen und sich zur Wehr setzen. Schon ist der beste Konflikt im Gange, und auf diese Weise wird es sicher nicht langweilig!

In diesem Zusammenhang ist möglicherweise die Wissbegier zu verstehen. Das Interesse am Erleben und den Erfahrungen anderer Menschen ist echt, aber manchmal frage ich mich, ob Hochsensible dadurch nicht auch der Langeweile vorbeugen. Da hochsensible Menschen häufig Dinge, die sie beobachten oder erzählt bekommen, so erleben, als würden ihnen diese selbst geschehen, sind hier eventuell auch versteckte Sensation-Seeker-Anteile im Bereich der Boredom Susceptibility wirksam. Ein Beispiel: Stellen Sie sich vor, jemand erzählt Ihnen, dass er morgen ein Gespräch mit der Personalabteilung hat, in dem es darum gehen wird, ob die Firma ihn nach seiner Frühpensionierung weiterbeschäftigen kann. Am selben Tag soll er bei einem Vorstellungsgespräch dabei sein, um mitzuhelfen, eine Stelle in seiner Abteilung zu besetzen. Wären Sie nicht neugierig, zu erfahren, wie dieser ereignisreiche Tag verlaufen ist? Es wäre möglich, dass Sie mit dem Nachfragen gleichzeitig einen Sensation-Seeking-Anteil in sich zufriedenstellen.

Sensation Seeking ist nicht dasselbe wie Extraversion. Extravertierte Menschen ziehen Energie aus dem sozialen Kontakt, während Sensation Seeker auch für sich alleine Risikosportarten (man denke ans Paragliding oder Fallschirmspringen) ausüben oder sich weiterbilden können.

Wie erwähnt sorgt die Kombination aus hochsensibler Veranlagung und Sensation Seeking dafür, dass die Sicherheit nicht außer Acht gelassen wird. Hochsensible springen nicht einfach so von einem Turm, ohne zu wissen, dass sie jemand (oder etwas) auffängt. Dennoch haben hochsensible Menschen meiner Erfahrung nach eher eine Affinität zu »Experience Seeking« und zu »Boredom Susceptibility« und neigen weniger dazu, »Thrill and Adventure Seeking« oder »Disinhibition Seeking« auszubilden.

Um den eigenen Sensation-Seeker-Anteilen auf die Spur zu kommen, lade ich Sie ein, sich im Folgenden mit einem Kreuzchen auf jedem der Kontinuen zu verorten:

Thrill of adventure seeking

\- +

Experience seeking

\- +

Disinhibition

\- +

Boredom susceptibility

\- +

Wesentlich ist dabei Ihre Intuition. Betrachten Sie Ihr Leben im Überblick und versuchen Sie, zu ergründen, inwiefern Sie Sensation-Seeker-Anteile haben und in welchem Teilaspekt diese sich zeigen. Anschließend können Sie Ihre individuelle Ausprägung im Sensation Seeking mittels des Fragebogens im Anhang intuitiv zusammenfassen und auf diesem Kontinuum eintragen:

Sensation seeking

\- +

HOCHSENSIBLE UND SUCHT

Ich möchte an dieser Stelle das Thema Genusssucht und in Erweiterung dessen allgemein die Verbindung zwischen Hochsensibilität und Sucht untersuchen. Diesem Themenkomplex wurde bisher in der Literatur zu Hochsensibilität keine Beachtung geschenkt. Um es vorwegzunehmen: Es gehören viele Aspekte dazu, um eine Sucht auszubilden, und man kann meines Erachtens keine Formel kreieren, die da heißt: Hochsensibilität = Suchtverhalten. Dennoch werde ich in meinen Vorträgen immer wieder nach dieser Problematik gefragt und deshalb möchte ich darauf eingehen. Ein weiterer Grund, weswegen dieses Thema bisher nicht beleuchtet worden ist, mag darin liegen, dass es den meisten Autoren, einschließlich mir, wichtig ist, Hochsensibilität als Begabung und Stärke zu beschreiben. Suchtausprägung dagegen gilt als Krankheit.

Grundsätzlich unterscheidet man zwischen stoffgebundenen Süchten und nicht stoffgebundenen. Zu den stoffgebundenen Süchten zählen die Sucht nach Alkohol, Nikotin, Koffein, Benzodiazepinen, Barbituraten, Lösungsmitteln, Cannabis,

LSD, Heroin und anderen Rauschmitteln, aber auch Essstörungen wie Magersucht, Binge Eating, Bulimie. Die erwähnten Substanzen bergen allesamt ein Suchtpotenzial in sich. Zu den nicht stoffgebundenen Süchten gehören Spielsucht, Sexsucht, Pornografiesucht, Arbeitssucht (Workaholic), Computerspiel- oder Internetsucht. Ich würde außerdem die Geltungssucht, das übersteigerte Bedürfnis nach Ansehen und Anerkennung, hinzufügen.

Ein Beispiel für Spielsucht (oder Arbeitssucht) ist John Montagu, 4. Earl of Sandwich. Der Legende nach gab er seinem Koch den Auftrag, eine Mahlzeit zu erfinden, bei der er nicht vom Spieltisch (oder vom Schreibtisch) aufstehen musste und die er mit einer Hand zu sich nehmen konnte – das Sandwich war geboren. Ein berühmter Vertreter für Alkoholsucht ist Ernest Hemingway, dessen Whiskey-Konsum legendär war.

Ich bin keine Suchtspezialistin, möchte aber meine Erfahrungen mit Ihnen teilen. Meiner Ansicht nach beginnt die Ausbildung einer Suchtkrankheit mit Gewohnheiten. Nun sind Gewohnheiten an sich nichts Schlechtes, im Gegenteil, ohne sie würde der Alltag nicht funktionieren. Die meisten Menschen stehen immer mit demselben Bein auf, erledigen mit den immer gleichen Handgriffen die Morgenroutine im Bad, fahren immer dieselben Wege zur Arbeitsstelle, und dies immer zur selben Zeit, und dergleichen mehr. Gewohnheiten strukturieren unser Leben. Sie helfen dabei, dass wir uns nicht bei jeder Entscheidung, die der Alltag verlangt, überfordert fühlen. Gewohnheiten und Routinen entlasten das Gehirn.[22] Aber neben nützlichen Gewohnheiten gibt es andere, die bei regelmäßiger Anwendung den Weg in eine Sucht ebnen.

Ich möchte eines vorwegnehmen: Es ist nichts dagegen einzuwenden, den Fernseher zu konsumieren, um sich nach einem anstrengenden Tag »wegzubeamen«, und es ist in Ordnung, wenn Sie gerne und mit Genuss essen. Es handelt sich dabei um Kompensationshandlungen als Lösungsversuch gegen Stress und/oder Langeweile. Jeder Mensch, ob hochsensibel oder nicht, bildet seine eigenen Kompensationsstrategien aus. Schwierig wird es immer dann, wenn man nicht mehr anders kann und praktisch zum Gefangenen des eigenen Verhaltens wird oder wenn diese Kompensationen dazu dienen, Emotionen zu dämpfen und sich den ungelösten Themen im Leben nicht zu stellen.

Das tägliche Ankommerbier nach Feierabend, die Zigarette beim Morgenkaffee oder nach jeder Mahlzeit, die Schlaftablette auf dem Nachttisch, der Griff nach dem Handy direkt nach dem Aufstehen, die sechs Tassen Kaffee am Tag, das abendliche Surfen im Internet – alle diese Gewohnheiten strukturieren den Alltag vieler Menschen. Bei den umfangreichen Möglichkeiten, eine Sucht auszubilden, können wir uns leicht vorstellen, dass jeder Mensch über Suchtanteile verfügt.

Während es für Alkohol, Nikotin, Heroin und andere substanzgebundene Süchte zahlreiche Programme, Tests und Therapiemöglichkeiten gibt, liegen die Dunkelziffer und die gesellschaftliche Toleranz meines Erachtens bei den psychologischen Süchten sehr viel höher. Es scheint eine gesellschaftliche Norm zu geben, nach der jemand, der beispielsweise über ein gesteigertes Geltungsbedürfnis verfügt, etwas mitleidig belächelt und mit Aussagen belegt wird wie zum Beispiel: »Ja, er ist halt ein Blender« oder »Da kann man nichts machen, sie war immer schon so überheblich« und ähnlichen Verharmlosungen mehr. Dass es sich dabei um Suchtverhalten handelt, ist den meisten Menschen, auch den Betroffenen selbst, oft nicht bewusst.

Ich kenne Menschen, für die Rauchen keinerlei Verführung darstellt, die aber regelmäßig zu viel Alkohol trinken. Und es gibt Menschen, die keine substanzgebundenen Gewohnheiten pflegen, die aber eher psychologisches Suchtverhalten ausbilden, wie Spiel- oder Sexsucht. Die Wissenschaft sucht immer noch nach den maßgeblichen Faktoren, die zur Ausbildung einer Suchterkrankung führen. Die einhellige Meinung ist, dass es sowohl biologische als auch soziale und psychische Ursachen gibt.

Nun wissen wir dank der Neurowissenschaften, dass Gewohnheiten Spuren im menschlichen Gehirn hinterlassen. Dies ist der Grund, warum sich schlechte Gewohnheiten nicht einfach durch das Bewusstsein ändern lassen, dass man sich damit nichts Gutes tut. Das Belohnungszentrum im Gehirn spricht eine andere Sprache als der Verstand.

Meine Beobachtungen zu Hochsensibilität und Sucht sind folgende: Da hochsensible Menschen oft stark auf Medikamente, Drogen und Alkoholkonsum reagieren (denken Sie an die sensorische Empfindsamkeit), liegt es nahe, dass sie eher selten substanzgebundene Süchte ausbilden (natürlich gibt es Ausnahmen). Bei der Spiel- und Sexsucht ist meines Erachtens die Dunkelziffer hoch, weil diese Suchtarten stark tabuisiert sind. Was in meiner Praxiserfahrung am häufigsten vorkommt, ist die Geltungssucht. Was auf den ersten Blick wie ein Widerspruch anmutet (gelten Hochsensible doch in der Regel als darauf bedacht, dass sie nicht im Fokus der Öffentlichkeit stehen, und als eher zurückhaltend), lässt sich bei genauerer Betrachtung leicht auflösen. Für sich genommen haben Hochsensible meiner Erfahrung nach meistens kein Problem mit ihrer Empfindsamkeit, die Spannungen entstehen in der Regel im sozialen Kontext. Es lässt sich beobachten, dass sehr empfindsame Menschen an und für sich davon überzeugt sind, dass ihre Sensibilität wichtig und angemessen ist. Die Literatur zur Hochsensibilität schürt ja auch im Allgemeinen die Vorstellung, dass diese Veranlagung eine Gabe und ein Potenzial darstellt.

Ich bin ebenfalls dieser Meinung. Dabei darf aber nicht außer Acht gelassen werden, dass die Spannungsfelder durchaus groß sind. Wenn man als Fachperson mit hochsensiblen Menschen arbeitet, ist es meines Erachtens wichtig, nicht einseitig darauf hinzuwirken, diese Veranlagung als Stärke zu sehen, weil aufgrund dieses Vorgehens eine Art von Überheblichkeit aufgrund eines übersteigerten Geltungsbedürfnisses gefördert werden kann.

Das Bedürfnis nach Anerkennung ist ein urmenschliches Streben. Niemand kann sich vollständig davon freisprechen. Leider erleben hochsensible Menschen im Laufe ihrer kindlichen Entwicklung jedoch häufig, dass ihnen Anerkennung für das, was sie sind, verwehrt wird. Dies geschieht selbstverständlich nicht aus böser Absicht, sondern weil Sensibilität in unserer westlichen Gesellschaft kein hoher Wert ist und deshalb eher belächelt und stiefmütterlich behandelt wird. Aus diesem Nicht-Anerkennen der sensiblen Wesensart des Kindes entsteht ein Mangelzustand, der sich im späteren Lebensverlauf als übersteigertes Geltungsbedürfnis zeigen kann. Das Schwanken zwischen Minderwertigkeitsgefühl und Überheblichkeit begegnet mir oft in der Arbeit mit hochsensiblen Klienten und Klientinnen.

Sie werden sich vielleicht fragen, warum ich diesen Sachverhalt zum Thema Sucht ausführe. Nun, in meinen Augen stellt es ebenfalls ein Suchtverhalten dar, kein passendes Maß einhalten zu können, sondern zwischen Extremen hin und her zu pendeln. Wenn man nicht anders kann, als sich entweder minderwertig oder überlegen zu fühlen, ist das rechte Maß verloren gegangen. Ich habe ja bereits versucht, aufzuzeigen, dass Gewohnheiten nützlich, aber auch schädigend sein können. Wenn sich jemand seit frühester Kindheit in diesem Spannungsfeld befindet, gleicht das einer alten, lieb gewordenen und zugleich unbequemen Gewohnheit, die man nicht so leicht ablegen kann, selbst wenn man es möchte.

Ausgehend vom Aristotelischen Modell, nach dem die Tugend in der Mitte zweier Extreme liegt,[23] können wir wieder von einem Kontinuum sprechen, hier mit den beiden Polen »Bedürfnis nach Anerkennung« und »Geltungssucht«:

Kontinuum:

Bedürfnis nach Anerkennung — Geltungssucht

Wo befinden Sie sich momentan auf diesem Kontinuum? Auch dieser Aspekt gehört zur Grundausstattung Ihrer »Persönlichkeitsküche«.

Im Anhang dieses Buches finden Sie außerdem hilfreiche Links, um Ihre Suchtgefährdung einzuschätzen.

Hier finden Sie noch einmal alle Kontinuen auf einen Blick:

Sensibilität

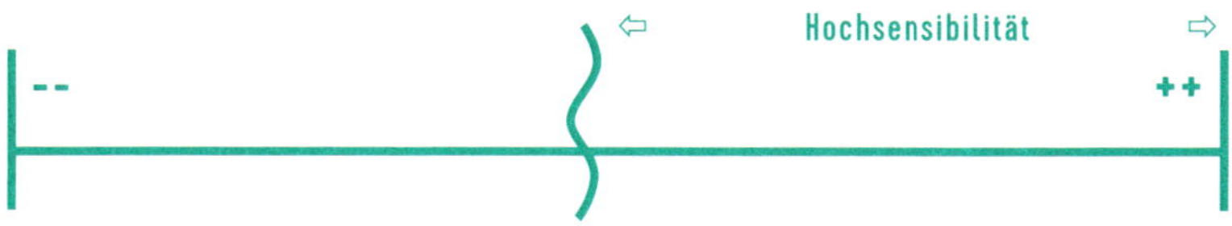

Introversion – Extraversion

Ambivertiert

Sensation Seeking

Kontinuum:

Nun haben Sie einen Überblick über Ihre persönliche Grundausstattung gewonnen. Oder in der Küchen-Metapher: Sie kennen nun die grundlegenden Geräte, Töpfe und Pfannen. Um effizient ein Gericht zuzubereiten, muss man wissen, wo welche Gerätschaften stehen. Im Kleinhaushalt wie auch in einer Profiküche hat alles einen festen Platz. Diese Anordnung bildet den Rahmen, damit Sie sich in Ihrer »Persönlichkeitsküche« souverän bewegen können.

HOCHSENSIBILITÄT UND STRESS

Im Hinblick auf Hochsensibilität ist es sinnvoll, vertieft über Stress nachzudenken, ist doch die Stressanfälligkeit ein oft beobachtbares Zeichen hochsensibler Menschen. Ich verbinde mit diesem Exkurs die Hoffnung, dass sensible Menschen dadurch den individuell empfundenen Stress besser in Theorien einbetten und sich in Stressmomenten daran erinnern können, sodass eine Distanzierung stattfindet. In dem Moment, in dem man sich bewusst macht, was beim Stresserleben im Körper, in der Psyche und im Geist geschieht, wird alles verständlich und dadurch weniger bedrohlich.

Da in den letzten Jahrzehnten Stress (nicht nur für Hochsensible) aufgrund der gesellschaftlichen Entwicklung enorm zugenommen hat, haben sich verschiedene Forscher mit Stress, seinen Ursachen und Auswirkungen beschäftigt. Mittlerweile gibt es eine beinahe unüberschaubare Anzahl von Stressmodellen. Sie lassen sich hinsichtlich ihrer Ausrichtung in biologische, soziologische, psychologische, ressourcenfokussierte oder biopsychosoziale Modelle unterscheiden.

Ich habe aus der Vielzahl der Stressmodelle zwei klassische herausgesucht, weil diese meiner Ansicht nach gut erklären, was bei Stress körperlich und psychisch geschieht.

Das Allgemeine Anpassungssyndrom von Hans Selye

Das erste Modell, welches ich Ihnen vorstellen möchte, ist das Allgemeine Anpassungssyndrom von Hans Selye, einem ungarischen Mediziner, der seine Forschungstätigkeit auf die biologischen Stressreaktionen des Organismus ausgerichtet hat. Selye stellte schon als junger Forschungsassistent fest, dass Ratten immer die gleichen stereotypen körperlichen Reaktionsmuster zeigten, unabhängig von den zugeführten Stressoren.[24] Diese Reaktionsmuster verliefen nach seiner Beobachtung stets in drei Phasen:

In der ersten Phase, der »Alarmreaktion«, reagiert der Körper mit einer verstärkten Adrenalinausschüttung und einem erhöhten Blutzufluss in Muskeln, Herz und Gehirn. Dadurch wird der Organismus mit zusätzlicher Energie versorgt.

Übersteht der Organismus diese Phase, setzt als Zweites die »Widerstandsphase« ein. In dieser zeigt der Organismus verschiedene biologische Anpassungsleistungen. Zum Beispiel stellte Selye fest, dass in der »Alarmphase« die Nebennieren praktisch alle Hormonvorräte ins Blut ausschütten, während sie in der »Widerstandsphase« erhebliche Hormonreserven speichern. Dies bezeichnet Selye als Anpassungsleistung des Organismus.

Die dritte Phase schließlich ist die der »Erschöpfung«. Dazu kommt es, wenn die physiologisch-hormonelle Anpassung nicht mehr gewährleistet ist. Die Folge sind körperliche und psychische Krankheiten oder der Verlust jeglicher Widerstandsenergie, was schlimmstenfalls zum Tod führen kann.[25]

Das allgemeine Anpassungssyndrom wird üblicherweise in folgender Grafik veranschaulicht:

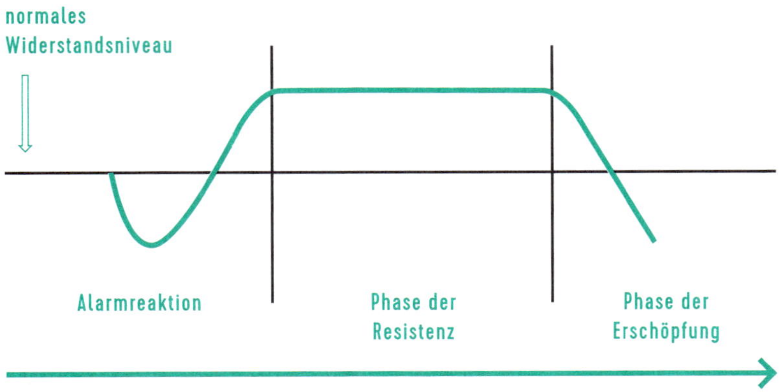

Quelle: Zimbardo, P.G.: Psychologie[26]

In der ersten Phase, der »Alarmreaktion«, nimmt der Organismus unter Einwirkung von Stressoren förmlich Anlauf und mobilisiert Energiereserven, die dazu führen, dass die Widerstandskraft scheinbar erhöht wird. Der Organismus reagiert mit Anpassungsleistungen, bis die Widerstandskraft zusammenbricht und die Erschöpfung eintritt, bei der die Widerstandskraft weit unter das Normalniveau absinkt.

In meinen Augen liefert dieses Modell die Erklärung, wie Krankheiten wie Burn-out und Depression zustande kommen. Außerdem verdeutlicht es die Notwendigkeit, Langzeitstress entgegenzuwirken, um solche negativen Folgen zu verhindern. Bei hochsensiblen Klienten und Klientinnen habe ich oft die Beobachtung gemacht, dass sie ihre »normale Widerstandskraft« gar nicht kennen, weil Phase 2 dieses Modells für sie schon seit Jahren selbstverständlich ist. Und dann geraten sie scheinbar über Nacht in eine totale Erschöpfung und erholen sich, wenn überhaupt, nur schwer davon. Da ich selbst vor einigen Jahren ein Burn-out hatte, weiß ich aus eigener Erfahrung, dass dabei etwas von der ursprünglichen Leistungsfähigkeit verloren gehen kann. Nach einem Burn-out ist der Organismus nicht mehr so belastbar wie vorher. Auch deshalb erscheint es mir wichtig, anhand des Modells von Selye zu verdeutlichen, wie wesentlich eine frühzeitige Analyse der Stressoren mit ihren Auswirkungen auf den Organismus ist.

Das Transaktionale Stressmodell von Lazarus

Das zweite Modell, welches ich Ihnen vorstellen möchte, ist das Transaktionale Stressmodell von Lazarus. Es handelt sich dabei um eine Erklärung, wie Stress durch die Interaktion zwischen einer Person und der Umwelt entsteht. Dieses psychologische Stressmodell sieht Stresssituationen als komplexe Wechselwirkungsprozesse an. Im Gegensatz zu früheren Stressmodellen geht Lazarus davon aus, dass es nicht den objektiven Reiz gibt, der Stress auslöst, sondern dass es die subjektive Bewertung durch die Person ist, welche das Stressempfinden ausmacht. Stress unterliegt also Bewertungsmechanismen in der Person selbst.

Der Ablauf sieht laut diesem Modell folgendermaßen aus:

- Die Umwelt trifft mit ihren Reizen/Stressoren auf die Person.
- Es findet eine erste (primäre) Bewertung statt. Man erlebt den Stressor entweder als positiv, als gefährlich oder als irrelevant.
- Dann findet eine zweite (sekundäre) Bewertung statt. Wenn ein Reiz als gefährlich, also als potenziell Stress auslösend, eingestuft wird, besteht diese sekundäre Bewertung darin, ob mangelnde oder ausreichende Ressourcen zur Bewältigung zur Verfügung stehen.
- Hat die Person den Eindruck, dass sie den Stressor aufgrund ihrer Ressourcen bewältigen kann, entsteht kein Stress.

- Besteht aber das Gefühl, keine oder mangelhafte Ressourcen zu haben, entsteht das subjektive Stressempfinden.

Stress ist in diesem Modell also das Ergebnis von zwei Bewertungsprozessen innerhalb der Person und das Resultat des subjektiven Erlebens mangelnder Ressourcen. Das Modell von Lazarus begnügt sich aber nicht damit, festzustellen, wie Stress entsteht, sondern es benennt auch drei Strategien zur Bewältigung, auf Englisch Coping:

- Problemorientiertes Coping
- Emotionsorientiertes Coping
- Neubewertung

Problemorientiertes Coping bedeutet, dass man versucht, eine Lösung für ein konkretes Problem zu finden. Ist der Stressor zum Beispiel eine grelle Lichtquelle (wie Neonlicht), wäre eine Lösung, das Licht zu dimmen oder für indirektes Licht zu sorgen. Ist es im Raum zu heiß, dann besteht problemorientiertes Coping darin, das Fenster zu öffnen, den Ventilator einzuschalten oder den Raum zu verlassen und Erfrischung vor der Tür zu suchen. Wenn man einen Vortrag besucht, kann man vorbeugend früh genug kommen, um sich einen Platz am Rand und in der Nähe des Ausgangs zu sichern. Problemorientiertes Coping kann aber auch bedeuten, dass man recherchiert und sich auf Informationssuche begibt, wenn man sich beispielsweise mit dem Gedanken an eine Weiterbildung trägt. Man könnte dies folgendermaßen darstellen:

Reiz/Problem → Lösung auf einer ganz praktischen Ebene

Beim emotionsorientierten Coping baut man die durch die Situation entstandene emotionale Erregung ab, statt sich mit einer Lösung zu beschäftigen. Dies gelingt auf der einen Seite kognitiv, indem man sich selbst beruhigt durch Gedanken wie »Das ist jetzt nicht so schlimm«, »Anderen geht es viel schlechter als mir«, »Man kann aus allem etwas lernen« und Ähnliches mehr. Auf der anderen Seite kann man aber auch Atemübungen machen, joggen oder wandern gehen, Yoga praktizieren, meditieren oder sonstige Verhaltensweisen üben, die dazu dienen, die emotionale Erregung abzubauen.

Die Neubewertung als dritte Copingstrategie bedeutet, das Geschehen in einen neuen Rahmen zu setzen. Wenn man arbeitslos ist, dann macht es einen Unterschied, ob man sich als arbeitslos oder als stellensuchend bezeichnet. Man kann die Zeit der Stellensuche als Versagen oder als Chance auf einen Neubeginn und eine Umorientierung sehen. Wenn jemand hochsensibel ist, kann es für den Stressabbau einen großen Unterschied bedeuten, ob man sich als kompliziert oder als differenziert betrachtet.

In meinen Beratungsgesprächen achte ich sehr darauf, die Dinge anders zu benennen, wenn ich merke, dass jemand sehr negativ von sich und/oder seiner Veranlagung spricht. Es gibt immer verschiedene Möglichkeiten, etwas auszudrücken, und eine freundlichere Konnotation kann sehr entlasten. Wenn jemand beispielsweise sagt: »Ich kann mich schlecht abgrenzen«, dann wäre es eine Neubewertung, darauf folgendermaßen zu antworten: »Könnte es nicht auch sein, dass Ihr Einfühlungsvermögen dafür sorgt, dass Sie mehr beim Gegenüber sind als bei sich selbst?« Bei der Neubewertung geht es vor allem darum, weg vom Negativen hin zu einer positiven Sichtweise zu kommen.

Wenn die Copingstrategien angewandt und erfolgreich umgesetzt werden, entsteht eine neue Situation, sodass der Prozess der primären und sekundären Bewertung von Neuem beginnt.

Die drei Copingstrategien stehen heutzutage gleichberechtigt nebeneinander. Vor etwa vierzig bis fünfzig Jahren, als dieses Modell in therapeutischen Kreisen Fuß fasste, war dies anders. Damals wurde es vor allem in der Verhaltenstherapie verwendet, in der das Ziel war, Probleme durch Kausalzusammenhänge zu erklären und zu lösen. Infolgedessen wurde damals einzig das problemorientierte Coping als ziel- und richtungsweisend angesehen. In den letzten Jahrzehnten hat die Verhaltenstherapie jedoch viele Modifikationen durchlaufen und mittlerweile wird kein professioneller Psychotherapeut die Wirksamkeit von Atemübungen oder Meditation bestreiten. Für die moderne Psychotherapie heißt das, dass jede dieser Copingstrategien alleine oder in Kombination dazu benutzt wird, Stress zu reduzieren, weil durch jede dieser Maßnahmen aktiv Ressourcenaufbau initiiert wird.

Das Transaktionale Stressmodell nach Lazarus bildet mittlerweile die Basis der meisten Therapierichtungen. Ziel ist jeweils, Ressourcen in Form von Handlungsmöglichkeiten, sei es ganz praktisch, emotional oder durch Neubewertung, zu entwickeln. Das Modell ist also universal einsetzbar.

Wegen der Ressourcenaktivierung ist es meines Erachtens für Hochsensible besonders interessant, neigen sie doch oft in hohem Maße dazu, ihre Ressourcen nicht zu kennen und ihr Licht »unter den Scheffel zu stellen« oder ihre Fähigkeiten falsch oder zumindest ungünstig einzusetzen.

Mit dem Wissen um dieses Modell können Sie für sich selbst in der nächsten Zeit überprüfen, welche Copingstrategien Sie einsetzen oder in welchem Bereich Ihnen weitere Optionen guttun würden.

VERTRAUEN

»Vertrauen ist gut, Kontrolle ist besser«, diese Redewendung wird dem russischen Politiker Lenin zugeschrieben[27] und drückt aus, dass Menschen gut daran tun, nicht »blind« zu vertrauen, sondern ein gewisses Maß an gesunder Skepsis zu bewahren und nur dem wirklich zu vertrauen, was sie nachgeprüft haben.

Die Fähigkeit, zu vertrauen, ist ein erlerntes Verhalten. Dies beschreibt auch der deutsch-amerikanische Psychoanalytiker Erik H. Erikson in seinem berühmten Stufenmodell der psychosozialen Entwicklung.[28] Darin differenzierte er acht Entwicklungsstufen, die jeweils durch ein bestimmtes Thema charakterisiert werden. Erikson spricht hier von Krisen. In diesem Modell bildet die erste Entwicklungsstufe das Thema »Ur-vertrauen vs. Ur-Misstrauen«. Erikson definierte Ur-Vertrauen als eine Einstellung zu sich selbst und zur Welt, die auf Erfahrungen des ersten Lebensjahres basiert. Vertrauen war für ihn gleichbedeutend mit dem Gefühl des »Sich-Verlassen-Dürfens« in Bezug auf die Glaubwürdigkeit anderer wie die Zuverlässigkeit seiner selbst.[29]

Interessanterweise betont Erikson, dass viele Säuglinge empfindlich und feinfühlig sind und dass es neben der verlässlichen Ernährung das richtige Maß an Sinnesreizen braucht, damit »ihre Aufnahmebereitschaft nicht plötzlich in diffusen Widerstand oder in Lethargie umschlägt«[30]. Ur-Vertrauen bildet sich also nicht nur aufgrund von Nahrungszufuhr, sondern auch durch Anregung und maßvolle Beschäftigung.

Vor einigen Jahrzehnten war in der Säuglingspflege die Haltung vorherrschend, dass Babys von Anfang an beim Füttern an einen Vier-Stunden-Rhythmus gewöhnt werden müssen. Schrie das Kind zwischendurch vor Hunger, aus Langeweile oder aus sonstigen Gründen, ließ man es schreien. Dies würde »die Lungen kräftigen«, so die irrige Annahme. Erikson erkannte bereits in den 1950er-Jahren, dass diese »Erziehung« einen ungünstigen Einfluss auf die Bildung das Ur-Vertrauens hat. Meine Hypothese ist, dass ganze Generationen von Menschen, welche eine solche Erziehung »genossen« haben, einen Mangel an Urvertrauen haben, der im späteren Leben in die Gesamtpersönlichkeit integriert ist und sich beispielsweise darin zeigt, dass jemand sich schwer damit tut, Dinge oder Dienstleistungen von anderen Menschen anzunehmen. Wie Erikson feststellte:

> *Die einfachste und früheste Verhaltensweise ist das Nehmen, nicht im Sinne des Sich-Beschaffens, sondern im Sinne des Gegeben-Bekommens und Annehmens. Der … Organismus des Neugeborenen lernt diese Verhaltensweise nur, indem er seine Bereitschaft, zu nehmen, nach den Methoden der Mutter reguliert, die ihm wiederum erlauben wird, seine Fähigkeit, zu nehmen, in dem Maße zu entwickeln, wie sie selbst ihre Fähigkeit des Spendens entwickelt und koordiniert.*[31]

Geben- und Nehmen-Können steht also schon am Beginn jedes menschlichen Lebens. Wenn diese Wechselwirkung versagt oder aus irgendeinem Grunde nicht stattfindet, entstehen ziellose Versuche des Säuglings, zu erlangen, was ihm nicht gegeben wird. Er »erschöpft sich im Suchen oder findet seinen Daumen und kehrt der Welt den Rücken«. »… der klinische Eindruck deutet darauf hin, dass für manche empfindliche Menschen … eine solche Situation das Muster sein kann für eine radikale Störung in ihrem Verhältnis zur Welt, zu den Menschen und besonders zu geliebten und sonst bedeutsamen Personen«[32].

Nach meiner Erfahrung haben viele hochsensible Menschen das Gefühl, alles alleine machen zu müssen und sich auf niemanden verlassen zu können. Möglicherweise liegt der Ursprung dieses Gefühls in den Erfahrungen des ersten Lebensjahres. Da dieses vorsprachlich ist, entziehen sich diese

Erfahrungen in der Regel dem Bewusstsein, sind aber im Unbewussten und im Körpergedächtnis präsent und jederzeit abrufbar. Hat ein Mensch in dieser frühen Phase seines Lebens die Erfahrung gemacht, dass er »kämpfen« muss für das, was ihm zusteht, wird er im späteren Lebensverlauf entweder kämpferisch oder resigniert agieren und möglicherweise schnell das Gefühl bekommen, zu kurz zu kommen. Beide Verhaltensmuster entstehen aus einem Mangel heraus.

Während man früher annahm, diese frühen Prägungen blieben ein Leben lang konstant erhalten und ließen sich nicht mehr verändern, weiß man heute, dass über die ganze Lebensspanne hinweg Modifikationen möglich sind. Vielleicht werden Sie immer anfällig für das Gefühl sein, »zu kurz zu kommen« oder dass »alle gegen Sie sind«, aber gleichzeitig können Sie dieses Gefühl durch korrigierende Erfahrungen abschwächen. Auch die Bearbeitung der Vergangenheit in einer Therapie kann dabei helfen. Übung 10 hinten im Buch dient ebenfalls dazu, das Vertrauen zu stärken.

Mir geht es hier keinesfalls darum, irgendjemandem die Schuld zu geben, wenn ein Mensch eine Brüchigkeit in seinem Vertrauen entwickelt. Meine Überzeugung ist, dass die meisten Eltern oder frühen Bezugspersonen ihr Bestmögliches tun. Sie sind aber nicht unabhängig von der herrschenden Erziehungshaltung und »Kinder ihrer Zeit«.

Interessanterweise erkannte Erikson außerdem, dass es empfindsame Menschen gibt, die besonders empfänglich auf Erfahrungen reagieren. Er fügt sich damit in die lange Reihe derjenigen ein, für die das Temperament einen Unterschied in der Ausbildung der Persönlichkeit macht (vgl. Boyce, Homberg, Aron und Pluess).

Unterscheidungsmerkmale

Jetzt geht es darum, die Gewürze kennenzulernen, die hochsensible Menschen zur Verfügung haben. Damit sind die Kriterien gemeint, welche Hochsensible von Normalsensiblen unterscheiden. So wie die orientalische oder asiatische Küche andere Gewürze verwendet als der westliche Mittelmeerraum und dadurch eine länderspezifische Geschmacksrichtung erzeugt wird, so verfügen Hochsensible über eine spezifische Ausstattung, durch die sie identifizierbar sind.

Lange Zeit hat sich die Wissenschaft schwer damit getan, zu definieren, welche Merkmale die hochsensible Veranlagung kennzeichnen. Dass es Unterschiede gibt, zeigt schon die Alltagsbeobachtung. Allerdings ist nicht alles, was empfindlich ist, auch hochsensibel. Jemand kann sehr empfindlich auf alles Mögliche reagieren, aber dennoch höchst unsensibel sein. Empfindsamkeit alleine ist es also nicht. Auch Dinge wie Perfektionismus oder ein übergroßes Gerechtigkeitsempfinden, welche im Bewusstsein der breiten Öffentlichkeit oft mit Hochsensibilität assoziiert werden, hängen nicht ursächlich mit der Veranlagung zusammen.[33] Zwar treten diese Eigenschaften oft in Kombination mit einer hochsensiblen Veranlagung auf, es gibt aber auch sehr viele Menschen, die über diese Eigenschaften verfügen, ohne hochsensibel zu sein.

Was aber haben denn nun alle Hochsensiblen gemeinsam? Und was genau unterscheidet sie von denjenigen, welche diese Disposition nicht haben?

Wie bereits beschrieben sind die Hauptkriterien die Wahrnehmung und Verarbeitung. Beides verläuft bei hochsensiblen Personen komplexer als bei Normalsensiblen. Dabei lassen sich diese beiden Hauptkriterien in mehrere Unterkategorien einteilen. Manche Forscher sprechen von Facetten (Homberg)[34], andere von Indikatoren (Aron)[35], ich selbst verwende den Ausdruck Kriterien.

DIE VIER FACETTEN NACH HOMBERG ET AL.

Homberg hat mit seinem Forschungsteam das Konzept der Environmental Sensitivity von Michael Pluess aufgenommen und folgende Facetten formuliert:

- Erhöhtes Bewusstsein
- Erhöhte Empathie
- Vertiefte Informationsverarbeitung
- Erhöhte Anfälligkeit für Überstimulation

Nach Patrice Wyrsch konnten alle vier Facetten in wissenschaftlichen Studien nachgewiesen werden.[36]

Bewusstheit und Bewusstsein

Allerdings wird es schwierig, wenn man ins Detail geht. Schon die erste Facette »erhöhtes Bewusstsein« fordert die Frage heraus, was denn eigentlich Bewusstsein ist. Ohne hier einen Exkurs in biologische oder gar philosophische Bereiche anzustrengen, möchte ich doch Ihr Bewusstsein (!) dafür schärfen, dass es verschiedene Aspekte des Bewusstseins gibt. Bewusstsein umfasst Emotionen, Empfindungen, Gedanken und Wahrnehmungen, die bei unterschiedlich hoher neuronaler Aktivität, Aufmerksamkeit und Konzentration erlebt werden. Dabei kann die Aufmerksamkeit nach innen oder nach außen gerichtet sein.[37]

Es muss also ein Hirnareal und Hirnaktivitäten geben, die für die erhöhte Wahrnehmungsfähigkeit hochsensibler Personen verantwortlich sind. Nach Acevedo et al. ist dies die Insula, die Inselrinde. Dieses Areal steht in enger Verbindung mit den auditorischen, somatosensorischen, motorischen und limbischen Systemen des Gehirns und wird als Teil des vegetativen Nervensystems betrachtet.[38] Somit bieten die Erkenntnisse von Acevedo eine Erklärung dafür, dass Hochsensible für Wahrnehmungen aller Art anfälliger sind (Facette 4 nach Homberg). Aber ist das schon Bewusstsein?

Carter beschreibt drei Aspekte von Bewusstheit, die zu Bewusstsein führen:

- Die momentane Bewusstheit: Es werden momentane Ereignisse registriert, aber nicht als Erinnerungen gespeichert (als Ereignisse werden hier alle Arten von Reizen verstanden, Anm. d. V.).
- Die aufmerksame Bewusstheit: Ereignisse werden registriert und als Erinnerungen abgespeichert.
- Die Ich-Bewusstheit: Ereignisse werden registriert und abgespeichert, wobei sich die Person dieser Vorgänge auch bewusst ist.[39]

Den Prozess von relativer Unbewusstheit hin zu Ich-Bewusstheit kann man trainieren, zum Beispiel durch Achtsamkeitsübungen (siehe Übung 5 und 13) oder Kurse zur Achtsamkeitsbasierten Stressreduktion (MBSR). Ziel dabei ist nicht, noch mehr wahrzunehmen, sondern die Aufmerksamkeit zu fokussieren und sie dabei bewusst auf positive oder angenehme Reize zu lenken, um dadurch die Wahrnehmung der negativen Stimuli abzuschwächen.

Einen weiteren Aspekt von Bewusstsein möchte ich hier gern erwähnen, weil er mir bedeutsam für die Lebensgestaltung hochsensibler Menschen erscheint: Ein stabiles Ich-Bewusstsein zu besitzen bedeutet unter anderem, über die eigenen Grenzen und Möglichkeiten Bescheid zu wissen. Es kommt immer wieder vor, dass Hochsensible Anfragen zu komplexen Projekten bekommen. Dies reizt sie normalerweise (vor allem dann, wenn sie auch Experiencing Seeker sind). Dabei lassen sie aber vielfach außer Acht, dass diese Projekte ihre zeitlichen, körperlichen, geistigen und vielleicht sogar finanziellen Ressourcen übersteigen würden. Ein Bewusstsein dafür zu entwickeln, wo die körperlichen, emotionalen und geistigen Grenzen liegen, ist meines Erachtens die Voraussetzung dafür, dass man ein Leben in Achtsamkeit und Respekt vor der persönlichen Ausstattung gestalten kann.

Die Ich-Bewusstheit nährt sich also von Erinnerungen, die als bedeutsam abgespeichert wurden. Wenn jemand beispielsweise schon einmal ein Burn-out hatte, achtet er vielleicht aufgrund dieser Erfahrungen besonders darauf, sich nicht mehr zu viel zuzumuten (Ich-Bewusstsein). Das lässt sich biologisch folgendermaßen erklären: Wenn ein Erlebnis ins Bewusstsein dringt, wird der frontale Cortex aktiviert, in dem die Analyse- und die Empathiefähigkeit angesiedelt sind. Der frontale Cortex ist somit neben der Insula ein wesentlicher Bestandteil des Bewusstseins. Dennoch kann man sagen, dass die Insula der »Sitz des Bewusstseins« ist, da sie maßgeblich daran beteiligt ist, das emotionale Erleben ins Bewusstsein zu bringen.

Je mehr einem die eigenen Verhaltensweisen, Emotionen und Empfindungen bewusst werden, umso besser kann es gelingen, Verhaltensmuster zu verändern. Um es auf eine Formel zu bringen:

Bewusstsein = Handlungsmöglichkeiten

Handlungsmöglichkeiten bedeuten Ressourcen. Und da größere Handlungsmöglichkeiten helfen, Stress und Angst infolge von mangelnden Ressourcen zu verringern, ist es sinnvoll, das Bewusstsein zu trainieren.

Ob hochsensible Menschen von Natur aus über eine »aufmerksamere« Insula mit allen dazugehörigen Prozessen verfügen oder ob sie dieses Areal seit früher Kindheit trainieren, sodass sie als erwachsener Proband in einschlägigen Studien eine höhere Aktivität in diesen Bereichen aufweisen, kann an dieser Stelle nicht beantwortet werden und gleicht der Frage: »Was war zuerst da, die Henne oder das Ei?« Wahrscheinlich liegt, wie so oft, die Wahrheit in der Mitte. Möglicherweise werden hochsensible Menschen mit einer »empfänglicheren« Insula geboren und trainieren außerdem diesen Bereich aufgrund ihrer Wahrnehmungen stark, ohne dass ihnen dies bewusst wäre. Dies passt zu den erwähnten Untersuchungen von Thomas Boyce, der zeigen konnte, dass bereits Säuglinge über eine erhöhte Empfindsamkeit verfügen.

Erhöhte Empathie

Empathie ist ein vielschichtiges Phänomen. Im »Wörterbuch Psychologie« wird Empathie gleichgesetzt mit Einfühlung. Dort heißt es:

> *Einfühlung (empathy): eine auf Th. Lipps bzw. M. Scheler zurückgehende, auf den Bereich des Sozialen übertragene Bezeichnung für den Vorgang der Identifikation (Sich-Hineinversetzen) mit einem anderen, um auf der Basis individueller Anmutungen oder Eindrücke dessen Verhalten zu verstehen.*[40]

Was kompliziert anmutet, ist im Grunde sehr einfach: Menschen (und auch höher entwickelte Säugetiere, wie z. B. Affen) verfügen normalerweise über die Fähigkeit, sich in ein anderes Individuum hineinzuversetzen. Bei einem Makaken, einer Affenart, welche in Asien beheimatet ist, wurde festgestellt, dass bestimmte Neuronen aktiv waren, wenn er nach Nahrung griff. Als er einen Laborangestellten beobachtete, der dasselbe tat, waren dieselben Neuronen aktiv.[41] Lebewesen können also empfinden, wie es ist, eine Tätigkeit auszuführen, auch wenn sie von anderen ausgeführt wird.

Interessanterweise gilt dieses »Spiegeln«, was man im Grunde auch als Imitation verstehen kann, sowohl für Bewegung (jemand führt die Hand zur Nahrung und dann die Hand mit der Nahrung zum Mund) als auch für Emotionen. Untersuchungen zeigen: Wenn ein Mensch einen anderen beobachtet, der eine Emotion zeigt, werden in seinem Gehirn die Areale aktiviert, die mit dem Empfinden dieser Emotion verknüpft sind. Verantwortlich dafür sind die sogenannten Spiegelneuronen, von denen Sie sicher schon gehört haben. Es handelt sich dabei um ein Resonanzsystem im Gehirn, welches dafür sorgt, dass wir Emotionen bei anderen so wahrnehmen und verstehen können, als würden wir sie selbst erleben. Dies ist die Grundlage der Empathie.

Spiegelneuronen finden sich in vielen Gehirnarealen, ihre genaue Ausdehnung ist noch unbekannt. Grundsätzlich ist wohl jeder Mensch von Geburt an mit Spiegelneuronen ausgestattet, die dem Baby erlauben, in Kontakt und Beziehung zu seinen Bezugspersonen zu treten.

Aber wie lässt es sich erklären, dass manche Menschen empathisch sind, während es anderen offensichtlich nicht leichtfällt, sich in andere hineinzuversetzen? Die Antwort ist so einfach wie einleuchtend: Wird die Fähigkeit, zu spiegeln, unterdrückt oder nicht genutzt, geht sie verloren. Forscher nennen das »Use it or lose it« (Benutze es oder verliere es).[42] Ein Beispiel: Zwei Menschen sitzen vor dem Fernseher und schauen sich einen Actionfilm an, in dem viel geschossen und einiges zerstört wird. Der eine empfindet stark mit den Protagonisten, aber auch mit den Gegenspielern und fragt sich, welche Versicherung wohl für den ganzen materiellen Schaden aufkommen wird. Dieser Mensch empfindet die Geschichte und lebt sie so stark mit, dass er innerlich aufgewühlt ist und von den Emotionen förmlich überflutet wird. Der andere Mensch hingegen sieht dasselbe, und es lässt ihn relativ kalt, was das Erleben der Protagonisten angeht. Er freut sich über die gute Kameraführung und die ausgefeilten Special Effects, ohne dass er empfindet, was in den Figuren vorgeht. Aufgrund der Forschungslage könnten wir sagen, dass der eine Mensch seine Spiegelneuronen gut trainiert und entwickelt hat, der andere dagegen nicht. Die gesamte Filmindustrie macht sich diese Erkenntnisse zunutze.

Nun lässt es sich beobachten, dass hochsensible Menschen in der Regel stark mitempfinden, auch wenn sie ein Geschehen nur ansehen. Ich denke, das liegt daran, dass sie das »Spiegeln« von frühester Kindheit an gut gelernt und wie einen Muskel trainiert haben. Meine Hypothese ist: Allen Menschen sind Spiegelneuronen angeboren, die es ihnen erlauben, die Emotionen anderer Menschen wahrzunehmen, zu verstehen und selbst zu empfinden. Aber im Laufe der Sozialisation geht vielen Menschen diese Fähigkeit verloren, weil sie sie unterdrückt und nicht geübt haben. Bei anderen (hochsensiblen) Personen wiederum bleibt diese Fähigkeit erhalten und wird durch tägliches Training verstärkt, sodass sie im Erwachsenenalter über eine erhöhte Empathie verfügen.

So weit zu den biologischen Grundlagen des Einfühlungsvermögens. Für eine wirksame Empathie braucht es jedoch nicht nur die Fähigkeit, wahrzunehmen, wie es anderen geht, sondern auch den Wunsch, sich in andere Menschen hineinzuversetzen.[43] Kurz gesagt, hochsensible Menschen müssen sich nicht ihrer Empathiefähigkeit ausgeliefert fühlen, sondern können sich entscheiden, ob und wie sie sie einsetzen möchten. Möglicherweise korrespondiert die angeborene erhöhte Erregung (Boyce) mit den Spiegelneuronen, sodass es in dieser Kombination schwieriger ist, die »Spiegelung« zu unterdrücken.

Vertiefte Informationsverarbeitung

Ist Ihnen auch schon einmal aufgefallen, dass manche Menschen scheinbar Gedankensprünge in ihren Überlegungen machen oder vom Hundertsten ins Tausendste kommen, wenn sie etwas erklären möchten? Vielleicht sind es dieselben Menschen, die lange und tiefgründig über einen Sachverhalt nachdenken und denen Erlebnisse, Begegnungen und Kommunikation mit anderen lange »nachgehen«, sodass diese Erfahrungen nicht leicht »abgelegt« werden können. Dies alles lässt sich mit dem Begriff »vertiefte Informationsverarbeitung« beschreiben. Homberg und sein Team haben herausgefunden, dass die neuronalen Mechanismen hochsensibler Menschen dazu beitragen, dass sie Informationen sowie Sinnesreize tiefer verarbeiten als die normalsensible Vergleichsgruppe.[44]

Es lässt sich leicht erkennen, dass jemand, der über eine vertiefte Informationsverarbeitung verfügt, innerlich ständig sehr beschäftigt ist. Im Alltag sprechen Menschen dann oft von »Gedankenkreiseln« oder davon, dass sie nicht »abschalten« können. Es mag sich so anfühlen, als ob das »innere Radio« ständig auf voller Lautstärke läuft, ohne die Möglichkeit, die Lautstärke zu regulieren oder den Aus-Knopf zu betätigen. Das ist anstrengend und bindet viel Aufmerksamkeit.

Die vertiefte Informationsverarbeitung hat zwei Aspekte: Zum einen werden Ereignisse und Situationen aus der Vergangenheit »wiedergekäut« (das nenne ich »das lange Nachhallen«, siehe dort), zum anderen nehmen sie mit derselben Akribie Dinge, die in der Zukunft liegen, vorweg, denken sich Szenarien dazu aus, führen Dialoge und verlieren sich darin. Dies entspringt aber nicht einem grundsätzlichen Misstrauen gegenüber anderen Menschen und der Welt an sich, wie es häufig bei psychiatrischen Störungen vorkommt.

Erhöhte Anfälligkeit für Überstimulation

Der letzte Punkt ist die erhöhte Anfälligkeit für Überstimulation. Da sich dieser weitgehend mit dem weiter unten ausführlich dargestellten Kriterium der »Übererregbarkeit« nach Elaine Aron deckt, verzichte ich hier auf eine eingehende Erläuterung.

DIE VIER INDIKATOREN NACH ARON

Elaine Aron, klinische Psychologin aus San Francisco, gilt im deutschsprachigen Raum gemeinhin als die Pionierin der Hochsensibilitätsforschung. Ihre Forschungen fußen aber, und das hat sie nie verleugnet, auf den Grundlagen von Boyce und anderen. Ihr Verdienst ist dennoch groß: Sie hat erstmals den Begriff »Highly sensitive Person« geprägt, der im Deutschen mit Hochsensibilität übersetzt wurde. Damit hat sie die angeborene erhöhte Erregbarkeit, die bis dahin »nur« ein Forschungsobjekt innerhalb von Universitäten und Labors war, ins Bewusstsein der Öffentlichkeit gerückt und weltweit einen Stein ins Rollen gebracht, der zu einer Lawine geworden ist.

Und wie es bei Lawinen so ist, wird dabei auch manches mitgerissen, was am Wegrand steht und nicht ursächlich mit der Veranlagung der Hochsensibilität verknüpft ist: Zu diesem »Beifang« gehören die Gewissenhaftigkeit beziehungsweise der Hang zum Perfektionismus, die Impulsivität und der Mythos der geringen Belastbarkeit.

Gerade weil in Bezug auf die Unterscheidungsmerkmale vieles miteinander vermischt wird, was eigentlich getrennt gehört, ist es meiner Ansicht nach wichtig, sich die grundlegenden Kriterien immer wieder ins Gedächtnis zu rufen und so zu lernen, die »Spreu vom Weizen zu trennen«.

Ausgehend von der grundlegenden Forschung von Boyce und anderen hat Elaine Aron die Ergebnisse zusammengefasst und zu vier Merkmalen gebündelt. In ihrem Buch »Psychotherapy and the Highly sensitive Person« (»Hochsensible in der Psychotherapie«)[45] benannte sie 2014 erstmals explizit ihre Indikatoren zum Feststellen einer hochsensiblen Veranlagung:

- Gründliche Informationsverarbeitung (Depth of Processing)
- Übererregbarkeit (Overwhelming)
- Emotionale Intensität (Emotional intensity)
- Sensorische Empfindlichkeit (Sensory sensitivity)

Nach den englischen Anfangsbuchstaben werden diese Indikatoren auch als DOES zusammengefasst.

Diese Indikatoren überschneiden sich teilweise mit den Facetten von Homberg. Auch hier finden sich die vertiefte Informationsverarbeitung und die erhöhte Anfälligkeit für Überstimulation. Der Indikator »Emotionale Intensität« umfasst bei Aron auch die Empathiefähigkeit, basierend auf einer Studie von Bianca Acevedo[46], die zeigte, dass beim Betrachten von Gesichtern, die verschiedene Emotionen ausdrückten, diejenigen Bereiche im Gehirn der Probanden stark aktiviert wurden, welche mit Empathie in Zusammenhang gebracht werden.

Interessanterweise stellt Aron die sensorische Empfindlichkeit über das Sehen, Hören, Riechen, Schmecken und Tasten als eigenen Indikator heraus, während Homberg das Sensorium in seiner Facette der erhöhten Anfälligkeit für Überstimulation integriert. Meines Erachtens liegt der Unterschied zwischen den beiden Definitionen darin, dass Menschen, die über ein ausgeprägtes Sensorium verfügen, nach Aron ebenfalls hochsensibel sein können, während bei Homberg mehr Umgebungsreize nach Michael Pluess vorhanden sein müssen, um von einer erhöhten Anfälligkeit für Überstimulation zu sprechen.

Des Weiteren gehört zur ausgeprägten Sensorik die Medikamentenverträglichkeit. Es lässt sich beobachten, dass hochsensible Menschen oft anders auf Medikamente reagieren als normalsensible. Beispielsweise kommt es vor, dass bei sehr sensiblen Personen bereits kleinste Dosen gut wirken. Ein Teilnehmer meines Lehrganges, Arzt von Beruf, drückte es einmal so aus: »Von Schmerzmitteln mehr (aufgrund der erhöhten Schmerzempfindlichkeit), von allem anderen weniger.« Daher ergibt es Sinn, die sensorische Empfindlichkeit als eigenen Indikator zu benennen.

Wenden wir uns der praktischen Anwendung zu.

KRITERIEN NACH KÜSTER

Im Jahr 2011 bekam ich, Leiterin des frisch gegründeten Institutes für Hochsensibilität in der Schweiz, die Gelegenheit, ein erstes Büchlein zum Thema Hochsensibilität zu verfassen. Das war für mich die Gelegenheit, meine Praxisbeobachtungen einer breiteren Öffentlichkeit zu präsentieren. Im Zuge dessen dachte ich vertieft (!) über die Unterschiede zwischen normalsensiblen und hochsensiblen Personen nach. Ich stellte mir die Klienten und Klientinnen vor, die ich als hochsensibel einstufte, und überlegte, welche Gemeinsamkeiten sie besaßen. Das Resultat meiner Überlegungen fasste ich in den folgenden vier Kriterien zusammen:

- Schmale Komfortzone
- Überstimulation
- Langes Nachhallen
- Individuell ausgeprägte Wahrnehmungsfähigkeit

Schmale Komfortzone

Unter der schmalen Komfortzone verstehe ich den Bereich, in dem man sich wohlfühlt, in dem die Temperatur stimmt, die Gedankenkreisel zur Ruhe kommen, nichts zwickt und zwackt (äußerlich und innerlich), in dem einfach alles relativ in Ordnung ist. Dieser Bereich ist bei Hochsensiblen deutlich schmaler als bei Normalsensiblen. Das bedeutet ganz praktisch: Dort, wo Normalsensible nach einem langen Arbeitstag mit den Kollegen etwas trinken gehen und sich dabei entspannen können, brauchen Hochsensible ihre Ruhe (besonders wenn sie introvertiert sind). Sie können zwar mitgehen, es ist aber »zu viel«, sie entspannen sich dabei nicht, sondern sammeln noch mehr Umgebungsreize in ihr ohnehin schon übervolles inneres »Reizgefäß«. Nach einer halben Stunde (oder schon früher, wenn sie sich haben überreden lassen) haben sie genug, reagieren vielleicht mit Kopfschmerzen oder registrieren eine große Erschöpfung.

Überstimulation

Die Überstimulation kann schon durch geringe Reize ausgelöst werden. Kein Reiz ist zu klein, um verstörend oder irritierend wirken zu können. Es sind nicht nur die »großen« Reize wie Signalsirenen von Krankenwagen, die auf das sensible Nervensystem einwirken, sondern auch minimale und subtile. Als Beispiel sei dafür das Weckerklingeln am Morgen genannt. Ich weiß nicht, wie es Ihnen geht, aber ich kenne keinen Wecker, der ein angenehmes Geräusch verursacht und trotzdem weckt. Wecker stehen zudem naturgemäß nahe am Ohr, sodass das empfindsame Nervensystem durch das plötzliche Geräusch regelrecht einen Schock erleidet. Unser Nervensystem ist klug und entwickelt sinnvolle Strategien. Allerdings entzieht sich die Logik dieser Strategien oft dem bewussten Verstand. Es gab eine Zeit, in der ich jede Nacht bereits zwei Stunden vor dem eigentlichen Aufstehzeitpunkt (und damit dem Weckerrasseln) wach wurde. Es dauerte Jahre, bis ich erkannte, dass mein Nervensystem sich auf diese Weise für das plötzliche schrille Geräusch wappnete. Als mir dieser Zusammenhang bewusst wurde, ließ ich mir eine Sonnenaufgangssimulator-Lampe schenken. Es dauerte eine Weile, bis mein Nervensystem dieser sanften Art, in den Tag zu kommen, vertraute, aber bald schlief ich wieder durch, bis es Zeit war, aufzustehen. Mittlerweile brauche ich gar keinen Wecker mehr, sondern wache von allein zur rechten Zeit auf.

Reize, die zur Überstimulation führen können, sind aber nicht nur äußere Reize wie ein Wecker, sondern auch innere, wie zum Beispiel Gedanken, Emotionen, Erinnerungen, das Gefühl, schlecht geschlafen zu haben, körperliche Befindlichkeiten und anderes mehr. Dies kann dazu führen, dass Hochsensible sich selbst nicht vertrauen, weil es sich oft so anfühlt, als ob die inneren und äußeren Reize so überflutend wären, dass man ihnen ausgeliefert ist. Im Grunde genommen zielt deshalb jede Maßnahme, um mit der eigenen Hochsensibilität umzugehen, darauf ab, sich nicht länger ausgeliefert zu fühlen, sondern Handlungsmöglichkeiten zu erwerben.

Elaine Aron hat eine Aufstellung von fünf Faktoren gemacht, die Überstimulation bzw. Übererregbarkeit hervorrufen können:[47]

- **Extreme:** hohe Intensität/niedrige Intensität
- **Dauer:** lang anhaltende Reize wie z. B. ein großes Projekt (Hausbau, Kindererziehung)
- **Komplexität:** zu viel auf einmal
- **Neuartigkeit:** Unbekanntes
- **Plötzlichkeit:** plötzlich auftretende Reize wie Sirenen oder Telefonanrufe, auf die man sich nicht vorbereiten kann

Diese Aufstellung kann der Orientierung dienen und Sie dazu befähigen, Ihrer Überstimulation und ihren Auslösern auf die Spur zu kommen. Um es gleich wieder komplexer zu machen, sei erwähnt, dass die verschiedenen Auslöser wie Extreme, Dauer, Komplexität, Neuartigkeit und Plötzlichkeit selten alleine und in ihrer Reinform auftreten. Vielmehr treffen sehr häufig mehrere Aspekte zusammen. Ein geradezu klassisches Beispiel:

Stellen Sie sich vor, Sie sind im Zug unterwegs und fahren von St. Gallen nach Bern. In Zürich müssen Sie nach Bern umsteigen. Sie haben sich vorher im Internet informiert, auf welchem Gleis Sie in Zürich ankommen, auf welches Gleis Sie wechseln müssen und wie viel Zeit Sie zum Umsteigen haben. Sie sind gut vorbereitet. Der Zug fährt pünktlich in Zürich ein. Da dies die Endstation des Zuges ist, steigen alle Reisenden aus. Es gibt Gedrängel bei den Türen, weil viele Menschen mit größerem Gepäck unterwegs sind (Extreme). Beim Aussteigen hören Sie, dass es eine Lautsprecherdurchsage gibt – allerdings verstehen Sie wegen des Lärms auf dem Bahnsteig kein Wort. Sie bewegen sich im Strom der Menschen zur Bahnhofshalle, um auf das andere Gleis zu gelangen. Da kommt wieder eine Lautsprecherdurchsage. Diesmal verstehen Sie, dass es um Ihren Anschlusszug geht. Sie bleiben stehen, um konzentriert hinzuhören. Soweit Sie verstehen können, wird der Zug auf einem anderen Gleis bereitgestellt. Sie verstehen aber nicht, auf welchem. Genau in diesem Moment spricht Sie jemand an und fragt Sie etwas.

Gedrängel, unverständliche Durchsagen, Planänderungen, das Angesprochenwerden von einer fremden Person, das ist ein sehr gutes Beispiel für Komplexität und dafür, dass bei Überstimulation meistens verschiedene Auslöser eine Rolle spielen.

Die obige Aufstellung und das Beispiel lassen erahnen, dass

Überstimulation ein ständiger Begleiter hochsensibler Menschen ist. Diese Übererregbarkeit drückt sich auf vielfältige Weise aus. Konzentrationsschwierigkeiten bis hin zum Blackout können die Folge sein. Möglicherweise ist man gereizt und fahrig. Manchmal fühlt es sich an, als hätte man einen Nebel im Kopf. Vielleicht steht man aber auch »nur« innerlich unter Strom, hört sein Blut rauschen oder fühlt sich durch kleine Gesten des Gegenübers gestört oder genervt.

Langes Nachhallen

Mit dem Begriff »langes Nachhallen« bezeichne ich die Beobachtung, dass Erlebtes lange im Organismus empfindsamer Menschen gespeichert bleibt. Dinge gehen ihnen »lange nach«. Eine Begegnung, die sich nicht »rund« angefühlt hat, beschäftigt sie genauso wie eine ungünstige Formulierung in einer E-Mail oder das Weltgeschehen. Dies hängt eng mit der gründlichen Informationsverarbeitung zusammen. Hochsensible brauchen Zeit zur Verarbeitung, nicht weil sie von Natur aus langsamer wären als Normalsensible, sondern weil es aufgrund der hohen Wahrnehmungsfähigkeit so viel zu verarbeiten gibt. Auch wenn hochsensible Menschen auf dem Sofa liegen und scheinbar nichts tun, passiert in ihrem Inneren unendlich viel. Das kostet Kraft und ist gleichzeitig anstrengend und beglückend, weil auch positive Erlebnisse lange nachhallen.

Meine Erfahrung ist, dass diejenigen Begebenheiten, die lange auf unangenehme Weise an hochsensiblen Menschen »nagen«, jene sind, bei denen sie unzufrieden mit ihrem eigenen Verhalten oder ihren Reaktionen waren. Sie denken sich im Nachhinein aus, wie sie hätten besser reagieren können, oder entwerfen Szenarien für »ein nächstes Mal«. Das machen Normalsensible zwar auch, aber bei sehr empfindsamen Menschen ist dieses Nachhallen sehr verstärkt. Es gelingt ihnen weniger gut, mal etwas stehen zu lassen, »Schwamm drüber« zu sagen oder »fünfe gerade sein zu lassen«.

Nun darf man aber nicht den Fehler machen, das lange Nachhallen mit einem Charakterfehler zu verwechseln, und meinen, Hochsensible seien nachtragend. Es ist die gründliche Informationsverarbeitung mit ihren komplexen Verarbeitungswegen im Gehirn, die das lange Nachhallen zur Folge hat, und nicht etwa Vergeltungsdrang oder gar Rachegelüste oder das Bestreben, aus seinem Herzen »eine Mördergrube zu machen«.

Meiner Ansicht nach ist es wichtig, sich bewusst zu machen, dass das lange Nachhallen zur hochsensiblen Veranlagung dazugehört und eine Verarbeitungsstrategie des Organismus ist.

Individuell ausgeprägte Wahrnehmungsfähigkeit

Die individuell ausgeprägte Wahrnehmungsfähigkeit schließlich besagt nichts anderes, als dass sehr unterschiedliche Dinge stärker wahrgenommen werden. Ein Beispiel: Obwohl man überall lesen kann, dass Hochsensible über eine erhöhte Schmerzempfindlichkeit verfügen, kommt es vor, dass eine Person mit hochsensibler Veranlagung Kopfschmerzen relativ gut erträgt, während eine kleine, kaum sichtbare Hautabschürfung sehr zermürbend für sie ist. Schmerzen sind also nicht gleich Schmerzen. Es gibt tausendundein Möglichkeiten, Reize verstärkt wahrzunehmen, aber die Ausprägung, was und auf welche Art stark wahrgenommen wird, ist sehr unterschiedlich. Gemeinsam ist allen Hochsensiblen die ausgeprägte Wahrnehmungsfähigkeit, sie zeigt sich jedoch sehr individuell.

Ursachen und Sichtbares

Die vier Kriterien nach Küster stellen das dar, was nach außen hin sichtbar ist. Wenn Sie einem hochsensiblen Menschen begegnen, werden Sie bemerken, dass er oder sie nicht so viel verträgt (schmale Komfortzone), es ihm oder ihr schnell »alles zu viel« wird (Überstimulation), dass er oder sie lange mit Dingen beschäftigt ist, die in der Vergangenheit oder in der Zukunft liegen (langes Nachhallen), und stark auf Geräusche, Gerüche, Geschmäcker und sonstige Reize reagiert (individuell stark ausgeprägte Wahrnehmungsfähigkeit).

Sie erkennen sicher, dass die Facetten nach Homberg, die Indikatoren nach Aron und meine Kriterien Ähnlichkeiten aufweisen beziehungsweise zum Teil sogar deckungsgleich sind. Da im deutschsprachigen Raum insbesondere Elaine Aron als Pionierin der Hochsensibilitätsforschung angesehen und dementsprechend häufig zitiert wird, habe ich auf der folgenden Seite ihre Indikatoren meinen Kriterien gegenübergestellt. Dabei stellen die Indikatoren nach Aron die dem Organismus innewohnenden Quellen, also die Ursachen der hochsensiblen Veranlagung, dar, die Kriterien nach Küster dagegen die Folgen davon, also das, was nach außen hin sichtbar ist.

Demnach führt die gründliche Informationsverarbeitung zum langen Nachhallen, die Übererregbarkeit zur Überstimulation, die emotionale Intensität ist ein Teil der schmalen Komfortzone (wenn man ständig intensiv erlebt, verträgt man einfach nicht so viel) und die sensorische Empfindsamkeit ist ein Teil von dem, was ich individuelle Wahrnehmungsfähigkeit nenne.

ÜBERSICHT DER EINTEILUNGEN DER UNTERSCHEIDUNGSMERKMALE

Facetten nach Homberg et al.:

Erhöhtes Bewusstsein
Erhöhte Empathie
Vertiefte Informationsverarbeitung
Erhöhte Anfälligkeit für Überstimulation

Indikatoren nach Aron (DOES):

Gründliche Informationsverarbeitung (Depth of processing)
Übererregbarkeit (Overwhelming)
Emotionale Intensität (Emotional intensity)
Sensorische Empfindsamkeit (Sensory sensitivity)

VERBINDUNG DER INDIKATOREN NACH ARON MIT DEN KRITERIEN NACH KÜSTER

Indikatoren nach Aron	Kriterien nach Küster
Gründliche Informationsverarbeitung	Langes Nachhallen (und Vorhallen)
Übererregbarkeit	Überstimulation
Emotionale Intensität	Schmale Komfortzone
Sensorische Empfindsamkeit	Teil der individuell ausgeprägten Wahrnehmungsfähigkeit

KÖRPERLICHER CHECK

Bisher habe ich dargestellt, welche psychischen und physiologischen Merkmale mit der hochsensiblen Veranlagung verbunden sind. Um sich der Komplexität der Empfindsamkeit auf mehreren Ebenen anzunähern, halte ich es zudem für wichtig, sich auch körperlich durchchecken zu lassen, um eventuelle Mangelzustände zu beheben.

In den meisten Büchern wird Hochsensibilität als »psychische Eigenart« verstanden. Dementsprechend gibt es sehr viele mentale Übungen, die helfen sollen, sich besser abzugrenzen. Auch in diesem Buch finden Sie eine Reihe von Übungen zum Umgang mit der hochsensiblen Veranlagung. Gleichzeitig möchte ich aber auch auf die körperliche Seite der sensiblen Disposition eingehen. Nicht alles muss psychisch erklärt werden. Im Gegenteil, dadurch verstärkt sich bei Hochsensiblen möglicherweise der Eindruck, dass sie nur an sich arbeiten müssten, um die positive Fülle ihrer Veranlagung ernten zu können.

Dies entspricht einer generellen »Optimierungstendenz«, welche in den letzten zwanzig bis dreißig Jahren stetig zugenommen hat. Durch Werbung, Fernsehen, Social Media und eben auch Ratgeberliteratur wird suggeriert, dass alles möglich und machbar sei. Gleichzeitig gibt es eine starke Individualisierungstendenz. Es ist zum Ideal geworden, dass jeder Mensch nach Entfaltung, Selbstverwirklichung und persönlicher Autonomie strebt. Dadurch erhöht sich der gesellschaftliche Druck, an sich zu arbeiten, und dies ist zur gesellschaftlichen Norm geworden.[48] Diese Entwicklung hat meiner Ansicht nach stark dazu beigetragen, dass Hochsensibilität als rein psychisches Geschehen angesehen wird.

Der körperlichen Seite und den biologischen Prozessen sollte jedoch ebenfalls Aufmerksamkeit gewidmet werden. Ich habe bereits an anderer Stelle ausführlicher darüber geschrieben[49] und es ist nicht das eigentliche Thema dieses Buches. Dennoch möchte ich darauf hinweisen, dass es sinnvoll ist, den Eisengehalt (Ferritin), den Vitamin-B-12-Gehalt zu überprüfen sowie die Darmflora, die Schilddrüsenfunktion und die Nebennieren untersuchen zu lassen. Gibt es bei diesen Organen und körperlichen Ebenen Disharmonien und Fehlfunktionen, können Symptome wie Reizbarkeit, Unausgeglichenheit, Erschöpfung und eine verstärkte Erregbarkeit der Zellen auftreten. Deshalb gehört meines Erachtens zu einer seriösen »Diagnostik« auch eine körperliche Abklärung.

Jetzt geht es ans Eingemachte: Hochsensibilität vs. Störungsbilder

In den vorigen Kapiteln haben wir die Grundzutaten der hochsensiblen Persönlichkeit beleuchtet, welche die Grundlage für das Verstehen und Erkennen der hochsensiblen Veranlagung darstellen. Jetzt möchte ich gerne weiter in die Tiefe gehen und in den folgenden Kapiteln sozusagen den Vorratsschrank der Persönlichkeitsküche unter die Lupe nehmen. Hier geht es also im wahrsten Sinne des Wortes ans Eingemachte. Dazu zählen die Abgrenzungen zu anderen Phänomenen, immer im Zusammenhang mit der Veranlagung der Hochsensibilität gesehen.

Ich nehme es gleich vorweg: Diese Kapitel sind komplex und am besten häppchenweise zu genießen. Sie können natürlich diesen Teil auch überspringen und direkt zum nächsten weitergehen. Oder, je nach Bedarf, immer mal wieder kleine Portionen, eben Häppchen, nachlesen. Betrachten Sie die folgenden Ausführungen als reichhaltiges Büfett, von dem Sie das für Sie Passende auswählen können.

Es wird schon seit Langem darüber diskutiert, ob und wie Hochsensibilität mit diversen Störungsbildern in Zusammenhang steht. Vor allem in der Psychiatrie scheint die Meinung vorzuherrschen, dass es sich dabei um ein Kriterium handelt, welches mit psychiatrischen Diagnosen einhergeht. Erhöhte Sensibilität stellt zu Recht ein Diagnosekriterium für manche psychischen Störungen dar, dies ist aber nicht gleichzusetzen mit Hochsensibilität.

Die Tatsache, dass die meisten Psychiater dem Thema Hochsensibilität skeptisch gegenüberstehen, ist meines Erachtens auf zwei Dinge zurückzuführen. Erstens ist die Berichterstattung in den Medien häufig sehr einseitig und wenig differenziert, es wird dort meistens nur von den Belastungen gesprochen. Zweitens sehen Psychiater ja in der Praxis nur psychisch kranke oder instabile Menschen, die zweifellos auch allesamt sehr empfindlich sind, deswegen aber noch lange nicht hochsensibel. Psychiater kommen beruflich wenig in Kontakt mit gesunden Hochsensiblen, sodass man es ihnen im Grunde genommen nicht übel nehmen kann, wenn sie Empfindlichkeit mit Hochsensibilität verwechseln.

Um eine Trennschärfe herbeizuführen, habe ich schon bald nach meiner Spezialisierung auf das Thema Hochsensibilität damit angefangen, verschiedene Störungsbilder zu studieren und Gemeinsamkeiten, aber vor allem auch die Unterschiede zur hochsensiblen Veranlagung aufzuzeigen. Die Ergebnisse möchte ich Ihnen hier vorstellen.

HOCHSENSIBILITÄT UND AD(H)S

AD(H)S ist keine Erfindung oder Entdeckung der letzten Jahrzehnte, sondern wurde schon vor langer Zeit erstmals beschrieben, nämlich 1775 von dem deutschen Arzt Melchior Adam Weikart, der in seinem Buch »Der philosophische Arzt« unter dem Kapitel »Mangel der Aufmerksamkeit, Zerstreuung, Attentio Volubilis« Menschen beschrieb, die aufgrund des Mangels an Konzentration alle Dinge nur oberflächlich lernen und behandeln, ohne in die Tiefe vorzudringen, weil ihnen die Geduld fehlt.[50] Bekannterweise hat der Arzt Heinrich Hoffmann 1845 in seinem Buch »Struwwelpeter« der Aufmerksamkeitsstörung in den Figuren des »Zappelphilipp« und des »Hanns Guck-in-die-Luft« ein Denkmal gesetzt.

Leider wird Hochsensibilität oft mit AD(H)S verwechselt, obwohl es sich um sehr verschiedene Phänomene handelt. Für die Gegenüberstellung mit Hochsensibilität ist es sinnvoll, ADHS und ADS getrennt zu betrachten. Dabei liegt der Fokus auf den negativen Auswirkungen von AD(H)S, da diese für die

Diagnose herangezogen werden. Menschen mit AD(H)S haben jedoch auch häufig besondere Stärken[51] und es lohnt sich, sich mit diesen zu beschäftigen, wenn Sie Kinder mit dieser Diagnose betreuen oder selbst betroffen sind.

ADHS

Bei meinen Recherchen stieß ich auf sehr unterschiedliche Haltungen zur Ursache von ADHS. Auf medizinisch-psychiatrischen Internetseiten heißt es meistens, dass ADHS eine Art Funktionsstörung im Gehirn ist, die bei den Betroffenen eine hohe Impulsivität, Konzentrationsstörungen und Hyperaktivität zur Folge hat.[52] Anderen Seiten zufolge handelt es sich um eine seelische Erkrankung, welche die oben genannten Folgen hat.[53] In die ärztlichen Diagnosekompendien ICD-10 und DSM-4 wurde ADHS als »hyperkinetische Störung« aufgenommen.

Um eine Grundlage für die Unterscheidung zur Hochsensibilität zu bekommen, habe ich die ICD-10 herangezogen. Es handelt sich dabei um ein ärztliches Diagnosekompendium, welches von der WHO herausgegeben wird und sämtliche Störungsbilder einschließlich ihrer Diagnosekriterien beschreibt. Der Vollständigkeit halber sei erwähnt, dass es mittlerweile die ICD-11 gibt, welche aber erst im Jahr 2022 offiziell herausgegeben wird. In der ICD-10 findet man folgende Informationen:

Symptome der hyperkinetischen Störung nach ICD-10

Mindestens sechs Monate lang mindestens sechs der folgenden Symptome von Unaufmerksamkeit in einem mit dem Entwicklungsstand des Kindes nicht zu vereinbarenden und unangemessenen Ausmaß:

Unaufmerksamkeit

Die Kinder

- sind häufig unaufmerksam gegenüber Details oder machen Sorgfaltsfehler bei den Schularbeiten und sonstigen Arbeiten und Aktivitäten,
- sind häufig nicht in der Lage, die Aufmerksamkeit bei Aufgaben und beim Spielen aufrechtzuerhalten,
- hören häufig scheinbar nicht, was ihnen gesagt wird,
- können oft Erklärungen nicht folgen oder ihre Schularbeiten, Aufgaben oder Pflichten am Arbeitsplatz nicht erfüllen (nicht wegen oppositionellem Verhalten oder weil die Erklärungen nicht verstanden werden),
- sind häufig beeinträchtigt, Aufgaben und Aktivitäten zu organisieren, vermeiden häufig ungeliebte Arbeiten wie Hausaufgaben, die geistiges Durchhaltevermögen erfordern, verlieren häufig Gegenstände, die für bestimmte Aufgaben wichtig sind, z. B. für Schularbeiten, Bleistifte, Bücher, Spielsachen und Werkzeuge,
- werden häufig von externen Stimuli abgelenkt, sind im Verlauf der alltäglichen Aktivitäten oft vergesslich.

Mindestens sechs Monate lang mindestens drei der folgenden Symptome von Überaktivität in einem mit dem Entwicklungsstand des Kindes nicht zu vereinbarenden und unangemessenen Ausmaß:

Überaktivität

Die Kinder

- fuchteln häufig mit Händen und Füßen oder winden sich auf den Sitzen,
- verlassen ihren Platz im Klassenraum oder in anderen Situationen, in denen Sitzenbleiben erwartet wird,
- laufen häufig herum oder klettern exzessiv in Situationen, in denen dies unpassend ist (bei Jugendlichen und Erwachsenen entspricht dem nur ein Unruhegefühl),
- sind häufig unnötig laut beim Spielen oder haben Schwierigkeiten bei leisen Freizeitbeschäftigungen,
- zeigen ein anhaltendes Muster exzessiver motorischer Aktivitäten, die durch den sozialen Kontext oder Verbote nicht durchgreifend beeinflussbar sind.

Mindestens sechs Monate lang mindestens eins der folgenden Symptome von Impulsivität in einem mit dem Entwicklungsstand des Kindes nicht zu vereinbarenden oder unangemessenen Ausmaß:

Impulsivität

Die Kinder

- platzen häufig mit der Antwort heraus, bevor die Frage beendet ist,
- können häufig nicht in einer Reihe warten oder warten, bis sie bei Spielen oder in Gruppensituationen an die Reihe kommen,

- unterbrechen und stören andere häufig (z. B. mischen sie sich ins Gespräch oder Spiel anderer ein),
- reden häufig exzessiv, ohne angemessen auf soziale Beschränkungen zu reagieren.

Zusätzliche Kriterien:

Beginn der Störung vor dem siebten Lebensjahr

Symptomausprägung: Die Kriterien sollen in mehr als einer Situation erfüllt sein, z. B. sollte die Kombination von Unaufmerksamkeit und Überaktivität sowohl zu Hause als auch in der Schule und an einem anderen Ort, wo die Kinder beobachtet werden können, z. B. in der Klinik, auftreten.

Die Kinder sind tendenziell eher unreifer als ihre gleichaltrige Vergleichsgruppe.[54]

Im Folgenden schauen wir uns die einzelnen Punkte einmal genauer an, um zu bestimmen, ob sie zur Hochsensibilität passen oder nicht.

Unaufmerksamkeit

1. Die Kinder sind häufig unaufmerksam gegenüber Details oder machen Sorgfaltsfehler.

Dies trifft bei hochsensiblen Kindern nicht zu. Im Gegenteil, sie sind eher sehr aufmerksam gegenüber Details und sehr bemüht darum, alles »richtig« zu machen.

2. Die Kinder sind häufig nicht in der Lage, die Aufmerksamkeit bei Aufgaben und beim Spielen aufrechtzuerhalten.

Dies trifft auf hochsensible Kinder in der Regel nicht zu. Im Gegenteil, sie können sich sehr gut konzentrieren und auch lange an einer Sache »dranbleiben«, auch dann, wenn diese nicht unbedingt ihr Interesse widerspiegelt. Nur im Zustand der Überstimulation können sie kurzfristig ihre Konzentrationsfähigkeit verlieren. Dies ist aber nicht zu verwechseln mit der grundsätzlichen Konzentrationsschwäche, die bei Kindern mit ADHS beobachtbar ist.

3. Die Kinder hören häufig scheinbar nicht, was ihnen gesagt wird.

Auch dies stimmt für hochsensible Kinder nicht, da sie eher zu viel hören, auch Dinge, die sie gar nicht betreffen. Es ist beobachtbar, dass hochsensible Kinder in der Regel sehr aufmerksam der Lehrperson zuhören und sich dabei von Aussagen, die an die gesamte Klasse gerichtet sind, persönlich sehr getroffen fühlen.

4. Die Kinder können oft Erklärungen nicht folgen oder Aufgaben und Pflichten nicht erfüllen.

Auch dieser Punkt trifft auf hochsensible Kinder so nicht zu. Sie können gut folgen und sind in der Regel sehr pflichtbewusst und gewissenhaft. Allerdings müssen die Aufgaben, die sie erfüllen sollen, für Hochsensible einen Sinn haben. *Was* für jemanden Sinn ergibt, ist aber höchst individuell.

Ich erinnere mich an den Bericht einer Mutter, deren Tochter in der fünften Klasse das Mittelalter durchnahm. Für die Mutter war das ein sehr spannendes und interessantes Thema, denn diese Epoche hatte sie persönlich immer schon interessiert. Folglich besuchte sie mit der Tochter alle erreichbaren Burgen, aß mit ihr Riesenschnitzel in Burgkellern und baute mit ihr ein Burgmodell. Enttäuscht musste sie feststellen, dass alle diese Dinge ihre Tochter nicht erreichten. Es schien sie einfach nicht zu interessieren. Erst viel später erkannte die Mutter, dass dieses Thema für ihre Tochter keinen Sinn ergab, weil das Mittelalter nichts mit ihrem Leben zu tun hatte.

Ähnliches gilt für den Bereich Mathematik. Es gibt viele Kinder, die mit Mathe nichts anfangen können. Vor allem die höhere Mathematik (Algebra, Geometrie) scheint eher lebensfremd. Die Frage, wozu sie dies denn brauchen, ist in meinen Augen eine berechtigte Frage nach dem Sinn.

Daher ist es oft wesentlich, Kindern den Sinn einer Aufgabe oder einer Pflicht zu vermitteln. Wenn es gelingt, sind besonders hochsensible Kinder sehr motiviert und ausdauernd.

5. Die Kinder sind häufig beeinträchtigt, Aufgaben und Aktivitäten zu organisieren, vermeiden ungeliebte Arbeiten und verlieren Gegenstände, die für bestimmte Aufgaben wichtig sind.

Hochsensible Kinder können zwar auch ein Vermeidungsverhalten an den Tag legen, wenn sie unter großem Stress und Druck stehen, sind aber in der Regel sehr darum bemüht, ihre Schulmaterialien beisammenzuhalten, und erledigen ihre Hausaufgaben pflichtbewusst und sorgfältig. Sie können sich gut organisieren, packen oft schon am Vorabend ihre Schultasche und überprüfen den Inhalt dann vielleicht noch mehrmals. Für Kinder mit ADHS ist es generell schwierig, sich zu organisieren, während das bei hochsensiblen Kindern nur manchmal der Fall ist (im Zustand der Überstimulation).

6. Die Kinder werden häufig von externen Stimuli abgelenkt und sind vergesslich.

In diesem Punkt könnte Hochsensibilität leicht mit ADHS verwechselt werden. Auch Hochsensible lassen sich leicht von externen (sowie internen) Stimuli ablenken und irritieren. Allerdings sind sie in der Regel nicht vergesslich, es sei denn, sie sind überstimuliert. Zweifellos sind Kinder mit ADHS auch reizoffen und nehmen vieles wahr, aber ihr Umgang damit sieht anders aus. Sie *können* ihre Aufmerksamkeit nicht länger als für ein paar Minuten aufrechterhalten und »springen jeder Fliege nach«. Selbstverständlich gibt es auch hier graduelle Unterschiede. Während hochsensible Kinder ebenfalls sehr viel wahrnehmen und beobachten, verfügen sie nicht über dieselbe Qualität von Ablenkbarkeit. Hier braucht es geschulte Beobachter, um das eine vom anderen zu unterscheiden.

Überaktivität

Motorische Unruhe, Zappeln, Hin-und Herrutschen, Nesteln, Aufspringen, Aus-der-Reihe-Tanzen, unnötige Lautstärke beim Spielen

Dies alles trifft auf hochsensible Kinder nicht zu. Zwar verspüren auch sie den Drang nach Bewegung und stehen dann vielleicht auf und laufen herum, aber dies sieht deutlich anders aus als bei Kindern mit ADHS. Während diese eine unkontrollierte und wenig zielgerichtete Bewegungsintensität zeigen, üben Hochsensible ihren Bewegungsdrang von Natur aus kontrolliert und mit dem Ziel der körperlichen Regulation aus.

Impulsivität

Herausplatzen, Nicht-warten-Können, Stören oder exzessives Reden

Diese Beschreibung trifft nicht auf hochsensible Kinder zu. Im Gegenteil: Sie warten eher zu lange ab, bis sie ins Handeln kommen, und beobachten lieber (besonders wenn sie introvertiert sind). Elaine Aron ist sogar der Auffassung, dass Impulsivität geradezu das Gegenteil von Hochsensibilität ist.[55] Zwar kann es vorkommen, dass Hochsensible dazu neigen, andere zu unterbrechen, dies ist aber nicht auf Impulsivität zurückzuführen, sondern auf die Tatsache, dass Hochsensible oft schon den Gedankengang ihres Gegenübers zu Ende gedacht haben, noch bevor dieser seine Ausführungen beendet hat. Sie meinen oft, zu wissen, was der andere sagen möchte, und befürchten vielleicht, ihre Argumente zu vergessen, während sie darauf warten, dass ihr Gegenüber ausgeredet hat.

Zusätzliche Kriterien

Beginn der Störung vor dem siebten Lebensjahr, Auffälligkei-

ten zeigen sich in allen Bereichen des Lebens, Unreife im Vergleich zu Gleichaltrigen.

Da erhöhte Empfindsamkeit angeboren ist (Boyce), macht sie sich bereits im Säuglings- und Kleinkindalter bemerkbar. Bei AD(H)S dagegen zeigen sich die Auffälligkeiten nach aktuellen Erkenntnissen erst im Laufe der kindlichen Entwicklung. Für eine »Diagnose« ist es deshalb notwendig, den zeitlichen Verlauf zu rekonstruieren. Meistens ist Eltern von hochsensiblen Kindern im Nachhinein bewusst, dass diese bereits als Baby anders, sensibler auf ihre Umwelt reagiert haben als ihre Geschwister. Beispielsweise haben sie mit Unruhe und Schreien reagiert, wenn sie im Tragetuch mit dem Gesicht nach außen platziert wurden, und beruhigten sich, wenn sie nach innen, also mit dem Gesicht zur Brust der Mutter, getragen wurden. Vielleicht brauchten sie lange, bis sie durchschliefen, oder das Einschlafen war von Anfang an ein Thema. Andere haben Schwierigkeiten im Bereich der Nahrungsaufnahme (Unverträglichkeiten, Reflux).

Bei hochsensiblen Kindern ist zudem beobachtbar, dass sie je nach Kontext ein unterschiedliches Verhalten zeigen. Möglicherweise sind sie in der Schule überaus angepasst, still, beobachtend und zurückhaltend, zu Hause aber »drehen sie auf«, laden aufgestaute Frustrationen ab und bekommen Wutausbrüche. Woran liegt das? Nach meiner Erfahrung nehmen sich hochsensible Kinder zusammen, wenn es darauf ankommt. Diese Anstrengung fordert jedoch mittags ihren Tribut. Sie kommen dann sehr erschöpft nach Hause. Neben dem Unterricht, den Wahrnehmungen der Interaktionen der anderen Kinder und dem Schulweg mit seinen unzähligen Reizen gibt es eine weitere Quelle der Übererregbarkeit, nämlich die Mühe, die sie darauf verwenden, angepasst zu sein und das zu tun, was von ihnen erwartet wird. Nicht wenige hochsensible Kinder lassen ihre Anspannung dann zu Hause an den jüngeren Geschwistern oder ihren vertrauten Bezugspersonen aus. Beim Elterngespräch in der Schule haben Lehrperson und Eltern oft den Eindruck, sie sprächen von einem völlig anderen Kind. Kann sich das Kind regenerieren und das Hungergefühl auf eine konstruktive Art beseitigen, verschwinden diese Ausbrüche jedoch meist wieder.

Insgesamt wirken hochsensible Kinder oft etwas reifer als ihre Altersgenossen. Das liegt meines Erachtens daran, dass sie sich schon sehr früh sehr viele und tiefgründige Gedanken buchstäblich über Gott und die Welt machen. Sie beschäftigen sich mit Fragen, die ihren normalsensiblen Geschwistern kaum einfallen würden. Zum Beispiel mit der Beobachtung, dass beim Abtrocknen von Besteck mit einem Geschirrtuch die Messer, Gabeln und Löffel in derselben Reihenfolge abgelegt werden, wie sie mit der Hand aufgenommen wurden. Das glauben Sie nicht? Probieren Sie es einmal aus.

Die folgende Tabelle fasst die oben genannten Gemeinsamkeiten und wesentlichen Unterschiede zwischen Hochsensibilität und ADHS zusammen:

Hochsensibilität	ADHS
Konzentrationsverlust durch Überstimulation	generelle Schwierigkeiten, sich länger zu konzentrieren
kontrollierte Bewegungen zur Regulation	deutlich sichtbare motorische Unruhe, unkontrollierter Bewegungsdrang
sinngesteuert	impulsgesteuert
deutliche Unterschiede im Verhalten und Wesen zwischen Schule und Zuhause	ähnliche Auffälligkeiten in Schule und Zuhause
oft reifer als Gleichaltrige	oft nicht altersgerechtes Verhalten
in der Regel keine Überaktivität wie oben beschrieben	überaktives Verhalten

ADS

Nun gibt es aber auch die Variante des Aufmerksamkeitsdefizitsyndroms ohne Hyperaktivität, das sogenannte ADS. Hier ist die Unterscheidung zu Hochsensibilität auf den ersten Blick etwas schwieriger. Betrachtet man im folgenden Schaubild jedoch die Schnittmenge, die für ADHS und ADS gleichermaßen gilt, so fällt auf, dass die Übereinstimmung zwischen ADS und Hochsensibilität lediglich in der Emotionalität vorhanden ist (denken Sie an die emotionale Intensität):

ADHS und ADS: Was ist der Unterschied?

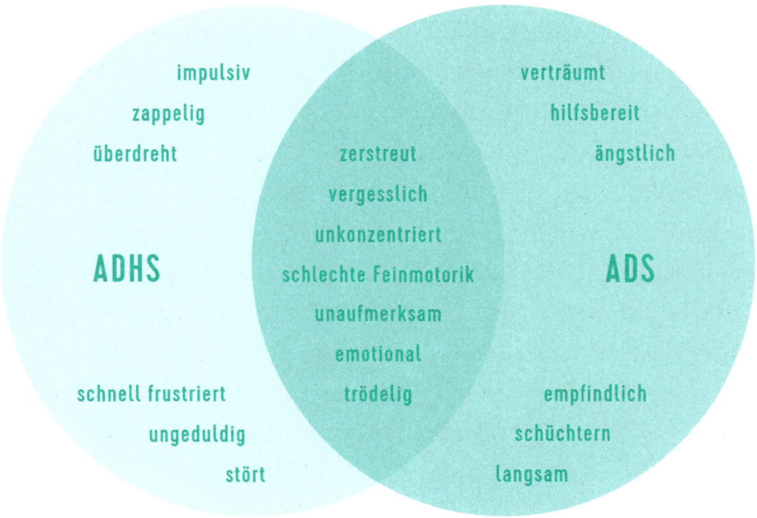

Quelle: Lifeline (Hg.): ADHS und ADS: Was ist der Unterschied?[56]

Die anderen Punkte der Schnittmenge zwischen ADS und ADHS habe ich bereits im Kapitel ADHS behandelt. Weitere Besonderheiten von Kindern mit ADS sind eine überdurchschnittliche Empfindlichkeit und Hilfsbereitschaft, beides gilt auch für Hochsensible.

Aufgrund der Gemeinsamkeiten braucht es geschulte und sorgfältige Beobachter, um das eine vom anderen zu unterscheiden. Ich empfehle gerne, das Kind anhand der vorgestellten Kriterien mehrere Wochen zu beobachten und die Erkenntnisse in einem Notizbuch festzuhalten. Dies sollten sowohl die Eltern als auch das pädagogische Personal in Kindergarten oder Schule und sonstige Bezugspersonen tun. Erhärtet sich der Verdacht auf AD(H)S, sollten Sie eine Abklärung beim Kinderarzt vornehmen lassen. Sprechen die Besonderheiten dagegen für das Vorhandensein einer hochsensiblen Veranlagung, reichen vielleicht mehr Regenerationspausen (vgl. Übung 4) und das Beachten einer stimmigen Balance zwischen An- und Entspannung, um Schwierigkeiten zu meistern. Kompliziert wird es, wenn eine Kombination aus beidem vorliegt, weil dies die Differenzialdiagnose sehr erschwert.

Natürlich können auch die Medikamente, welche vor allem bei ADHS verschrieben werden, anhand ihrer Wirksamkeit Aufschluss darüber geben, ob diese Störung vorliegt oder nicht. Ritalin oder ähnliche Medikamente haben nämlich nur bei Kindern mit ADHS den gewünschten Effekt. Bei Hochsensiblen wirken die Medikamente so, wie sie ursprünglich gedacht waren: als Aufputschmittel.

Über den Sinn und Unsinn solcher Arzneimittel wird viel diskutiert und es scheint verbitterte Fronten zwischen Befürwortern und Gegnern zu geben. Ich möchte mir hier kein Urteil darüber anmaßen und es muss sicher jeder Fall individuell betrachtet werden. Es kann für ein Familiensystem aber durchaus entlastend sein, wenn das Kind Ritalin oder eins der Folgepräparate bekommt, denn Kinder mit ADHS haben durchaus das Potenzial, die Familie an ihre Belastungsgrenzen zu bringen. Befürworter der Medikamente führen außerdem oft an, dass sich das Kind bei medikamentöser Behandlung als kompetent empfindet und daher mehr erreichen kann. Gegner raten zur Vorsicht, weil durch den Wirkstoff Methylphenidat Veränderungen im Gehirn bewirkt werden, deren Langzeitfolgen (noch) nicht erkannt sind.

HOCHSENSIBILITÄT UND DAS ASPERGER-SYNDROM

Eine weitere Entwicklungsstörung, die oft im Zusammenhang mit Hochsensibilität diskutiert wird, ist das Asperger-Syndrom. Das Asperger-Syndrom zählt zu den Autismus-Spektrums-Störungen und zeichnet sich dadurch aus, dass die Betroffenen vor allem im sozialen Kontakt Auffälligkeiten zeigen. Es ist ihnen beispielsweise nicht möglich, soziale Signale zu entschlüsseln. Sie wissen nicht, was dieser oder jener Gesichtsausdruck bedeutet, sie lernen dies nicht durch Imitation oder intuitiv, sondern müssen sich die Bedeutung von sozialen Signalen kognitiv erschließen, was erst ab einem gewissen Alter möglich ist.

Die Unterscheidung zwischen Asperger und Hochsensibilität ist relativ einfach. Auch hier habe ich die ICD-10 herangezogen, um eine Trennschärfe der Kriterien zusammenzustellen. In der ICD-10 kann man unter der Klassifikationsnummer F84.5 (Asperger-Syndrom) lesen:

> *Diese Störung von unsicherer nosologischer Validität ist durch dieselbe Form qualitativer Abweichungen der wechselseitigen sozialen Interaktionen, wie für den Autismus typisch, charakterisiert, zusammen mit einem eingeschränkten, stereotypen, sich wiederholenden Repertoire von Interessen und Aktivitäten. Die Störung unterscheidet sich vom Autismus in erster Linie durch fehlende allgemeine Entwicklungsverzögerung bzw. den fehlenden Entwicklungsrückstand der Sprache und der kognitiven Entwicklung. Die Störung geht häufig mit einer auffallenden Ungeschicklichkeit einher. Die Abweichungen tendieren stark dazu, bis in die Adoleszenz und das Erwachsenenalter zu persistieren.*[57]

Der Vollständigkeit halber sei erwähnt, dass im DSM-5, dem amerikanischen Pendant zur ICD-10, Asperger als Einzelstörung entfernt wurde. Die Begründung dafür lautet, dass Forscher heute davon ausgehen, dass es sich weniger um eine eigenständige Störung handelt, sondern dass Asperger zusammen mit anderen Autismus-Spektrum-Störungen und weiteren tief greifenden Entwicklungsstörungen auf einem Kontinuum von sehr milden bis sehr schweren Verlaufsformen anzusiedeln sei.[58]

Lange Zeit herrschte in der Fachwelt Uneinigkeit darüber, wie die Auffälligkeiten einzuordnen seien. Im Grunde genommen enthält schon die Klassifizierung als Entwicklungsstörung die Forderung nach einer unauffälligen frühkindlichen Entwicklung, was auch immer das heißt.

Neben der ICD-10 und dem DSM-5 gibt es weitere Kriterienkataloge für Asperger, welche breite Anerkennung finden. Hier ist der schwedische Professor der Kinder- und Jugendpsychiatrie Christopher Gillberg zu nennen, der bereits 1989 gemeinsam mit seiner Frau Carina Gillberg die folgenden Kriterien benannt hat. Da diese Beschreibung sehr differenziert und auf die Praxis ausgerichtet ist und außerdem eindeutig zeigt, dass Asperger sich sehr gut von Hochsensibilität abgrenzen lässt, möchte ich sie hier in voller Länge wiedergeben:

Soziale Beeinträchtigung

(mindestens zwei der folgenden Merkmale):

- Unfähigkeit, mit Gleichaltrigen zu interagieren
- Mangelnder Wunsch, mit Gleichaltrigen zu interagieren
- Mangelndes Verständnis für soziale Signale
- Sozial und emotional unangemessenes Verhalten

Eingegrenzte Interessen

(mindestens eines der folgenden Merkmale):

- Ausschluss anderer Aktivitäten
- Repetitives Befolgen der Aktivität
- Mehr Routine als Bedeutung

Repetitive Routine

(mindestens eines der folgenden Merkmale):

- Für sich selbst, in Bezug auf bestimmte Lebensaspekte
- Für andere

Rede- und Sprachbesonderheiten

(mindestens drei der folgenden Merkmale):

- Verzögerte Entwicklung
- (Oberflächlich gesehen) perfekter sprachlicher Ausdruck
- Formelle, pedantische Sprache
- Seltsame Prosodie, eigenartige Stimmmerkmale
- Beeinträchtigtes Verständnis einschließlich Fehlinterpretationen von wörtlichen/impliziten Bedeutungen

Nonverbale Kommunikationsprobleme

(mindestens zwei der folgenden Merkmale):

- Begrenzter Blickkontakt
- Begrenzte Gestik
- Unbeholfene oder linkische Körpersprache
- Begrenzte Mimik
- Unangemessener Ausdruck
- Eigenartig starrer Blick

Motorische Unbeholfenheit

- Mangelnde Leistung bei Untersuchung der neurologischen Entwicklung

Personen mit Asperger verfügen über eine gewisse Reizoffenheit, sie mögen in der Regel keine Berührungen von Fremden, sie reagieren stark auf Reize, und in komplexen sozialen Situationen ist ihnen schnell alles zu viel. Asperger-Autisten verfügen außerdem über eine sensorische Empfindlichkeit.[59] Dieser Aspekt kann mit Hochsensibilität verwechselt werden.

Des Weiteren sagt man Personen mit Asperger einen Mangel an Empathie nach. Dies begründet man mit der Tatsache, dass sie sich nicht in andere hineinversetzen können. Ich habe verschiedentlich Menschen mit Asperger kennengelernt und hatte den Eindruck, dass sie über eine gewisse einseitig gelagerte Empathie, und zwar für sich selbst, verfügen. Sie können oft sehr gut benennen, was ihnen guttut und was nicht, was oder wen sie mögen und wen oder was nicht, und auch die Gründe angeben, aber immer in Bezug auf sich selbst und nicht etwa, weil sie sich in das Gegenüber hineinversetzen könnten. Dagegen verfügen Hochsensible in der Regel über ein großes Maß an Empathie, das auf andere Menschen gerichtet ist.

Personen mit Asperger sind oft ängstlich darauf bedacht, ihre Routine aufrechtzuerhalten. Dies erinnert an die schmale Komfortzone Hochsensibler.

Hochsensible haben in der Regel eine tiefe Sehnsucht nach erfüllenden und qualitativ hochwertigen sozialen Beziehungen, die sie je nach Ressourcen unterschiedlich ausleben. Zwar haben Asperger-Autisten ebenfalls den Wunsch nach sozialen Kontakten, wissen aber schlichtweg nicht, wie sie es anstellen sollen, Kontakte zu knüpfen und Freundschaften zu pflegen.[60]

Wenn Menschen mit Asperger-Syndrom erwachsen werden, entwickeln sie Strategien, um ihrer sozialen Schwäche entgegenzuwirken. Haben sie darüber hinaus nur eine relativ schwache Ausprägung dieser Störung, können sie ein erfülltes und eigenständiges Leben führen.

Die folgende Gegenüberstellung fasst die spezifischen Merkmale von Hochsensibilität und Asperger-Syndrom zusammen:

Hochsensibilität	**Asperger-Syndrom**
Empathie in Bezug auf andere Menschen	Einseitige Empathie für sich selbst
Starke Reaktion auf sehr viele Reize	Starke Reaktion auf spezifische Reize (z. B. Sensorik)
Ungeschicklichkeit nur im Zustand der Überstimulation	Auffallende Ungeschicklichkeit, motorische Schwächen
Gilt als angeborenes Persönlichkeitsmerkmal	Gilt als tief greifende Entwicklungsstörung mit Beginn in der frühen Kindheit
Soziale Beziehungen werden eingegangen und aktiv nach den Bedürfnissen der Beteiligten gestaltet.	Soziale Kontakte sind erschwert, die Gestaltung von Freundschaften ist eher einseitig und von Missverständnissen geprägt.

Die Tabelle verdeutlicht, dass die Gemeinsamkeit lediglich in der Reizoffenheit im Bereich der sensorischen Empfindlichkeit liegt.

HOCHSENSIBILITÄT UND SCHÜCHTERNHEIT

Schüchternheit wird von Elaine Aron als »Angst vor negativer sozialer Beurteilung« definiert.[61] Ich würde den Begriff »Angst«

gerne durch »Scheu« ersetzen, weil meines Erachtens die Scheu vor negativer sozialer Beurteilung auf ein Schamgefühl zurückzuführen ist, welches sich laut Eriksson mit zwei bis drei Jahren bildet.[62] Scham ist eine der stärksten Emotionen, die Menschen kennen, und viele Verhaltensweisen resultieren aus einem zugrunde liegenden Schamgefühl.[63] Deshalb denke ich, dass soziale Scheu der angemessenere Begriff für eine Definition zu Schüchternheit ist.

Diese Scheu führt zu Schwierigkeiten, soziale Kontakte zu knüpfen, Fremde anzusprechen (um zum Beispiel nach dem Weg zu fragen) und Beziehungen lebendig zu gestalten. Es handelt sich dabei um ein erworbenes Merkmal, nicht um ein angeborenes.

Angenommen, ein empfindsames Kind beobachtet, dass Menschen sich gegenseitig beurteilen. Es ist eine unleugbare Tatsache, dass es Personen gibt, die andere unablässig negativ beurteilen. Aus diesen Beobachtungen kann leicht eine Scheu vor sozialer Beurteilung entstehen. Anders ist es, wenn sich ein Kind hinter dem Rock der Mutter versteckt, erst einmal genau beobachtet und vielleicht auch ein wenig mit dem »Schüchternsein« kokettiert. Dieses Kokettieren bringt genau jene Aufmerksamkeit, die schüchterne Menschen eigentlich vermeiden möchten.

Entgegen manchen Definitionen, die Schüchternheit als Temperamentsmerkmal sehen[64], versteht Elaine Aron Schüchternheit als Folge sozialer Erfahrungen. Ich bin der Ansicht, dass die erhöhte Empfindsamkeit angeboren ist (Boyce) und sich aus dieser im Zusammenspiel mit Erfahrungen Schüchternheit entwickeln kann.

In diesem Zusammenhang werden oft die Studien von Jerome Kagan zitiert, obwohl diese sich mit Introversion befassen. Da diese oft mit Schüchternheit verwechselt wird, lohnt sich ein Blick auf seine Forschungsergebnisse.

Kagan ist einer der bedeutendsten Entwicklungspsychologen des 20. Jahrhunderts. Sein Forschungsschwerpunkt (er ist mittlerweile emeritiert) galt dem Temperament. In Langzeitstudien untersuchten er und sein Forscherteam 500 Kinder, die sie vom Säuglingsalter bis in die Jugend hinein begleiteten. Er wagte die Behauptung, dass er nach einer 45-minütigen Einschätzung vorhersagen könne, welches Baby eine Intro- oder Extraversion entwickeln würde.[65]

Um Ihnen einen Einblick in die sorgfältige Arbeitsweise von Kagan und seinem Team zu vermitteln, erlaube ich mir, einen längeren Abschnitt aus Susan Cains Buch »Still« zu zitieren[66]:

> *Kagan und sein Team setzten die Säuglinge einer sorgfältig durchdachten Reihe neuer Eindrücke aus. Man spielte ihnen Stimmen und das Geräusch platzender Luftballons vom Tonband vor, ließ bunte Mobiles vor ihren Augen tanzen und hielt ihnen alkoholgetränkte Wattestäbchen unter die Nase. Die Säuglinge zeigten stark variierende Reaktionen auf die unbekannten Reize. Etwa 20 Prozent schrien laut und strampelten heftig mit Armen und Beinen. Kagan nannte diese Gruppe »hochreaktiv«. Ungefähr 40 Prozent blieben ruhig und gelassen und bewegten ihre Arme und Beine nur ab und zu, aber nicht allzu heftig. Diese Gruppe nannte Kagan »gering aktiv«. Die übrigen 40 Prozent lagen in einem Mittelfeld zwischen diesen beiden Extremen. In einer überraschenden Hypothese … sagte Kagan vorher, dass die Säuglinge in der hochreaktiven Gruppe … sich mit hoher Wahrscheinlichkeit zu stillen Teenagern entwickeln würden.*
>
> *Viele dieser Kinder nahmen im Alter von zwei, vier, sieben und elf Jahren an Folgeuntersuchungen teil, bei denen ihre Reaktionen auf unbekannte Menschen und Ereignisse getestet wurden. Im Alter von zwei Jahren wurden den Kindern eine Frau in Gasmaske und Laborkittel, ein Mann im Clownskostüm und ein ferngesteuerter Roboter vorgeführt. Mit sieben wurden sie gebeten, mit Kindern zu spielen, die sie nicht kannten. Mit elf stellte ein unbekannter Erwachsener ihnen Fragen zu ihrem Leben. Kagans Team beobachtete, wie die Kinder auf diese neuen Situationen reagierten, wie oft und spontan sie lachten,*

sprachen und lächelten. Sie fragten die Kinder und Eltern auch, wie die Kinder sich außerhalb des Labors verhielten. Zogen sie einen oder zwei Freunde oder eine fröhliche Gruppe vor? Lernten sie gern neue Orte kennen? Waren sie risikofreudig oder eher vorsichtig? Hielten sie sich selbst für schüchtern oder wagemutig?

Viele Kinder entwickelten sich so, wie Kagan es erwartet hatte. Die hochreaktiven Säuglinge ... entwickelten eine eher ernste, vorsichtige Persönlichkeit. Die gering reaktiven Säuglinge ... wurden eher lockere und zuversichtliche Typen.

Kagan nahm aufgrund seiner Erkenntnisse an, dass die Neigung zur Ängstlichkeit zu den angeborenen Temperamentsmerkmalen zählt. Ängstlichkeit ist zudem eine der Dimensionen des Persönlichkeitsmodells »Big Five«, welches ich an späterer Stelle vorstellen werde.

Obwohl Kagan selbst sich in der Tradition von C. G. Jung und dessen »Typologie« sieht, in der Jung die Unterschiede zwischen Introversion und Extraversion herausarbeitet, legen seine Erkenntnisse die Vermutung nahe, dass es sich bei den »hochreaktiven« Kindern um solche mit angeborener erhöhter Erregbarkeit handelte, aufgrund derer sich das Persönlichkeitsmerkmal Introversion oder Extraversion ausbildet. Auch Elaine Aron sieht in Kagans Erkenntnissen im Wesentlichen Hochsensibilität. Allerdings darf nicht verschwiegen werden, dass Kagan selbst sich gegen diese Umdeutung seiner Erkenntnisse wehrt.[67]

Was hat das Ganze nun mit Schüchternheit zu tun? Nun, beides sieht ähnlich aus, aber es gibt neben einer gemeinsamen Schnittmenge deutliche Unterschiede. Ich habe zur Verdeutlichung das folgende Schaubild kreiert:

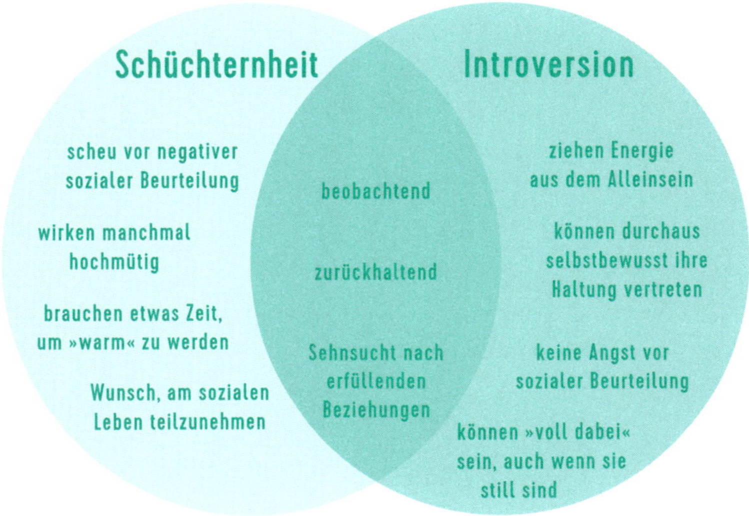

Falls Sie sich als schüchtern einstufen, finden Sie im Übungsteil dieses Buches verschiedene Übungen, um Ihrer Schüchternheit zu begegnen.

Zu diesem Thema möchte ich ein Erlebnis mit Ihnen teilen. Vor einiger Zeit war ich im Urlaub in Finnland und besuchte gemeinsam mit anderen Touristen eine Husky-Farm mit anschließender Husky-Schlittenfahrt über einen zugefrorenen See (sehr zu empfehlen). Nach dem Aufwärmen mit heißem Beerensaft lud uns der Guide, ein junger Naturbursche mit wildem rotem Bart, ein, eine Hundemutter mit ihren Jungen zu besuchen. Die Begeisterung unter uns Touristen war groß. Nach kurzer Zeit hielt jeder von uns ein kleines Hundebaby im Arm. Was für uns Touristen ein niedliches Fellknäuel war, welches man nach Herzenslust knuddeln konnte, war für unseren Guide seine Geschäftsgrundlage. Ich verstand schnell, dass er uns die Hundebabys zeigte, um sie an verschiedene Menschen zu gewöhnen, nicht um uns einen Gefallen zu tun. Mit Respekt nahm ich dies wahr und war deshalb sehr vorsichtig mit »meinem« Hund. Ich erkannte auch, dass der Guide den Charakter jedes Hundes sehr genau kannte. Er reichte erst die lebhaften und zutraulichen Hunde herum. Dabei erklärte er den Charakter und das Training der Hunde, bis sie zu Schlittenhunden wurden.

Ein Hundebaby blieb bis zuletzt bei seiner Mutter. Der Guide sagte, dass dieser Hund der Schüchternste des ganzen Wurfes sei. Ich sah, dass er diesen einen Welpen genau beobachtete, während wir mit den anderen Hunden beschäftigt waren. Irgendwann kam der Zeitpunkt, an dem er diesen schüchternen Hund hervorholte und herumreichte. Mir wurde in diesem Moment bewusst, dass unser Guide den richtigen Moment abgewartet hatte, bis der Hund bereit war, sich für eine kurze Zeit von seiner Mutter zu lösen. Auch dieser Hund musste sich an die Touristen gewöhnen, um ein guter Schlittenhund zu werden. Es wäre dem Guide niemals eingefallen, ihn aufgrund seiner Schüchternheit (seines Temperaments) aus der Pflicht zu entlassen.

Diese Begebenheit hat mich tief beeindruckt und ich denke, wir können daraus viel für den Umgang mit Hochsensiblen lernen, seien sie nun schüchtern, introvertiert oder ängstlich.

Wenn Sie Schüchternheit überwinden möchten, empfehle ich Ihnen Übung 6 im Übungsteil.

HOCHSENSIBILITÄT UND SOZIALPHOBIE

Die Grenzen zwischen Schüchternheit und Sozialphobie sind fließend. Es ist normal, ab und zu einmal schüchtern zu sein, die meisten Menschen erleben solche Phasen, besonders wenn sie außerdem introvertiert sind. Bei einer sozialen Phobie kommt aber ein sehr hoher Leidensdruck hinzu, gepaart mit auffälligen körperlichen Beschwerden wie Herzrasen, Erröten, Übelkeit, schweißnassen Händen und dergleichen mehr. Dies führt zu einem ausgeprägten Vermeidungsverhalten. Menschen mit sozialer Phobie wissen, dass ihre Angst übertrieben ist, können aber nichts daran ändern.

Soziale Phobie zählt zu den Angststörungen. Ich habe Menschen kennengelernt, die nicht mehr in der Lage waren, ihre Wohnung zu verlassen, weil sie »draußen« anderen Menschen begegnen. Sozialphobiker fürchten sich vor sozialem Kontakt, weil sie Angst haben, sich nicht adäquat zu verhalten beziehungsweise sich zu blamieren und eine peinliche Vorstellung abzuliefern (dies hat natürlich auch wieder sehr viel mit Scham zu tun, siehe oben). Dazu gehört nicht nur das Reden vor fremden Menschen, sondern auch einzukaufen, zur Post zu gehen, sich im öffentlichen Raum zu bewegen oder zu telefonieren. Hier passt der Begriff Angst, weil es sich um eine ausgesprochen starke Befürchtung handelt, wie auch der Begriff Sozialphobie nahelegt.

Aber aufgepasst: Nicht jeder, der nicht gerne telefoniert, ist gleich ein Sozialphobiker. Ich kenne viele Hochsensible, die eine ausgesprochene Scheu vor dem Telefon haben. Dies ist oft darauf zurückzuführen, dass sie das Gegenüber nicht sehen, das heißt die Körpersprache nicht wahrnehmen können, und dass sie schnell auf das, was ihr Gesprächspartner sagt, reagieren müssen. Aber wenn es sein muss, telefonieren sie trotzdem, zum Beispiel mit vertrauten und guten Freunden oder auch mal mit einem Handwerker oder einer Hotline. Viele Hochsensible haben außerdem eine ausgesprochene Scheu davor, auf einen Anrufbeantworter zu sprechen.

Ich spreche aus Erfahrung. In meiner Praxis bin ich selten am Telefon zu erreichen, weil ich entweder gerade in einer Beratung oder wegen einer auswärtigen Veranstaltung unterwegs bin oder sonstige Termine wahrnehme. Daher werden Anrufer gebeten, auf meinen Anrufbeantworter zu sprechen, damit ich sie zurückrufen kann. Ich stelle aber fest, dass dies nur wenige machen. Meist tun sie es nur dann, wenn es um ihre Kinder geht oder wenn der Leidensdruck so groß ist, dass sie ihre Scheu vor der Technik überwinden können. Das alleine ist aber noch nicht soziale Phobie. Schüchterne und introvertierte Menschen nehmen am Leben teil, sie haben kein überaus stark ausgeprägtes Vermeidungsverhalten und können sich sehr öffnen, wenn sie sich im sozialen Kontakt wohlfühlen. Jemandem mit einer sozialen Phobie ist das so nicht mehr möglich, deshalb vermeidet er oder sie soziale Kontakte völlig.

HOCHSENSIBILITÄT UND POSTTRAUMATISCHE BELASTUNGSSTÖRUNG (PTBS)

Eine Posttraumatische Belastungsstörung, kurz PTBS genannt, kann nach einem traumatischen Ereignis auftreten. Dieses Ereignis wird charakterisiert als extrem belastend, von einem katastrophenartigen Ausmaß oder einer außergewöhnlichen Bedrohung. Dazu zählen Naturkatastrophen, schwere Diagnosen, schwere Unfälle, Entführungen, Vergewaltigungen, sonstige Gewaltverbrechen und Kriegshandlungen. Die PTBS ist eine verzögerte psychische Reaktion auf diese Erlebnisse. Die Betroffenen erleben sich als hilf- und schutzlos und empfinden aufgrund mangelnder Bewältigungsmöglichkeiten Angst und Kontrollverlust.

Eine PTBS umfasst folgende Symptome:

- Flashbacks
- Vermeidung
- Erhöhte psychische Sensibilität

Flashbacks sind plötzliche, das Trauma wiederbelebende Erinnerungen, die sich so anfühlen, als würde man das Ereignis (oder Teile davon) in aller Intensität erneut erleben. Es handelt sich dabei nicht nur um eine Erinnerung an einen schlechten Augenblick, sondern um das unwillkürliche Wiedererleben des Ereignisses. Dies kann sich in Tagträumen, nachts in Albträumen äußern. Man befindet sich sozusagen in einer »Wiederholungsschleife« und erlebt dieselben Gefühle von Ohnmacht und Hilflosigkeit wie im Ereignis selbst.

In der Folge eines Ereignisses trifft außerdem oft ein Vermeidungsverhalten auf, welches sich beispielsweise darin äußert, dass man nach einem Autounfall die Unfallstelle stets weiträumig umfährt, Probleme mit Fahrten im entsprechenden Fahrzeugmodell hat oder gar nicht mehr Auto fährt. Vielleicht meidet man Orte oder auslösende Aspekte, die in Zusammenhang mit einem traumatischen Ereignis stehen, wie zum Beispiel Turnhallen, Städte, Gewässer, Dunkelheit, Hunde, sonstige Tiere, bestimmte Parfums und dergleichen mehr.

Vermeidung findet aber auch viel subtiler statt. Eine Form des Vermeidungsverhaltens ist emotionale Stumpfheit und die Gleichgültigkeit gegenüber der Umgebung und anderen Menschen. Dazu zählt, dass mitunter bestimmte Ereignisse nicht mehr vollständig erinnert werden können. Vermeidung umfasst also sowohl bewusste als auch unbewusste Formen.

Außerdem kann nach einem schwerwiegenden Ereignis eine erhöhte psychische Sensibilität eintreten, zum Beispiel in Form von Schlafstörungen, Reizbarkeit, Konzentrationsschwierigkeiten, erhöhter Wachsamkeit (Hypervigilanz) und extremer Schreckhaftigkeit. Die Betroffenen erscheinen oft sehr misstrauisch und immer wachsam in Bezug auf das, was ihnen geschieht.

Diese Art von Empfindlichkeit sollte nicht verwechselt werden mit der hochsensiblen Empfindsamkeit. Der wesentliche Unterschied besteht darin, dass Menschen mit einer PTBS den Fokus auf das Negative legen – sie nehmen grundsätzlich an, dass andere Personen ihnen negativ gesonnen sind, dass ihnen Übles widerfährt, sie übervorteilt oder bei Geschäften »über den Tisch gezogen« werden, und sie reagieren sehr stark auf Umgebungsreize. Hochsensible empfinden dagegen gleichwertig negative wie auch positive Einflüsse und können gute Gespräche, schöne Naturerlebnisse und inspirierende Begegnungen sehr genießen.

Eine PTBS ist deutlich von Hochsensibilität abzugrenzen und kann normalerweise nicht mit ihr verwechselt werden. Aber natürlich ist es auch hier möglich, dass beides in Kombination auftritt, da auch hochsensible Menschen von traumatischen Ereignissen betroffen sind.

Sie kennen nun die Kriterien, die für das Vorhandensein einer hochsensiblen Veranlagung sprechen, und Sie wissen um die Indizien, um Hochsensibilität von anderen Phänomenen abzugrenzen. Mein Ziel ist dabei nicht, Sie zur Expertin oder zum Experten für das eine oder andere zu machen, sondern Ihnen Ideen mitzugeben, in welche Richtung Sie weiterdenken können, und Ihnen zu helfen, für ein Gespräch mit Fachleuten gerüstet zu sein. Meine Hoffnung ist, dass durch diese Aufklärungsarbeit weniger Missverständnisse und Verwechslungen entstehen.

BINDUNGSSTILE UND BINDUNGSVERHALTEN

Wissenschaftliche Erkenntnisse deuten darauf hin, dass nichts das menschliche Beziehungsverhalten so prägt wie die früh erworbenen Bindungsstile. Da diese Ausprägungen mitunter Ähnlichkeit mit Hochsensibilität haben, ist es interessant, einen Blick auf diesen wichtigen Aspekt zu werfen.

In der Bindungsforschung haben sich insbesondere John Bowlby, James Robertson und Mary Ainsworth einen Namen gemacht. Ausgehend von der Annahme, dass Menschen grundsätzlich das Bedürfnis nach engen und von intensiven Gefühlen begleiteten Beziehungen zu anderen Menschen haben, kamen diese Forscher zu dem Schluss, dass für die Gestaltung späterer Beziehungen in Partnerschaften, Familie und Beruf die frühe Bindungserfahrung des Kindes relevant ist. Etwa zeitgleich beobachteten James Robertson und John Bowlby die Auswirkungen früher Mutter-Kind-Trennungen. Robertson befasste sich beispielsweise mit Trennungen durch Krankenhausaufenthalte. Daraus entstand später sein Film »A two-years-old goes to hospital«, in dem er seine Beobachtungen an Kindern dokumentierte, die während eines Krankenhausaufenthaltes kaum von ihren Eltern besucht wurden. Bowlby untersuchte den Zusammenhang früher Trennungen mit späterer Delinquenz. Daraus resultierte seine Theorie, dass frühe Trennungen von Kindern und ihren engen Bezugspersonen eine maßgebliche Ursache für spätere psychische Störungen sind. Diese Erkenntnisse bildeten die Grundlage der Bindungstheorie, wie sie heute noch in der Entwicklungspsychologie und der Psychotherapie Anwendung findet.

Mary Ainsworth schließlich konzipierte ein Testverfahren, mit dem das Bindungsverhalten von Kindern und die Thesen von Bowlby sicht- und messbar gemacht werden können.

Es werden folgende Bindungsstile unterschieden:

- Sicherer Bindungsstil
- Unsicher-vermeidender Bindungsstil
- Unsicher-ambivalenter Bindungsstil
- Desorganisierter Bindungsstil

Der sichere Bindungsstil äußert sich vor allem darin, dass großes Vertrauen in die Verfügbarkeit der Bezugsperson besteht. In den Testsituationen nach Ainsworth zeigten die Kinder stark unterschiedliche Reaktionen, wenn die Bezugsperson (meistens die Mutter) den Raum verließ und wenn sie ihn wieder betrat. Kinder mit einer sicheren Bindung weinten und schrien, wenn die Bezugsperson den Raum verließ, und versuchten, ihr zu folgen. Sie ließen sich nicht durch andere Personen beruhigen. Kam die Bezugsperson wieder, wollten sie auf den Arm genommen werden und suchten nach engem Kontakt. Sie ließen sich schnell beruhigen und konnten vom »sicheren Hafen« der Bezugsperson leicht Kontakt mit anderen Personen aufnehmen.

Kinder mit einem unsicher-vermeidenden Bindungsverhalten zeigten sich unbeeindruckt bei der Trennung von ihrer Bezugsperson und vermieden auch sonst jeden emotionalen Ausdruck. Sie beschäftigten sich primär mit dem Spielzeug und/oder zogen den Kontakt zu anderen Personen dem zur Bezugsperson vor. Die Stressregulierung erfolgte also nicht über die Bezugspersonen, sondern über Objekte (Spielzeug o. Ä.).

Beim unsicher-ambivalenten Bindungsstil wirkten die Kinder bei der Trennung massiv verunsichert und erweckten den Eindruck, dass der Trennungsschmerz sie schier überwältigte. Bei der Wiedervereinigung mit der Bezugsperson klammerten sie sich an diese, ließen sich aber trotzdem kaum beruhigen. Sie nahmen auch in Anwesenheit der Bezugsperson kaum Kontakt zu fremden Personen auf. Sie erweckten den Eindruck, hin- und hergerissen zu sein zwischen dem Nähebedürfnis zur Bezugsperson und dem Ärger auf diese.

Kinder mit einem desorientierten Bindungsstil zeigten keine klare Verhaltensstrategie bei der Trennung und Wiedervereinigung. Das vorherrschende Gefühl bei diesen Kindern ist Angst. Die Kinder erstarren und werden von Gefühlen der Ohnmacht, Überwältigung, Hilflosigkeit und des Kontrollverlustes überschwemmt.

Lange Zeit glaubten die Forscher, dass der in der frühen Kindheit erworbene Bindungsstil über die gesamte Lebensspanne konstant bleibt. Zweifellos bleibt ein Bindungsstil als psychisches Erbe erhalten und im Kern meistens als Prototyp in der Persönlichkeit präsent. Ein Bindungsstil ist jedoch kein Persönlichkeitsmerkmal wie zum Beispiel die Hochsensibilität, sondern abhängig von der jeweiligen Beziehung. Es ist also möglich, je nach Beziehung (zu den eigenen Eltern, den Schwiegereltern, den Geschwistern, dem Lebenspartner, den Freunden und Arbeitskollegen) unterschiedliche Bindungsstile zu zeigen.[68]

Außerdem können sich Bindungsstile je nach Beziehungserfahrungen verändern. Bei Erwachsenen spricht man von drei Bindungsstilen:

- Sicherer Bindungsstil
- Unsicher-vermeidend
- Ängstlich-unsicher[69]

Durch Stress werden die Bindungsstile aktiviert und ein entsprechendes Verhalten tritt auf.

Die BIG FIVE oder das Fünf-Faktoren-Modell

Die Suche nach einer standardisierten »Formel« für die Beschaffenheit der menschlichen Persönlichkeit war schon im Altertum Gegenstand von Diskussionen. Aus der Erkenntnis heraus, dass Menschen sich in ihren Wesenszügen unterscheiden, entstand die Temperamentenlehre, in der zwischen Cholerikern, Melancholikern, Sanguinikern und Phlegmatikern unterschieden wurde. Daraus konzipierte der Arzt Galen die Vier-Säfte-Lehre, die jahrhundertelang die Medizin prägte. Mittlerweile werden Persönlichkeiten sehr viel differenzierter wahrgenommen und dargestellt. Dennoch ist das Bestreben groß, die Grundzüge einer Persönlichkeit möglichst einfach und mit wenigen Faktoren zu beschreiben.

Daher machten sich bereits in den Dreißigerjahren des letzten Jahrhunderts Forscher auf den Weg, ein neues Persönlichkeitsmodell zu kreieren. Aufgrund der langen Entwicklungsgeschichte gab und gibt es verschiedene Bezeichnungen für dieses Modell. Zwei haben sich durchgesetzt: »Big Five« und »Fünf-Faktoren-Modell«.

Die Forscher fanden heraus, dass jeder Mensch über fünf relativ stabile Eigenschaften verfügt, die sich messen lassen und durch verschieden starke Ausprägungen ein differenziertes Bild der Persönlichkeit ergeben. Diese fünf Faktoren sind:

- Offenheit für Erfahrungen
- Gewissenhaftigkeit
- Extraversion
- Verträglichkeit
- Neurotizismus

Dabei sollte jeder dieser Faktoren in schwacher und in starker Ausprägung betrachtet werden. Folgendes Schaubild gibt Ihnen eine Orientierung darüber, wie sich diese fünf Faktoren zeigen können:

Übersicht				
Kürzel	Faktor (englisch)	Faktor (deutsch)	schwach ausgeprägt	stark ausgeprägt
O				
C	Conscientiousness	Gewissenhaftigkeit	unbekümmert, nachlässig	effektiv, organisiert
E	Extraversion	Extraversion	zurückhaltend, reserviert	gesellig
A	Agreeableness	Verträglichkeit	wettbewerbsorientiert, antagonistisch	kooperativ, freundlich, mitfühlend
N				

Um einen Zusammenhang zwischen den oben genannten Faktoren und Hochsensibilität herzustellen, möchte ich mit Ihnen über die Bedeutung der fünf Faktoren dieses Modells nachdenken.

Der Faktor **Offenheit gegenüber Erfahrungen** setzt sich aus sechs Unterkategorien zusammen[70]:

- Vorstellungsgabe
- Künstlerische Interessen
- Gefühlstiefe
- Experimentierfreudigkeit
- Intellektuelle Neugier
- Toleranz für Vielfalt

Sie sehen, dass bereits in der Dimension Offenheit für Erfahrungen einige Eigenschaften enthalten sind, die als typisch für Hochsensible gelten, wie zum Beispiel die Gefühlstiefe oder auch die Vorstellungsgabe.

Die Gewissenhaftigkeit als zweiter Faktor ist wohl derjenige, welcher am häufigsten mit Hochsensibilität assoziiert wird. Wie bereits erwähnt ist Gewissenhaftigkeit, und in ihrer extremen Ausprägung Perfektionismus, nicht ursächlich mit der hochsensiblen Veranlagung verknüpft, sondern entsteht durch frühkindliche Erfahrungen.[71]

Der Faktor Gewissenhaftigkeit wird durch folgende Unterdimensionen beschrieben:

- Kompetenzbewusstsein
- Ordnung
- Verantwortungsbewusstsein
- Leistungsstreben
- Selbstdisziplin
- Besonnenheit

Man darf diese Liste nicht so verstehen, als müssten alle Eigenschaften erfüllt sein, um als gewissenhaft zu gelten. Auch eine schwache Ausprägung einer oder mehrerer Komponenten trägt zu einem differenzierten Bild der Gewissenhaftigkeit bei.

Was ich im Kontakt mit Hochsensiblen besonders häufig erlebe, ist mangelndes Kompetenzbewusstsein. Sie sind sich oft nicht bewusst, dass Vermittlungsfähigkeit, Empathie, ethisches Bewusstsein und das seismografische Reagieren auf Unstimmigkeiten Fähigkeiten sind – Fähigkeiten, die sehr sanft daherkommen und sich nicht gut messen lassen.

Eine Klientin erzählte mir beispielsweise, dass ihr Steuerberater jedes Jahr (zum Zeitpunkt der Steuererklärung) zahlreiche Mails schreibt. In diesen wiederholt er oft Dinge, die er schon in anderen Mails erwähnt hat, und er spart leider nicht mit dem moralischen Zeigefinger und persönlichen Bemerkungen, die meine Klientin jedes Mal schwer verletzen. Sie empfindet seine Worte als maßregelnd und bevormundend. Nun wäre es ein Leichtes für sie, der Verletzung Raum zu geben und auf seine (überflüssigen) Bemerkungen einzugehen. Wenn sie das täte, wäre der Boden für eine Eskalation bereitet. Da ihr dies sehr bewusst ist, nimmt sie sich nach jeder Mail ein paar Tage Zeit, um ihre Empfindungen zu sortieren. Anschließend kann sie sehr sachlich auf seine Fragen eingehen. Dies zeigt selbstverständlich eine hohe Kompetenz, man könnte sagen, sie ist eine Meisterin der Deeskalation. Dies war ihr lange nicht bewusst, mittlerweile erkennt sie diese Fähigkeit jedoch an und kann sie gezielt einsetzen.

Vielleicht haben Sie schon festgestellt, dass manche hochsensible Menschen sehr ordentlich sind, andere jedoch nicht. Schaut man genauer hin, fällt Folgendes auf: Die meisten Hochsensiblen, die ich kenne, legen großen Wert auf eine pünktliche Bezahlung von Rechnungen, angefangen von Kleiderkäufen bis hin zu den Steuern. Dieselben Personen können in ihrem häuslichen Umfeld recht unordentlich sein, vielleicht, weil es ihnen nichts ausmacht, wenn ihr Zuhause nicht aufgeräumt ist, oder weil dort in der Regel keine Konsequenzen drohen. Ordnung kann man also noch weiter differenzieren – in manchen Bereichen ist man ordentlich, in anderen nicht.

Dasselbe gilt für die anderen Eigenschaften, die mit Gewissenhaftigkeit verbunden sind. Nehmen wir zum Beispiel die Leistungsbereitschaft. Nach meiner Erfahrung sind hochsensible Menschen außerordentlich und über das geforderte Maß hinaus leistungsbereit, wenn sie einen Sinn in der Aufgabe sehen und die Rahmenbedingungen stimmen (das Gefühl, wertgeschätzt zu werden, die Arbeitsatmosphäre, Freiraum in der Gestaltung, möglichst wenig Ablenkungen). Allerdings wird ihr Feuer schnell gelöscht, wenn es Spannungen im Team gibt, sie starken Druck verspüren oder die Aufgabe als wenig sinnvoll empfinden. Dies kann sich negativ auf ihre Leistungsbereitschaft auswirken, ohne dass sie deshalb grundsätzlich wenig leistungsbereit wären.

Es lohnt sich also, die verschiedenen Begriffe mit Leben zu füllen, indem Sie sich Situationen vor Augen führen, in denen sich eine Eigenschaft mehr oder weniger gezeigt hat.

Ich wehre mich dementsprechend dagegen, Hochsensible per se als gewissenhaft zu bezeichnen. Manchmal sind sie es, manchmal nicht.

Da ich in diesem Buch schon ausführlich über Intro-/Extraversion geschrieben habe, fasse ich mich bei der Beschreibung der dritten Dimension der Big Five, der Extraversion, kurz.

Die Unterdimensionen für Extraversion sind:

- Herzlichkeit
- Geselligkeit
- Durchsetzungsfähigkeit
- Aktivität
- Erlebnishunger
- Frohsinn

Je geringer die Ausprägungen in diesen Bereichen ausfallen, desto introvertierter ist jemand. Hochsensible können sehr herzlich sein, nur nicht unbedingt zu Fremden, sondern in einem vertrauten Rahmen mit bekannten Personen oder wenn es die Situation erfordert, zum Beispiel, weil man an einer Rezeption arbeitet oder im Bildungsbereich tätig ist.

Wie ich schon in meinen Ausführungen zum Sensation Seeking (Seite 50) geschrieben habe, ist der Erlebnishunger nicht auf äußerlich riskante Unternehmungen beschränkt, sondern kann sich auch auf innere Erlebniswelten beziehen.

Die vierte Facette der Big Five, die Verträglichkeit, hat ebenfalls einige Unterkategorien:

- Vertrauen in andere
- Aufrichtigkeit
- Altruismus
- Entgegenkommen
- Bescheidenheit
- Mitgefühl

Bei dieser Auflistung wird deutlich, dass Verträglichkeit mehr ist als Harmoniestreben oder das Vermeiden von Konflikten.

Vertrauen in andere Menschen zeigt sich beispielsweise darin, dass man nichts Negatives vorwegnimmt, sondern allgemein davon ausgeht, dass man gemeinsam zu einer Lösung kommen kann. Ich kenne zum Beispiel eine Frau, die jedes Mal große Nervosität empfindet, wenn sie mit Ämtern oder anderen offiziellen Stellen telefonieren muss. Sie nimmt immer an, dass sie an einen gelangweilten Sachbearbeiter geraten wird, der ihr Anliegen nicht ernst nehmen wird. Außerdem weiß sie nicht, wie sie ihr Anliegen so kommunizieren kann, dass es verstanden wird. Deshalb überlegt sie sich stundenlang die

»richtigen« Formulierungen und Sätze. Es kostet sie viel Überwindung, zum Telefon zu greifen und die Nummer zu wählen.

Zweifellos gibt es gelangweilte Sachbearbeiter und ihre Nervosität speist sich wahrscheinlich aus Erfahrungen, die sie gemacht hat, aber die Tatsache, dass sie jedes Mal diese Nervosität empfindet, weist darauf hin, dass ihr Vertrauen in Menschen, die in Behörden arbeiten, stark gestört ist.

Ein anderes Beispiel: Viele sensible Menschen geraten innerlich in Not beim Gang zum Briefkasten. Sie befürchten (mehr oder weniger bewusst), dass sie nur negative Post darin finden würden. Außer den üblichen Rechnungen erwarten sie unvorhergesehene Mahnungen, Gerichtsvorladungen, Schadensansprüche und dergleichen mehr, obwohl es objektiv gesehen dafür keinen Grund gibt. Auch dies ist ein Zeichen für mangelndes Vertrauen in andere.

Ob wir Vertrauen haben oder nicht, hat seine Ursache in frühen Bindungserfahrungen (vgl. das Kapitel Bindungsstile). Die gute Nachricht ist: Auch im späteren Lebensverlauf kann man lernen, Vertrauen in andere zu haben und grundsätzlich vertrauensvoller im Leben zu stehen. Übungen dazu finden Sie im Übungsteil dieses Buches.

Wenden wir uns der Aufrichtigkeit zu: Aufrichtigkeit wird definiert als die Fähigkeit, dem innersten Gefühl, der eigenen Überzeugung, ohne Verstellung Ausdruck zu geben.[72] In diesem Sinne haben hochsensible Menschen ganz sicher den Wunsch und das Bedürfnis, aufrichtig zu sein und vor allem auch von anderen Aufrichtigkeit zu erfahren. Viele sensible Menschen, die zu mir in die Beratung kommen, berichten davon, dass sie Unaufrichtigkeit bei anderen Menschen stark spüren können.

Aber wie verhält es sich mit ihrer eigenen Aufrichtigkeit? Hier tut sich ein Spannungsfeld auf: Weil die meisten Hochsensiblen es seit früher Kindheit gewohnt sind, sich den Verhältnissen und den Stimmungen ihres Umfeldes anzupassen, fällt es ihnen oft schwer, aufrichtig zu sein. Viele erleben Folgendes: Als Kinder sind sie stark wahrnehmungsbefähigt. Sie nehmen von klein auf die Stimmungen ihrer Bezugspersonen auf und reagieren darauf. Wahrnehmungsstarke Kinder beziehen gerne alle äußeren Faktoren auf sich. Sie können sich leicht für die Befindlichkeit der Mutter oder des Vaters oder anderer Bezugspersonen verantwortlich fühlen. Wer diese Außenbezogenheit schon früh geübt hat, dem fällt es eher schwer, die eigenen Bedürfnisse und Befindlichkeiten zu erkennen und zu artikulieren. Dies wäre laut der obigen Definition aber eine Grundvoraussetzung für Aufrichtigkeit.

Es braucht Zeit und Bewusstsein, um sich der eigenen Aufrichtigkeit wieder anzunähern und sie zu üben. Dabei darf Aufrichtigkeit nicht verwechselt werden mit Ehrlichkeit, obwohl diese ein Teil der Aufrichtigkeit sein kann. Wenn ich nur ehrlich bin, ohne dabei den sozialen Kontext zu beachten, besteht die Gefahr, anderen Menschen meine eigene Meinung »um die Ohren zu schlagen«. Die Kunst besteht darin, sehr genau über die eigenen Beweggründe und Haltungen Bescheid zu wissen und diese je nach Bedarf klar, aber auch wertschätzend zu äußern.

Wir können also festhalten: Hochsensible Menschen erwarten und wünschen sich, dass ihre Mitmenschen aufrichtig sind, weil sie spüren, wenn das nicht der Fall ist. Gleichzeitig haben sie selbst aber oft Mühe damit, aufrichtig zu sein, weil sie verlernt haben, ihre eigenen Bedürfnisse zu erkennen und nach ihren Werten zu handeln.

Bisher ist nur der innere Aspekt der Aufrichtigkeit beleuchtet worden, aber meines Erachtens gibt es auch einen äußeren. Wie viele Menschen tragen Kontaktlinsen anstatt Brille, um ihre Sehschwäche nicht in der Öffentlichkeit zu zeigen? Wie viele Frauen (und auch Männer) färben sich ihre Haare, um jünger auszusehen, als sie sind? Dieses Bestreben gipfelt in Schönheits-OPs und Botox-Partys. Auch wenn Hochsensible diesen Zirkus im Allgemeinen nicht mitmachen, so unterliegen sie doch auch dem Zeitgeist. In dem Optimierungsstreben der heutigen Zeit steckt im Grunde genommen der Aufruf zur Unaufrichtigkeit. Sie denken jetzt vielleicht, dass dieser Gedanke ein wenig zu weit führt und Sie sich einfach besser fühlen mit Kontaktlinsen und gefärbten Haaren. Die Frage ist, warum Sie sich damit besser fühlen. Ist es, weil Sie dem Vergleich mit Gleichaltrigen standhalten möchten? Wer fühlt sich nicht geschmeichelt, wenn er hört, dass er oder sie jünger aussieht, als er oder sie ist?

Als mir diese Zusammenhänge klar wurden, legte ich als Erstes meine Kontaktlinsen ab, die ich seit über zwanzig Jahren getragen hatte. Wieder eine Brille zu tragen, konfrontierte mich mit der Erinnerung an das Gespött meiner Kindheit, und ich hörte die Stimmen anderer Kinder wieder, die mir »Brillenschlange« hinterherriefen. Sich solchen Erinnerungen zu stellen und die Verletzungen zu bearbeiten, kann heilsam sein. Ich habe mich mit meiner Sehschwäche ausgesöhnt und konnte damit ein Stück meiner äußeren Aufrichtigkeit zurückgewinnen.

Unter Altruismus versteht man im Allgemeinen uneigennütziges Handeln zum Wohle anderer. Der Begriff wurde von August Comte geprägt, welcher beschrieb, dass Menschen es in Kauf nehmen, durch den Einsatz für andere einen Verlust zu erleiden.[73] Mittlerweile sehen Forscher das Ganze sehr viel differenzierter. Es ist eine Alltagserfahrung, dass sich Menschen durch den Einsatz für andere besser fühlen. Also haben altruistische Menschen durchaus einen Gewinn durch ihre Hilfeleistung. Menschliche Gesellschaften sind auf Ausgleich angelegt, deshalb darf man sich ruhig die Frage stellen, ob es echten Altruismus überhaupt gibt. Meistens bekommt man eine Gegenleistung, und wenn es »nur« das eigene gute Gefühl ist.

Meiner Beobachtung zufolge sind hochsensible Menschen gerne bereit, anderen zu helfen. Aber es ist meistens nicht so, dass sie nichts dafür erwarten. Ob es ihnen bewusst ist oder nicht, sie möchten für ihre Bemühungen gewürdigt und wertgeschätzt werden, finanzieller Ausgleich ist ihnen dagegen meistens nicht so wichtig.

Wozu gesunde Hochsensible allerdings gerne bereit sind, ist das Entgegenkommen. Es lässt sich feststellen, dass sensible Menschen meistens sehr bemüht sind, einen Konsens herbeizuführen. Sie sind in der Regel gut darin, zwischen zwei Parteien zu vermitteln oder, wenn sie selbst in einen Konflikt involviert sind, Kompromisse einzugehen und nach einer Win-win-Situation zu streben. Grenzen erfährt das Entgegenkommen dann, wenn sie den Eindruck haben, ausgenutzt zu werden. Dann können Hochsensible sehr hart und konfrontativ sein. Aber wenn sie im ausgeglichenen Zustand sind, ist die Bereitschaft zu Frieden und Entgegenkommen sehr groß.

Wie verhält es sich nun mit der Bescheidenheit? Auch hier lohnt es sich, genauer hinzuschauen. Meiner Erfahrung nach können Hochsensible mit wenig Geld auskommen, wenn es sein muss, sie streben meistens nicht nach materiellem Reichtum und können mit wenig zufrieden sein. Im materiellen Sinne sind die meisten von ihnen also durchaus bescheiden, nicht aber, was ihre Ansprüche angeht. Sie legen hohe Maßstäbe an sich selbst und ihre Mitmenschen, erwarten viel von sozialen Umgangsformen und ethischen Werthaltungen. Damit ist oft ein großes Unverständnis für menschliches »Versagen« verbunden. Und nicht selten halten sie sich insgeheim doch für die besseren Menschen, obwohl sie dies nie zugeben würden. Ich habe in meiner Praxis schon oft die Erfahrung gemacht, dass Hochsensible für sich alleine kein Problem mit ihrer Veranlagung haben. Die Spannungsfelder entstehen im sozialen Kontakt. Daher können wir festhalten: Hochsensible sind materiell gesehen eher bescheiden (natürlich gibt es Ausnahmen), in ihren Ansprüchen aber nicht.

Mitgefühl ist ebenfalls ein sehr interessantes Forschungsobjekt. Fälschlicherweise wurde Mitgefühl in der Vergangenheit mit Empathie gleichgesetzt, neuere Forschungen zeigen aber, dass es sich dabei um völlig verschiedene Zustände handelt, die mit verschiedenen Hirnarealen korrespondieren. Während Empathie das Erfassen von Gefühlszuständen und Schmerzen anderer Menschen beschreibt, durch welches dieselben Schmerzareale im Gehirn des Beobachters aktiviert werden, ist das Empfinden von Mitgefühl mit positiven Gefühlsreaktionen und mit anderen Hirnarealen verbunden.[74] Insbesondere werden diejenigen Hirnareale aktiviert, die mit Belohnung und positiven Assoziationen verbunden sind.

Singer und ihr Team sind davon überzeugt, dass Empathie zum Burn-out, Mitgefühl aber zu größerer Resilienz führen kann. Dies wissen die Buddhisten schon lange. Menschen, die geübt sind in Meditationen zu »liebender Güte« und »Mitgefühl für das Leid anderer«, berichten davon, dass sie warme und positive Gefühle erleben, während Meditationsneulinge eher negative und schmerzvolle Erfahrungen machen.[75] Es ist also möglich, Mitgefühl zu trainieren!

Die Unterscheidung zwischen Empathie und Mitgefühl ist für unser Thema relevant, denn Hochsensible sind zwar in der Regel empathisch, verfügen aber nicht unbedingt über mehr Mitgefühl als Normalsensible. Die Tatsache, dass sie oft keine Zeitung lesen und keine Nachrichten im Fernsehen verfolgen, weil die Bilder und Worte ihnen zusetzen und ihr Schmerzzentrum aktivieren, weist auf Empathie hin und nicht auf echtes Mitgefühl.

Wenden wir uns der fünften Dimension der Big Five, dem Neurotizismus, zu. Dazu zählen:

- Ängstlichkeit
- Reizbarkeit
- Launenhaftigkeit
- Soziale Befangenheit
- Genusssucht
- Stressempfindlichkeit

Die Aufzählung macht deutlich, dass Hochsensible in dieser Dimension möglicherweise hohe Werte erhalten können. Oberflächlich betrachtet wird Neurotizismus manchmal mit Hochsensibilität gleichgesetzt. Reizbarkeit, soziale Befangenheit und Stressempfindlichkeit sprechen dafür. Alle diese Seiten zeigen Hochsensible jedoch nur im Zustand der Überstimulation. Sie alleine auf diese negativ konnotierten Begriffe zu reduzieren, wäre in meinen Augen deshalb grob fahrlässig. Aber wir bewegen uns hier in einem Modell, und Modelle sind immer auch vereinfachend.

Wenn Sie sich selbst einschätzen wollen, finden Sie im Anhang dieses Buches einen Link zu einem Big-Five-Persönlichkeitstest.

Hochsensibilität. Performen

Weiterführende Gedanken zur Lebensgestaltung

Was ist gelingendes Leben?

In diesem Teil des Buches wende ich mich, analog zur Kochkunst, der Lebenskunst zu. Sie haben bis jetzt die Grundzutaten Ihrer Persönlichkeit kennengelernt und möglicherweise bereits Erfahrungen mit manchen Übungen gemacht. Ich hoffe, ich konnte zeigen, wie Ihre hochsensible Veranlagung mit anderen Persönlichkeitsanteilen korrespondiert und in Zusammenhang steht. So wie Köche zunächst die grundsätzlichen Methoden des Kochens erlernen müssen, einschließlich der dazu benutzten Geräte und Fachwörter, bevor sie kreativ verschiedene Zutaten zu ausgefallenen und einzigartigen Gerichten kombinieren können, unterliegt auch die Persönlichkeitsentwicklung einer Struktur. Zuerst kommt das Verstehen, dann das Einüben und schließlich die Kunst. Widmen wir uns nun also der Frage, was überhaupt ein gelingendes Leben ist.

Um uns einer Antwort anzunähern, müssen wir uns ein wenig mit der Philosophie des Altertums beschäftigen. Gelingendes Leben wird oft mit »Glück« oder »glücklich sein« gleichgesetzt. Philosophen haben zu allen Zeiten darüber nachgedacht, welche Bedingungen erfüllt sein müssen, damit Menschen Glück erleben. Gelingendes Leben ist aber mehr als »nur« Glücksgefühl. Die Lehre vom gelingenden Leben wird Eudämonie (oder Eudaimonie) genannt, eine Zusammensetzung aus dem altgriechischen »eu« (gut) und »daimon« (Geist). Es handelt sich also um ein Verhalten im guten Geiste, womit immer auch ein Ziel gemeint ist.

Nach Aristoteles gibt es ein »Gut«, nach dem der Mensch strebt, das Handeln wird dem höher geordneten Gut, also einem Ziel, untergeordnet.[76] Nach Aristoteles stellt sich Glück ein, wenn der Mensch Sinn erfährt und sein Handeln nach den Tugenden ausrichtet, um sich in einem guten Geist zu vervollkommnen. Im Prinzip ist Eudämonie für jeden zu erreichen.

Neben Eudämonie gibt es den Begriff der Hedonie (altgriechisch für Freude, Lust, Vergnügen). Das hedonistische Weltbild ist geprägt vom Wohlbefinden und sinnlichen Vergnügen. Hedonisten pflegen den maximalen Lustgewinn mit dem Ziel, möglichst viele gute Gefühle zu erleben. Früher wurden Eudämonie und Hedonismus als Gegensätze betrachtet, neuerdings geht man aber davon aus, dass beide Bestrebungen in einem Zusammenhang gesehen werden können. Dabei wird die eudaimonische Grundhaltung als hinreichende, jedoch nicht notwendige Bedingung für hedonistisches Glückserleben betrachtet.[77]

Eudämonie umfasst verschiedene Teilaspekte:

- Authentizität
- Sinn
- Exzellenz
- Entwicklung

Authentizität bezeichnet die Fähigkeit, im Einklang mit sich selbst und den eigenen Werten zu leben und zu handeln. Authentische Menschen spielen nichts vor, sie sind einfach sie selbst. Wahrhaftig authentisch zu sein, ist schwieriger, als es sich anhört. Es geht dabei vor allem um innere Authentizität, darum, sich so zu verhalten, dass es dem eigenen Wertesystem entspricht. Jemand, der im Jogginganzug einkaufen geht, sich nicht die Haare färbt und dem seine Figur egal ist, ist zwar möglicherweise ehrlich, vielleicht auch ein bisschen rebellisch, aber nicht unbedingt authentisch.

Wie oft geschieht es, dass jemand zwar wüsste, was richtig ist, sich aber dennoch anders verhält, weil es die Umstände

(Arbeit, Familie) scheinbar von ihm oder ihr verlangen? In jedem Menschen existieren Wertekonflikte. Mir scheint aber, dass hochsensible Menschen mehr darunter leiden als Normalsensible. Dies mag an der hohen Wahrnehmungsfähigkeit und dem Mangel an Toleranz gegenüber Unstimmigkeiten liegen, welche hochsensible Menschen meiner Beobachtung nach in einem hohen Maß aufweisen. In Übung 8 finden Sie Anregungen dazu, wie Sie Ihren Werten auf die Spur kommen können, denn diese zu kennen ist eine Grundbedingung für Authentizität.

Was den **Sinn** betrifft, so lässt sich beobachten, dass Hochsensible äußerst sinnorientiert sind. Sie können sich sogar mit anstrengenden und aufreibenden Aktionen und Tätigkeiten anfreunden, sofern diese für sie Sinn ergeben. Während ich diese Zeilen schreibe, ist über den Westen Deutschlands eine Flutkatastrophe hereingebrochen. Dörfer wurden überschwemmt, Häuser und ganze Straßenzüge vollkommen zerstört und zahlreiche Todesopfer sind zu beklagen. Neben den erschütternden Bildern der Zerstörung ist die Solidarität der Menschen untereinander auffällig. Gänzlich Fremde packen mit an, Menschen reisen in die Katastrophengebiete, um mitzuhelfen, den Schlamm und das Mobiliar aus den Häusern zu schaffen, und es sind enorm viele Sach- und Geldspenden für die Opfer der Flutkatastrophe eingegangen. Ich gehe davon aus, dass dieses Engagement für die Helfer Sinn ergibt, unabhängig davon, welchen Preis sie selbst dafür zahlen in Form von Urlaub, Unbequemlichkeiten, körperlicher Anstrengung usw.

Martin Seligman, der Begründer der positiven Psychologie, benennt drei Elemente, die ausschlaggebend dafür sind, dass man von einem gelingenden Leben sprechen kann. Diese sind Wohlbefinden, Engagement und Sinn.[78]

Man kann es natürlich mit dem Engagement auch übertreiben. Ich kenne nicht wenige Hochsensible, vor allem Frauen, die zahlreiche Ehrenämter innehaben. Sie engagieren sich im Elternbeirat der Schule ihrer Kinder, übernehmen die Organisation eines Basars in ihrer Kirchengemeinde, sorgen für Kuchen bei der Hauptversammlung ihres Vereins, in dem sie selbstverständlich eine Funktion im Vorstand innehaben, und begleiten ältere Menschen beim Einkaufen und der alltäglichen Lebensführung. Jede dieser Tätigkeiten ist absolut sinnvoll, und ohne ehrenamtliches Engagement würde die Gesellschaft nicht funktionieren. Dennoch möchte ich darauf hinweisen, dass man sich mit zu viel Engagement verzetteln kann. Hochsensible neigen dazu, die Lücke im System zu sehen und das Bedürfnis zu empfinden, etwas dagegen zu unternehmen – und schwupp, haben sie sich ein neues Ehrenamt aufgeladen. Meiner Ansicht nach ist es zielführender, sich auf ein Ehrenamt zu beschränken, dieses aber mit Exzellenz auszufüllen.

Aber was ist **Exzellenz**? Mit diesem Begriff scheint allerorten ein elitärer Anspruch verknüpft zu sein. Wer mag sich schon als exzellent bezeichnen und von anderen so bezeichnet werden? Es gibt doch immer etwas zu verbessern! Während ich über Exzellenz nachdenke, laufen die Olympischen Spiele in Tokyo. Da ist von exzellenten Leistungen die Rede und die Zuschauer zu Hause staunen nicht schlecht, zu welchen körperlichen Leistungen Menschen fähig sind. Blitzkarrieren werden ebenfalls oft als exzellent bezeichnet. Exzellenz scheint demnach etwas zu sein, was mit dem Normalbürger nichts zu tun hat. Mitunter wird aber auch eine Theorie, eine Idee oder ein Lebenswerk im Nachhinein als exzellent bezeichnet.[79]

Ich selbst werde aufgrund meiner langjährigen Erfahrung zum Thema Hochsensibilität von anderen gerne Expertin genannt. Dies betrifft vor allem Institutionen, die mich zu Vorträgen und Workshops einladen. Der Begriff Expertin färbt dann gewissermaßen auf die Einrichtung ab, sie erscheint ebenfalls als exzellent, wenn sie Exzellenz zu sich einlädt.

Ich bin jedoch eher skeptisch gegenüber dem Expertenbegriff und dem elitären Bild, welches von dem Begriff Exzellenz ausgeht. Vor einigen Jahren fragte mich eine Teilnehmerin meines Lehrganges, wie man denn zu einer Expertin wird. Vor diesem Moment hatte ich noch nie darüber nachgedacht. Und mir wurde erst da bewusst, dass ich mich selbst nie als Expertin bezeichnet hatte, sondern dass andere mich so genannt hatten.

Selbstverständlich bemühe ich mich immer darum, das Bestmögliche zu geben. Da ich eine der »ältesten Häsinnen« auf dem Gebiet bin, habe ich mich von Anfang an sehr breit weitergebildet und in viele Wissensbereiche sowie in Kunst und Literatur hineingeschaut, um Menschen in möglichst vielen ihrer Fragen unterstützen zu können. Das habe ich jedoch nicht getan, um eine Expertin zu werden, sondern weil es meiner Natur entspricht, keine halben Sachen zu machen. Ob es sich um eine Urlaubsreise handelt, ein neues Buchprojekt oder schlicht um das heutige Mittagessen, ich werde immer diejenige sein, die akribisch vorbereitet, exzellent organisiert und punktgenau abliefert. Das gehört zu mir. Dafür bin ich nicht sonderlich spontan, was Unternehmungen angeht.

Obwohl ich dem elitären Anspruch also sehr skeptisch gegenüberstehe, halte ich gleichzeitig sehr viel von dem Bestreben, das Bestmögliche zu geben. Dies korrespondiert in auffälliger Weise mit dem Perfektionismus, der Hochsensiblen gern nachgesagt wird. Daher habe ich viel über den Zusammenhang zwischen Hochsensibilität und Perfektionismus recherchiert und nachgedacht.

Perfektionismus ist nicht ursächlich mit der Veranlagung der Hochsensibilität verbunden, sondern entsteht in einer frühkindlichen Entwicklungsphase, wenn das Autonomiebestreben des Kleinkindes rigide eingeschränkt wird.[80] Das Bestreben, das Bestmögliche zu geben, ist jedoch nicht mit Perfektionismus gleichzusetzen. Es bedeutet nicht, dass man geradezu zwanghaft versucht, Fehler zu vermeiden, oder nach außen hin ein perfektes Bild abgibt. Stattdessen ist es das Handeln im Einklang mit den eigenen Möglichkeiten und Persönlichkeitseigenschaften, abhängig von einer gewissen Varianz in der Tagesform. Hier können wir eine Verbindung zum Leistungssport ziehen. Dort gilt es ebenfalls, die trainierte Leistung im Wettkampf trotz Tagesformvarianz abzurufen.

Halten wir fest: Hochsensible tragen die Möglichkeiten in sich, exzellentes Verhalten zu finden, ebenso wie jeder andere Mensch. Wenn Sie Ihr Potenzial ausschöpfen wollen, finden Sie in Übung 16 hinten im Buch Anregungen zu einer Entwicklung in Richtung Exzellenz.

Die persönliche **Entwicklung** findet in vielen unterschiedlichen Bereichen statt. Für ein gelingendes Leben ist es wichtig, nicht stehen zu bleiben, sondern das eigene Potenzial auszuschöpfen. Dass dies gelingt, dazu möchte dieses Buch einen Beitrag leisten.

Abgrenzen vs. unterscheiden lernen

Das »Spiegeln« der Emotionen und Verhaltensweisen anderer führt oft dazu, dass insbesondere hochsensible Menschen nicht mehr unterscheiden können, welche Emotionen zu ihnen gehören und welche sie von anderen übernommen haben. Hochsensible Menschen sind dann emotional so »überschwemmt«, dass sie innerlich in eine große Verwirrung geraten. Nicht selten kommen Menschen in meine Praxis, denen das wichtigste Anliegen ist, zu lernen, sich abzugrenzen. Die Grenze zwischen dem »Ich« und dem »Du« scheint für sie oftmals nicht klar spürbar zu sein.

Zu diesem Punkt möchte ich eine Erkenntnis mit Ihnen teilen, die in einem meiner Seminare entstanden ist: In einem Lehrgang für Fachpersonen, den ich einmal jährlich durchführe, um Berufsleute verschiedener Branchen darin zu schulen, kompetenter mit ihrer hochsensiblen Klientel zu werden, fiel mir eine Teilnehmerin aufgrund ihrer Differenziertheit und ihres kritischen Hinterfragens bestehender Begriffe auf. In der Abschlussarbeit, die zum Erwerb des Zertifikats notwendig ist, dachte sie über den Begriff der Abgrenzung nach. Ihr Gedankengang erscheint mir einleuchtend, deshalb möchte ich ihn hier mit Ihnen teilen:

Der Grundgedanke ist der folgende: Wenn man sich abgrenzt, verliert man auch den Kontakt zu anderen. Man kann Abgrenzung als ein »Sichabwenden« verstehen. Da aber Menschen soziale Wesen sind und grundsätzlich in Kontakt mit anderen sein möchten, handeln sie, wenn sie sich auf diese Weise abgrenzen, gegen die menschliche Natur. Meine Teilnehmerin überlegte deshalb, den Begriff »Abgrenzung« durch »Unterscheidenlernen« zu ersetzen. Unterscheiden heißt, sich bewusst zu machen, was zu anderen gehört und was zu mir. Wo höre ich auf und wo beginnt der andere mit seinem eigenen Erleben und seiner eigenen Geschichte?

Mir scheint es sehr viel menschlicher, unterscheiden zu lernen, als sich abzugrenzen. Wenn ich unterscheiden kann, dann bin ich im Kontakt, kann Verbindung herstellen, empathisch sein und trotzdem bei mir bleiben. In Übung 11 hinten im Buch finden Sie eine Reihe von Möglichkeiten, mit denen Sie sich in der Unterscheidung üben können.

Dirigent und Dirigentin des eigenen inneren Orchesters werden

Entgegen früheren Vorstellungen sind viele Psychologen heute der Ansicht, dass eine Persönlichkeit nicht aus »einem Guss« besteht, sondern sich vielmehr aus verschiedenen Ich-Zuständen zusammensetzt. Sie merken dies zum Beispiel immer dann, wenn Sie verschiedene Bedürfnisse in sich spüren. In Sprache übersetzt könnten sich diese inneren Spannungszustände zwischen verschiedenen Ich-Anteilen ungefähr so anhören: »Eigentlich möchte ich ins Schwimmbad gehen, aber ich sollte noch das Kapitel fertig schreiben«, »Ich möchte dieses Jahr meinen Geburtstag feiern, aber wenn ich an die viele Arbeit denke, dann habe ich keine Lust dazu«, »Ich weiß eigentlich, dass ich nicht so viel Alkohol trinken sollte, aber etwas in mir ist stärker.«

Es gibt eine Therapierichtung, welche die Arbeit mit diesen Ich-Anteilen oder -Zuständen in den Fokus nimmt: die Ego-States-Therapie. Als Ego-States bezeichnet man Ich-Zustände, die im Laufe der persönlichen Entwicklung entstanden sind. Dabei werden Ego-Stages definiert als »ein organisiertes Verhaltens- und Erfahrungssystem, dessen Elemente durch ein gemeinsames Prinzip zusammengehalten werden und das von anderen Ich-Zuständen durch eine mehr oder weniger durchlässige Grenze getrennt ist«.[81] Das klingt komplizierter, als es ist. Jeder Mensch beherbergt in sich verschiedene Ego-States. Das ist an sich normal und natürlich. Leider sind jedoch oft im Kindheitsalter entstandene Ich-Zustände bis ins reife Erwachsenenalter hinein wirksam, obwohl sie nicht mehr notwendig oder hilfreich sind.

Zum Beispiel hat das Gefühl, nicht gehört oder gesehen zu werden und vehement um Beachtung kämpfen zu müssen, in der Regel seinen Ursprung in der Kindheit. Irgendwo dort gab es mindestens eine prägende Situation, in der das Kind erfahren hat, dass es nicht in angemessener Weise in seinen Bedürfnissen wahrgenommen wurde. Aus dieser Erfahrung heraus ist ein Ego-State entstanden, der diesen Menschen auch als Erwachsenen noch dazu »zwingt«, alle (insbesondere engen) sozialen Beziehungen daraufhin zu beobachten, ob sie gesehen und gehört werden. Sollte das nicht der Fall sein – und dieses Erleben ist sehr subjektiv und von subtilen Reizen abhängig –, tritt der dazugehörende Ego-State auf den Plan und erzeugt Denk- und Verhaltensweisen, die oft recht kindlich anmuten.

Da beobachtet beispielsweise eine schon ältere Frau ihren Mann beim Telefonieren und findet, dass er nicht auf seinen Gesprächspartner eingegangen ist, ihm das Wort abgeschnitten hat und sehr kurz angebunden war. Nach dem Telefonat macht sie ihm deswegen Vorwürfe. Dies kommt so regelmäßig vor, dass ihr Ehemann schon nicht mehr in ihrer Gegenwart telefoniert, weil er das Gefühl hat, nicht er selbst sein zu können. Was passiert da? Der Ego-State, der gesehen und gehört werden will, übernimmt in der Persönlichkeit der Frau das Ruder, wenn ihr Mann telefoniert. Es geht zwar nicht um sie persönlich, aber sie (bzw. ihr Ego-State) reagiert trotzdem mit Empörung, Vorwürfen und Kritik. Die Ursache ist die Erfahrung in der Kindheit, dass sie nicht gesehen und gehört wurde. Nun reagiert etwas in ihr wütend, wenn sie bemerkt, dass Menschen diese fehlende Resonanz erfahren.

Natürlich ist diese Interpretation höchst subjektiv. Ihr Mann redet so mit seinem Gesprächspartner, wie es ihm seine Persönlichkeit erlaubt und wie es ihm entspricht. Dass er damit frühe Erfahrungen und damit Ego-States seiner Frau auf den Plan ruft, ist ihm nicht bewusst. Er fühlt sich als ganze Person durch ihre vehemente Kritik abgewertet und wehrt sich verständlicherweise dagegen.

Das Geschehen lässt sich in folgendem Bild veranschaulichen:

Am Steuer bzw. an den Rudern des Bootes sitzt ein dominanter Ego-State. Unter der Wasseroberfläche warten schon andere Ego-States darauf, ihn abzulösen und selbst einmal ans Ruder zu kommen. Außerdem gibt es Ego-States, die in den Tiefen vorhanden sind und nicht so leicht aktiviert werden. Der am Ruder strampelt sich ganz schön ab für die ganze Mannschaft. Man kann sagen, dass die dominanten Ego-States eine enorme Leistung vollbringen: Sie sorgen dafür, dass »der Laden läuft«. Sie strengen sich an wie zu dem Zeitpunkt, als sie entstanden sind. Fakt ist: Ego-States sind nicht per se schlecht. Sie sind entstanden, um zu helfen, ein Problem oder einen Konflikt zu bewältigen. Sie sind im Grunde genommen kreative Ausgestaltungen im Bemühen darum, durch die Welt zu kommen.[82]

Das heißt, ursprünglich hatten diese Bewältigungsversuche durchaus ihren Sinn. Schwierig wird es nur, wenn ein früherer Ego-State in der erwachsenen Persönlichkeit so agiert wie zum Zeitpunkt seiner Entstehung mit, bei Lichte besehen, recht kindlichen und »unreifen« Verhaltensweisen.

Sobald Ihnen Ihre dominanten Ego-States bewusst sind, sind Sie in der Lage, andere Ego-States, zum Beispiel liebevollere, gütigere, verständnisvollere, ans »Ruder zu lassen«. Die Kunst besteht darin, als Ich, welches mehr ist als die Summe seiner Teile, die verschiedenen Ich-Zustände in eine Kommunikation miteinander zu bringen, sie anzunehmen, ihre Bedürfnisse und Motivationen zu verstehen und Verbindungen herzustellen zwischen dem Zeitpunkt ihrer Entstehung und ihrem Wirken im Alltag.

Was hat das Ganze nun mit Hochsensibilität zu tun?

Hochsensible Menschen kennen meiner Erfahrung nach ihre inneren Spannungen, Ambivalenzen und Zerrissenheiten sehr gut. Leider schreiben sie diese Zustände aber häufig ihrer hochsensiblen Veranlagung zu, obwohl diese Dinge erst im Leben entstanden sind. Allerdings scheint die hochsensible Veranlagung mit ihrer Wahrnehmungsfähigkeit die Entstehung von destruktiven Ego-States zu fördern. Dies ergibt sich schon allein daraus, dass häufig die negativen Begebenheiten erinnert werden und dass die Umwelt mit ihren mannigfaltigen Reizen eher als bedrohlich wahrgenommen wird. Es stellt eine Entwicklungsaufgabe dar, die Aufmerksamkeit auf das Positive zu lenken und somit ein Gleichgewicht zwischen beiden Polen herzustellen. Je nachdem, wie früh die dominanten Ego-States entstanden sind, braucht es dazu professionelle Unterstützung. Auch bei schweren Verletzungen und traumatischen Erfahrungen ist oft eine therapeutische Begleitung notwendig, um Heilung in Bezug auf unterschiedliche Ego-States zu erfahren. Das Kind, das vernachlässigt oder misshandelt wurde, muss zuerst versorgt werden, bevor man sich anderen Anteilen zuwenden kann.

Solange diese Vorgänge im Unbewussten bleiben, sind Menschen ihren Ego-States ausgeliefert. Doch je mehr Ihnen von

Ihren Ich-Zuständen bewusst wird, desto besser können Sie damit umgehen lernen. Ich vergleiche das Ganze gerne mit einem Orchester. Da gibt es verschiedene Instrumente: Violinen, Bratschen, Celli, Kontrabässe, Flöten, Hörner, Schlagzeug und Perkussion, manchmal sogar eine Harfe oder einen Flügel. Jedes dieser Instrumente hat seinen eigenen Klang und eine eigene Technik, wie es bespielt werden muss. Man kann von einer Violine nicht den Ton einer Oboe verlangen. Das, was die einzelnen Instrumente zusammenhält, ist erstens das Stück, welches sie spielen, und zweitens der Dirigent, der das Stück interpretiert. Nicht umsonst gibt es Dirigenten, die sich einen besonderen Ruf als Wagner-Interpreten erworben haben. Ein Dirigent muss die einzelnen Instrumente und ihre Einsatzmöglichkeiten gut kennen. Beispielsweise kann er bestimmen, dass die ersten Geigen lauter, die Hörner dagegen leiser spielen. Er dirigiert die Tempi und entwickelt so eine eigene Handschrift des Klangbildes.

Auch in Bezug auf die Ego-States braucht es einen Dirigenten oder eine Dirigentin, die den Taktstock führt und weiß, welche Ich-Zustände lauter oder leiser, langsamer oder schneller spielen sollen. Sie sind mehr als die Summe Ihrer Teile – es gibt ein übergeordnetes Ich, welches als Dirigent den Überblick über die verschiedenen Ego-States behält und sie gemäß ihrer Eigenschaften einsetzen kann, wenn man sich ihrer bewusst ist.

Ganz praktisch hieße das im obigen Beispiel: Wenn die Frau ihren Mann telefonieren hört und sie erkennt, dass sich ihr Ego-State des Nicht-gesehen-und-gehört-Werdens meldet, kann sie mit diesem Ego-State eine Art inneren Dialog führen. Das könnte sich in etwa so anhören: »Aha, ich merke, du möchtest jetzt wieder sehr gerne die Führung übernehmen (ans Ruder kommen), aber ich halte das im Moment für ungünstig. Ich weiß, du möchtest mich darauf hinweisen, dass es einmal in meinem Leben eine Zeit gab, in der ich nicht in angemessener

Weise gehört und gesehen wurde. Ich danke dir für diesen Hinweis. Aber heute entscheide ich, nicht wie früher auf dich zu hören, und ich möchte, dass du etwas leiser wirst. Ich stelle dir meinen liebevollen Anteil an die Seite, ich glaube, zusammen könntet ihr ein gutes Team sein. Der liebevollere Anteil darf etwas lauter werden und ich werde schauen, wie ich mich verhalten kann, wenn dieser Teil einmal am Ruder sitzt.« Wenn es gelingt, auf diese Weise mit Ihren Ego-States in Kontakt zu kommen, gewinnen Sie einen Teil Ihrer Autonomie zurück und dirigieren erfolgreich Ihr inneres Orchester.

Übung 12 im letzten Teil dieses Buches gibt Ihnen Anregungen dafür, wie Sie Ihren Ego-States selbst auf die Spur kommen können. Machen Sie sich einmal mehr bewusst: Hochsensibilität ist eine neutrale Veranlagung und gewinnt ihre positive oder negative Färbung erst durch Erfahrungen.

Salutogenese

Wenn man die Literatur zum Thema Hochsensibilität betrachtet, gewinnt man den Eindruck, als handele es sich dabei um einen Wesenszug, der Belastungen hervorbringt und unter Umständen zu Krankheiten führt. Im Gegensatz dazu betone ich, dass Hochsensibilität an sich neutral ist und es verschiedener Umstände bedarf, um daraus etwas Negatives zu machen. Mir erscheint es an dieser Stelle notwendig, auf gesundheitsfördernde Aspekte aufmerksam zu machen. Ich wage sogar die These, dass die hochsensible Veranlagung gesundheitsfördernd wirken kann. Um diese Behauptung besser zu verstehen, möchte ich Ihnen im Folgenden die grundlegenden Begriffe des Salutogenese-Konzeptes näherbringen, um sie anschließend in Beziehung zur Hochsensibilität zu setzen.

Der Gedanke, dass nicht nur Krankheit, sondern auch Gesundheit Bedingungen unterliegt, war zur Zeit der Entstehung des Konzeptes der Salutogenese durchaus revolutionär, hatte man sich doch bis dahin nur mit Krankheiten und ihren Ursachen beschäftigt.

In diesem Buch haben Sie schon verschiedene Kontinuen kennengelernt und sich wahrscheinlich schon ein wenig darin geübt, weniger in Kategorien als vielmehr in Dimensionen zu denken. Aaron Antonovsky, ein israelisch-amerikanischer Soziologe, war einer der Ersten, der Gesundheit und Krankheit nicht als unabhängige Zustände ansah, sondern sie durch ein Kontinuum verband. Nach Antonovskys Vorstellung bewegen Menschen sich im Laufe ihres Lebens auf diesem Kontinuum hin und her, mal mehr auf der Seite der Gesundheit, mal mehr auf jener der Krankheit. Die Übergänge sind fließend. Die folgende Abbildung zeigt ein solches Kontinuum:

Ich lade Sie ein, sich dort mit einem Punkt einzuordnen. Wie würden Sie Ihren Gesundheitszustand beschreiben? Dies bezieht sich in erster Linie auf den körperlichen Zustand, aber selbstverständlich ist Gesundheit mehr als die Abwesenheit von Krankheit.

In Antonovskys Verständnis von Gesundheit spielt der Kohärenzbegriff eine zentrale Rolle. Kohärenz bezeichnet im weitesten Sinne einen Zusammenhang.[83] In der Psychiatrie wird darunter eine logische Denkabfolge verstanden, die bei Patienten beurteilt wird. Im weiteren Sinne möchte ich diese Definitionen ergänzen um den Aspekt der Verbindung. Gerade hochsensible Menschen erleben täglich scheinbar widersprüchliche

Gedanken, Impulse oder Zustände. Die innere Logik dieser Befindlichkeiten zu verstehen und in einen Zusammenhang zu bringen, fördert die Kohärenz.

In jeder Therapie oder Beratung geht es deshalb unter anderem darum, Kohärenz herzustellen. Nach Antonovsky setzt sich Kohärenz aus drei verschiedenen Aspekten zusammen:

- Verstehbarkeit
- Sinnhaftigkeit
- Handhabbarkeit

Verstehbarkeit bezeichnet den Zustand, dass man die eigene Welt und das eigene Leben in einem geordneten Zusammenhang erlebt. Viele Hochsensible können zum Beispiel ihre Biografie besser verstehen, wenn sie erkennen, dass sie hochsensibel sind. Sie entwickeln ein Verständnis dafür, warum sich die Dinge in ihrem Leben so entwickelt haben, wie sie sind, und sie können schwierige Zeiten mit diesem Wissen besser einordnen. Man kann also sagen, dass das Bewusstsein der eigenen Hochsensibilität zu einer größeren Kohärenz beiträgt. Wenn wir wirklich verstehen, dass unser Leben genau so und nicht anders verlaufen konnte, dann ergibt auf einmal alles seinen Sinn. Entscheidungen, die Sie getroffen haben, oder Verhaltensweisen, die Sie vielleicht bereuen, können in der Retrospektive verstehbar werden, wenn Sie sich bewusst machen, welche Umstände (innere und äußere) dazu beigetragen haben.

Sinnhaftigkeit dagegen bezeichnet nicht nur das Bewusstsein darüber, dass das eigene Leben per se sinnvoll ist, sondern auch sinnvolles Engagement. Ich erinnere mich an eine hochsensible Klientin, die mehrere Versuche unternommen hatte, in ihrer Gemeinde an Projekten beteiligt zu sein. Sie erlebte jedes dieser Projekte als sinnvoll, aber auch als sehr kräftezehrend und energieraubend. Als Mutter von drei Teenagern mit Haus und Garten und einem beruflich sehr engagierten Mann hatte sie zwar viele Ideen, wo sie sich noch einbringen wollte, stellte aber regelmäßig fest, dass ihr Engagement nach kurzer Zeit einer großen Erschöpfung wich. Mit der Zeit kam sie zu der Erkenntnis, dass das wirklich sinnstiftende Element in ihrem Leben ihre Familie war. Das war ein großer Schritt hin zu mehr Kohärenz für sie. Fortan hatte sie nicht mehr das getriebene Bedürfnis, außerhalb ihrer Familie etwas »darzustellen«, nur um nach außen hin das Bild einer engagierten und viel beschäftigten Berufsfrau abzugeben. Sie konnte sich ohne schlechtes Gewissen auf ihre Familie konzentrieren und erlebte mehr Sinngehalt als je zuvor.

Möglicherweise tun Sie ebenfalls schon etwas für Sie Sinnvolles, ohne dass es Ihnen unbedingt bewusst ist. Mitunter haben Menschen Vorstellungen von einem Sinn, die aufgrund von gesellschaftlichen Normen oder Sozialisierungen entstanden sind. Gerade im mitteleuropäischen Raum gilt es als ehrenwert, sich vielfältig auch außerhalb der Familie zu engagieren. Dagegen ist nichts zu sagen, es muss sich nur nicht unbedingt sinnvoll anfühlen.

Manche Menschen glauben, dass es nur Sinn ergibt, den Hunger auf der Welt zu bekämpfen oder in der Flüchtlingshilfe engagiert zu sein. Dabei liegt es vielleicht viel näher, den Sinn in der eigenen Familie zu finden. Verstehen Sie mich recht: Es ist natürlich gut, dass es Menschen gibt, die sich für die Klimaneutralität, den Frieden auf der Welt und den Abbau von Atomwaffen einsetzen. Ich möchte nur darauf hinweisen, dass Sie überprüfen sollten, ob diese Dinge sich wirklich innerlich sinnvoll für Sie selbst anfühlen oder ob Sie damit nicht nur einer Vorstellung folgen. Ersteres führt zu mehr Kohärenz, Letzteres zu einem Burn-out. Zudem hat alles seine Zeit und das, was als sinnstiftend erlebt wird, kann sich in den verschiedenen Lebensphasen ändern. Hier kommt wieder das Durchhaltevermögen ins Spiel: Es ist wichtig, an den richtigen Dingen festzuhalten und diese von dem, was nicht (mehr) passt, zu unterscheiden.

Handhabbarkeit schließlich umfasst alle Möglichkeiten, die ein Mensch besitzt, um Probleme und anstehende Aufgaben zu lösen. Jeder Mensch verfügt über ein Repertoire an Ressourcen, obwohl viele sich dessen nicht bewusst sind. Meiner Ansicht nach sind gerade hochsensible Menschen aufgrund der gründlichen Informationsverarbeitung in der Regel sehr gut in der Lage, anstehende Aufgaben und längerfristige Krisen zu bewältigen. Aufgrund des vertieften Nachdenkens (und manchmal auch des Grübelns) sind Hochsensible es meistens von klein auf gewohnt, sich Plan A, B, C und D, vielleicht sogar E und F, auszudenken. Dies bereitet sie innerlich auf den Ernstfall vor, was aus meiner Sicht der Grund dafür ist, dass Hochsensible in Krisenzeiten wie ein Fels in der Brandung sein können und wissen, was zu tun ist. Leider haben sie trotzdem oft den Eindruck, dass sie mangelnde Ressourcen haben, um den Alltag mit seinen vielfältigen Anforderungen zu bewältigen. Da ist der Lärm ein Problem oder die Arbeitskollegen oder das Großraumbüro, die schreienden Nachbarskinder oder die eigene emotionale Intensität, die einen bis in den Schlaf hinein verfolgt. Es ist vielleicht nicht möglich, unempfindlich gegen Lärm zu werden, dennoch kann man sich Ressourcen aneignen, wie zum Beispiel Noise-Cancelling-Kopfhörer oder Ähnliches. Damit wird das Problem der Geräusch- beziehungsweise Lärmempfindlichkeit handhabbar.

Bei der Handhabbarkeit geht es also ebenfalls darum, realistisch einzuschätzen, was in den eigenen Möglichkeiten liegt, und nicht länger mit dem zu hadern, was sich nicht ändern lässt. Es ist vielleicht nicht möglich, nervigen Meetings zu entgehen, aber Sie können vorher Atemübungen machen (vgl. Übung 3) oder sich zwischendurch daran erinnern, dass es auch heute wieder Abend werden wird. Sie können immer mal wieder aus dem Fenster sehen und den Vögeln zuschauen oder die Bäume betrachten und sich bewusst daran erinnern, dass es außerhalb dieses Raumes noch ganz andere Welten gibt. Etwas auszuhalten, kann eine Ressource darstellen, sofern es nicht die einzige Überlebensstrategie ist. Sich als handelnder Mensch zu fühlen, ist eine sehr wirksame Strategie für das Gesundheitserleben.

Die drei Ebenen Verstehbarkeit, Sinnhaftigkeit und Handhabbarkeit, welche die Basis für das Kohärenzerleben bilden, werden gern in folgendem Schaubild dargestellt:

»Meine Welt ist verständlich, stimmig, geordnet; auch Probleme und Belastungen, die ich erlebe, kann ich in einem größeren Zusammenhang sehen.«

»Das Leben stellt mir Aufgaben, die ich lösen kann. Ich verfüge über Ressourcen, die ich zur Meisterung meines Lebens, meiner aktuellen Probleme mobilisieren kann.«

»Für meine Lebensführung ist jede Anstrengung sinnvoll. Es gibt Ziele und Projekte, für die es sich zu engagieren lohnt.«

Quelle: Krause: Dimensionen und Einflussfaktoren nach Antonovsky[84]

Ich möchte betonen, dass auch in Zeiten der Krankheit das Kohärenzgefühl und das Gesundheitserleben ungebrochen sein können. Ein Beispiel dafür ist Stephen Hawking. Er erkrankte in jungen Jahren an Amyothropher Lateralsklerose (ALS), die ihn schon früh an den Rollstuhl band und zur Zerstörung seines Nervensystems führte, dennoch war seine Denkfähigkeit ungebrochen. Ich möchte annehmen, dass die Kultivierung seines Geistes maßgeblich dazu beigetragen hat, dass er sein Leben als verstehbar, sinnhaft und handhabbar betrachten konnte. Für die Handhabbarkeit verwendete er außerdem modernste Technik, zum Beispiel eine Laserbrille und einen Sprachcomputer, den er mithilfe seiner Wangenknochen bediente.

Selbstverständlich wird nicht jeder Mensch zum Genie, aber ich denke, dass wir alle viel mehr Möglichkeiten zur Verfügung haben, als uns bewusst ist. Voraussetzung dafür ist es, Abschied vom Selbstmitleid zu nehmen und das Kohärenzgefühl zu stärken. Wenn das gelingt, kann die hochsensible Veranlagung durchaus eine Quelle der Gesundheit sein. Hochsensible Menschen verfügen meiner Erfahrung nach grundsätzlich über die Fähigkeit, Zusammenhänge zu verstehen, Biografisches in einen übergeordneten Zusammenhang zu bringen und Sinnhaftigkeit anzustreben. Außerdem haben sie genügend Ressourcen, um den Anforderungen des Lebens zu begegnen. Darüber hinaus sind sie befähigt, durch ihre Feinfühligkeit (nicht mit Empathie zu verwechseln) sowohl für sich selbst als auch für ihr Umfeld und das größere Ganze zu erkennen, welche Verhaltensweisen nützlich sind, welche Ressourcen es braucht und was sinnvoll wäre.

Zusammenfassend lässt sich sagen: Gesundheit ist mehr als die Abwesenheit von Krankheit. Selbst körperlich schwer kranke Menschen können ein gutes Gesundheitserleben haben, wenn sie ein Kohärenzgefühl entwickeln. Da die hochsensible

Veranlagung neutral ist, birgt sie das Potenzial in sich, zum Gesundheitserleben beizutragen.

Selbstfürsorge und Selbstmitgefühl

Ein Aspekt, der in Verbindung mit dem Salutogenese-Konzept von Antonovsky oft genannt wird, ist die Selbstfürsorge. Da dies ein besonders relevanter Aspekt für hochsensible Menschen ist, aber auch oft missverstanden wird, möchte ich Ihnen erläutern, wie ich Selbstfürsorge verstehe und welche Bedeutung sie für Hochsensible hat.

SELBSTFÜRSORGE

Selbstfürsorge meint einen wertschätzenden Umgang mit der eigenen Person. Dies beinhaltet, dass eigene Bedürfnisse wahr- und ernst genommen werden. Dazu zählen Grundbedürfnisse wie Essen und Schlafen ebenso wie das Bedürfnis nach Sicherheit, Zugehörigkeit (Geborgenheit) und Liebe.[85]

Neben dem Wahrnehmen von Bedürfnissen meint Selbstfürsorge auch gezielte Aktivitäten, die dazu geeignet sind, physisches und psychisches Wohlbefinden aufrechtzuerhalten und/oder wiederherzustellen. Diese Definitionen klingen etwas sperrig, deshalb möchte ich sie durch Beispiele erläutern.

Hochsensible neigen oft zu Unterzuckerung – von einer Sekunde auf die andere spüren sie ein Hungergefühl, und wenn sie dann nicht sofort etwa zu essen bekommen, werden sie fahrig, nervös und unkonzentriert. Aus diesem Grund haben hochsensible Menschen oft ein »Survival-Package« dabei, gefüllt mit Karotten, Nüssen, Bananen, Müsliriegeln und Wasserflaschen. Diese vorbeugenden Maßnahmen stellen einen Akt der Selbstfürsorge dar, das regelmäßige Glas Wein oder die Flasche Bier am Abend eher nicht. Ersteres dient dem Wiederherstellen des physischen Wohlbefindens, Letzteres dem Dämpfen von Emotionen. Es kann ein Akt der Selbstfürsorge sein, Ruhepausen und gänzlich terminfreie Wochenenden einzubauen. Wenn dies jedoch dazu führt, dass alle sozialen Kontakte auf der Strecke bleiben, dient dies nicht dem psychischen Wohlbefinden.

Selbstfürsorge zu pflegen, kann außerdem bedeuten, etwas nicht zu tun, zum Beispiel den Fernseh- oder Medienkonsum einzuschränken, weil man feststellt, dass übermäßiger Konsum zur Überstimulation führt.

Gelungene Selbstfürsorge bedeutet also nicht nur, etwas an Aktivität im Alltag hinzuzufügen oder wegzulassen, sondern es braucht ein Bewusstsein dafür, was dem Organismus guttut und was nicht.

Selbstfürsorge ist nicht gleichbedeutend damit, sich zu verwöhnen oder sich gehen zu lassen, sondern sie dient der Regulation. In meiner Praxis beobachte ich häufig, dass Klienten sehr schnell und genau kognitiv erfassen, was mit Selbstfürsorge gemeint ist, aber dann dennoch keine oder nur eine sehr geringe praktische Umsetzung erfolgt. Es genügt offenbar nicht, etwas zu »wissen«, um es umzusetzen. Woran liegt das? Wie erläutert, ist selbstfürsorgliches Verhalten nicht nur mit Angenehmem verbunden. Es kann genauso heißen, dass ich auf eine lieb gewordene Gewohnheit verzichten muss. Echte Selbstfürsorge kostet also einen Preis, den man bereit sein muss zu zahlen.

PHASENMODELL ZUR SELBSTFÜRSORGE

Die Schwierigkeit, selbstfürsorgliches Verhalten zu etablieren, hat in den letzten Jahrzehnten zu einer Reihe von theoretischen Modellen geführt, in denen sich Forscher mit dieser Thematik auseinandergesetzt haben. Man nimmt an, dass bestimmte Phasen im Prozess hin zur Selbstfürsorge durchlaufen werden.

Beispielhaft möchte ich ein Phasenmodell skizzieren:

Phase	**Beschreibung**
Absichtslosigkeit (Precontemplation)	Kein Problembewusstsein, keine ernsthafte Beschäftigung mit potenzieller Veränderung, keine Änderungsintention
Absichtsbildung (Contemplation)	Problembewusstsein, aber Ambivalenz gegenüber Veränderung, Abwägung von Pros und Kontras
Vorbereitung (Preparation)	Plan zur Veränderung, vorbereitende Aktionen
Handlung (Action)	Messbare Verhaltensänderung
Aufrechterhaltung (Maintenance)	Neues Verhalten über längere Zeit (mind. 6 Monate)
Stabiles Gesundheitsverhalten (Termination)	Neues Verhalten hat altes Verhaltensmuster vollständig ersetzt (selten erreichter Idealzustand).

Quelle: Prochaska et al.: The Transtheoretical Model of Behavior Change[86]

Potreck-Rose führt zu diesem Phasenmodell aus, dass es wenig Sinn ergibt, nach einer Statusbeschreibung (»Ich mache zu wenig Pausen«) direkt eine Handlungsänderung zu initiieren (»Ich mache von nun an jeden Tag drei Pausen«), da bei diesem Vorgehen die Phasen der Absichtsbildung und der Vorbereitung übersprungen werden.[87] Bei jeder Idee zur Verhaltensänderung sollte man sich stattdessen fragen: »Was bedeutet es, wenn ich diese Veränderung durchführe? Was sind die Vorteile, was sind die Nachteile? Bin ich bereit, die Nachteile in Kauf zu nehmen? Und wie kann ich mit den Nachteilen umgehen?«

Ein Beispiel: Nehmen wir an, ein hochsensibler Mensch stellt an irgendeinem Punkt seines Lebens fest, dass er ständig zu viel nachgibt und zu schnell um der Harmonie willen Ja sagt, wenn er eigentlich Nein meint. Nun kann er sich denken: »Das muss aufhören – ich möchte öfters Nein sagen.« Folgt er dem obigen Modell, wird er sich fragen: »Okay, was bedeutet es für die Beziehung (Freundschaft) zu XY, wenn ich einmal Nein zu ihren/seinen Vorschlägen sage? Kann ich damit leben, dass sie/er möglicherweise irritiert ist? Und was würde diese Irritation für unsere Beziehung bedeuten? Habe ich eventuell Angst vor Liebesverlust und dass ich dann ganz allein dastehe? Wie gehe ich damit um?«

Die Absichtsbildung ist also eine wichtige Phase bei der Selbstfürsorge, weil hier deutlich wird, was jemand bereit ist in Kauf zu nehmen und was nicht. Wenn der Preis zu hoch erscheint (z.B. der drohende Liebesverlust), wird derjenige vielleicht wieder auf die Phase der Absichtslosigkeit einschwenken – bis zu dem Zeitpunkt, an dem es ihm »reicht« und eine neue Absichtsbildung beginnt.

Wie Potreck-Rose weiter ausführt, kommt der Phase der Vorbereitung eine bedeutende Rolle zu. Hier spielt das Vertrauen in den Erfolg, also die Erfolgserwartung, eine entscheidende Rolle für das Initiieren von Veränderungen.[88] Erfolgserwartungen setzen sich aus zwei Aspekten zusammen.

1. den bisherigen Erfahrungen mit ähnlichen Versuche,
2. der Überzeugung, dass die Verhaltensänderung wirklich zentral für das Wohlbefinden ist.

Hat jemand beispielsweise schon verschiedene Erfahrungen mit Psychotherapie gemacht, die seiner Wahrnehmung nach keinen oder nur mäßigen Erfolg hatten, dann werden es ihm sein Erfahrungshintergrund und der Gedanke »Das bringt sowieso alles nichts« vielleicht erschweren oder sogar unmöglich machen, sich auf eine neue Therapie einzulassen, obwohl eine andere, bewusst kognitive Ebene ihm sagt, dass es ihm sicher guttun würde.

Das Modell erklärt auch die Schwierigkeiten beim Erreichen eines gewünschten Körpergewichts. Ich kenne kaum eine Frau, die sich noch nie mit diesem Thema beschäftigt hätte. Viele erleben bei Diäten jedoch den sogenannten Jo-Jo-Effekt – sie nehmen zwar ab, aber genauso schnell wieder zu. Die Anfangsmotivation mag ausreichend sein, um eine Diät zu beginnen, aber wenn die Absichtsbildung und die Vorbereitung nicht ausreichend in den Prozess einbezogen werden, dann genügt die Motivation nur für das Vier- oder Acht-Wochen-Programm, und danach kehrt man zu den alten Verhaltensweisen bezüglich Ernährung und mangelnder Bewegung zurück.

Der Umgang mit dem Körpergewicht umfasst zudem viel mehr Aspekte als allein die Kalorienzufuhr. Beispielsweise gelingt das Abnehmen auch dann nicht, wenn man unterbewusst keine Erfolgserwartung an das Unternehmen hat.

Potreck-Rose hat aus diesen Überlegungen heraus das folgende Prozessmodell der Selbstfürsorge kreiert, in dem sie für jede Phase Hindernisse und Strategien benennt:

Phase	Hindernisse	Strategien
Prinzipielle Akzeptanz (Contemplation 1)	Konflikte mit dem eigenen Wertesystem oder dem Wertesystem wichtiger Bezugspersonen/-gruppen (»Selbstfürsorge ist egoistisch.«) Niedriger Selbstwert (»Das verdiene ich nicht, ich muss erst mal mein Leben auf die Reihe kriegen, bevor ich mich um mich selbst kümmern kann.«) Fürsorge für andere zu hoch (»Mir geht es nur gut, wenn es anderen gut geht.«)	Soziokulturelle Faktoren berücksichtigen Werte und Normen bewusst machen und kritisch reflektieren (z. B. Egoismus vs. Selbstfürsorge) Selbstwertquellen bewusst machen

Erkennen der Defizite (Contemplation 2)	Blinde Flecken Bagatellisieren Verleugnen	Diskrepanz Selbst-/Fremdwahrnehmung anschauen Vergleich mit Selbstfürsorge anderer
Anerkennung des Mangels und Verantwortung übernehmen (Preparation)	Defizit relativieren (»Ist nicht so schlimm.«) Konsequenzen des Mangels bagatellisieren Programmatik statt Konkretisierung Hindernisse aufzählen	Langfristige Konsequenzen im Blick haben Änderungsmotivation überprüfen Selbstwirksamkeitsüberzeugung stärken

Aktion: Kompetenz Performanz (Action and Maintenance)	Selbstentwertung und Scham wegen fehlender Ideen und Übung Fokusverlust (Wo anfangen?) Entmutigung durch wiederholt auftretende Hindernisse und/oder wenig Erfolg	Ideen von Freunden, Therapeuten, Familie oder aus Büchern sammeln Prioritäten prüfen und ggf. korrigieren Geduld mit sich selbst haben und sich in Selbstmitgefühl üben

Quelle: nach Potreck-Rose, F.: Selbstfürsorge[89]

Natürlich ist ein Modell immer vereinfachend. Deshalb erhebt diese Aufstellung keinen Anspruch auf Vollständigkeit. Es kann für Sie mehr und andere Hindernisse bei den einzelnen Phasen geben und auch mehr individuelle Strategien, um mit diesen umzugehen. Dennoch erscheint mir das Wissen um die verschiedenen Phasen wesentlich, um einen Leitfaden zu haben, an dem Sie sich orientieren können.

Bitte beachten Sie: Hinter dem oft zu beobachtenden altruistischen Verhalten hochsensibler Menschen verbirgt sich eine latente Ich-Bezogenheit. Sie werden jetzt fragen, wie das zusammenpasst, die manchmal aufopfernde Grundhaltung Hochsensibler und Egoismus. Es ist kein Widerspruch, wenn man sich vor Augen führt, dass mit der Sorge für andere Menschen oft ein Ich-Gewinn einhergeht. Man kann sich besser fühlen, wenn man etwas für andere tut. Es schmeichelt dem Ich, von anderen Menschen als fürsorglich, aufopfernd, mitfühlend und sensibel angesehen zu werden, und dagegen ist nichts einzuwenden. Ich möchte nur darauf aufmerksam machen, dass Ich-Bezogenheit hinter manchem Verhalten steckt, wo man sie nicht vermuten würde. Es kann einen (zu) hohen Preis bedeuten, das Bild aufzugeben, welches man nach außen hin darstellt. Wenn Sie auf einmal anfangen, Nein zu sagen, auf Ihre eigenen Bedürfnisse zu achten, und dies kommunizieren, dann werden Sie vielleicht als egoistisch bezeichnet. Das ist schwer auszuhalten, vor allem, wenn einem die eigene Ich-Bezogenheit bislang unbewusst war.

Harmoniebedürftigkeit kann man ebenfalls unter diesem Licht betrachten. Es ist gut vorstellbar, dass hochsensible Menschen deshalb so sehr auf Harmonie bedacht sind und versuchen, Konflikte zu vermeiden, weil es ihnen unerträglich erscheint, Uneinigkeit und Streit auszuhalten. Die Ich-Bezogenheit besteht in diesem Fall darin, dass die Scheu vor der Überflutung durch die eigenen negativen Gefühle dazu führt, dass Menschen Konflikten aus dem Weg gehen, und nicht der Anlass an sich.

Eine gewisse Ich-Bezogenheit ist hochsensiblen Menschen nicht abzusprechen, auch wenn es von dorthin zu Egoismus oder gar Egozentrik ein weiter Weg ist.

Um die Phase 1 in obigem Modell zu bewältigen, gilt es deshalb, Frieden mit den Ich-bezogenen Anteilen in sich zu schließen. Es dient dem Kohärenzgefühl, sich selbst in einem realistischen Licht zu sehen – mit den Seiten, die man gernhat, ebenso wie mit denen, die einem eher Mühe machen.

EXTRINSISCHE UND INTRINSISCHE MOTIVATIONEN

Bei den Strategien zur Phase 1 empfiehlt Potreck-Rose das Bewusstmachen von Selbstwertquellen. Meine Beobachtung ist, dass gerade sehr sensible Menschen dazu neigen, ihren Selbstwert aus externen Quellen zu speisen. Sie fühlen sich gut, wenn andere sich gut fühlen. Sie blühen geradezu auf, wenn sie vom Chef gelobt werden, oder fühlen sich schlecht, wenn diese Anerkennung nicht kommt. Wenn ein anderer Lob und Wertschätzung erhält, reagieren manche neidisch. Gedanken und Aussagen dazu könnten sich wie folgt anhören: »Bin ich schlechter als sie/er? Wieso werde ich nicht gelobt? Was muss ich tun, um meinem Chef/meiner Mutter/meiner Partnerin zu gefallen?«

In all diesen Fällen ist der Selbstwert extrinsisch motiviert, das heißt, es braucht die Bestätigung von außen, um sich wertvoll zu fühlen. Es liegt auf der Hand, dass bei einer derartigen Abhängigkeit von äußeren Faktoren der Selbstwert auf- und abhüpft wie ein Ball auf den Wellen. Die Ursache dafür ist meistens ein eklatanter Mangel an emotionaler Ansprache der frühen Bezugspersonen. In einer frühen Entwicklungsphase ist es nicht gelungen, dem Kind das Gefühl zu geben, dass es aufgrund seiner selbst geliebt und angenommen wird, mit allen seinen Stärken, aber auch mit Schwächen oder vulnerablen Anteilen. Möglicherweise ist daraus das grundsätzliche Gefühl entstanden, nicht viel wert zu sein, und wenn von anderen Personen Lob und Anerkennung kommt, ist für eine kurze Zeit dieser Mangel weniger spürbar. Menschen, die sehr leistungsbezogen sind, haben oft einen solchen Hintergrund. Dabei zählen zu Leistung nicht nur messbare Variablen wie Ausbildungen, Abschlüsse und Karriere, sondern auch die sogenannten Soft-Skills wie Empathie, Hilfsbereitschaft, Diplomatie und Fürsorge. In diesen Belangen leisten Hochsensible oft sehr viel und möchten dafür zu Recht anerkannt werden. Trotzdem bleibt es eine extrinsische Motivation, wenn man aufgrund von Fähigkeiten Anerkennung und Wertschätzung erhofft.

Im Gegensatz dazu bedeutet intrinsische Motivation einen Zustand, bei dem wegen eines inneren Anreizes, der in der Tätigkeit selbst liegt, gehandelt wird.[90]

Mein persönliches Beispiel dazu ist meine Spezialisierung auf das Thema Hochsensibilität. Der Begriff traf mich unerwartet, als eine Freundin mir von einem Buch dazu erzählte. Es war wie eine Initialzündung: Ich wusste sofort, dass der Begriff Hochsensibilität vieles erklären würde, was mir in meinem Leben begegnet war. Da ich zu diesem Zeitpunkt bereits seit einigen Jahren meine Beratungspraxis hatte, kamen mir gleich Klienten und Klientinnen in den Sinn, die ich in diesem Spektrum verortete. Mit dem Wissen um Hochsensibilität, welches damals noch wenig ausgereift war – es gab kaum Forschungsarbeiten dazu und nur zwei oder drei Bücher auf Deutsch –, konnte ich mein Leben neu ordnen und verstehen. Im Zuge meiner Spezialisierung erwarb ich mir zusätzliches Wissen, um meine hochsensible Klientel adäquat begleiten zu können. Seitdem lässt mich die Beschäftigung mit dem Thema nicht mehr los. Es sind keine externen Anreize, die mich dazu bewegen, sondern rein intrinsische Beweggründe. Es ist mir persönlich ein Anliegen, hochsensible Menschen in ihren Bedürfnissen und Fragen zu unterstützen. Dafür habe ich, besonders in den Anfängen, viel in Kauf genommen, aber gar nicht groß darüber nachgedacht, sondern einfach gemacht. Das ist intrinsische Motivation.

Wenn man intrinsisch motiviert ist, dann verfügt man über die notwendige Hartnäckigkeit und das Durchhaltevermögen, und zwar in einem höheren Maße, als es materielle Güter oder Lob und Anerkennung von außen erreichen könnten. Natürlich bin ich froh und dankbar, wenn ich positives Feedback bekomme. Ich freue mich vor allem darüber, weil der Weg so lang und hart war. Aber auch wenn ich keines bekäme, würde ich genau so weitermachen.

Um bei der Küchenmetapher zu bleiben: Hochsensibilität ist die Grundzutat, die in allen meinen Aktivitäten enthalten ist.

Ich möchte Sie dazu einladen, Ihre extrinsischen und intrinsischen Motivationen zu überprüfen. Hier ein paar Beispiele und Anregungen dazu:

Einen neuen Job annehmen:

- weil es dort verlockende Benefits wie Boni, Dienstwagen, 13 Monatsgehälter und dergleichen gibt: extrinsisch
- weil die Arbeit fasziniert und man sich mit der Philosophie der Firma voll und ganz identifizieren kann: intrinsisch

Ein Buch schreiben:

- um Verständnis für Ihr Schicksal zu erhalten: extrinsisch
- weil Sie spüren, dass Sie etwas zu sagen haben, ganz unabhängig davon, was dabei herauskommt (an Tantiemen oder Anerkennung): intrinsisch

Wenn Sie zu Hause aufräumen:

- um Ihre/Ihren Partner/-in zufriedenzustellen, da ihm/ihr die Unordnung nicht gefällt und er/sie durchblicken lässt, dass er/sie es für Ihre Aufgabe hält, für Ordnung zu sorgen: extrinsisch
- weil Sie sich sonst in dem Durcheinander nicht wohlfühlen: intrinsisch

Wenn Sie sich im Urlaub befinden und Ansichtskarten schreiben:

- weil Sie die Erwartungen der Daheimgebliebenen erfüllen möchten: extrinsisch
- weil Sie eine liebe Freundin so gerne an Ihren Erlebnissen teilhaben lassen möchten: intrinsisch

Sie sehen, dieselbe Situation kann sowohl extrinsisch als auch intrinsisch motiviert sein. Wir alle brauchen Geld zum Leben und weitestgehend alle Menschen freuen sich über Lob und Anerkennung, aber die extrinsischen Motivationen sollten sich die Waage halten mit den intrinsischen. Jedwede Einseitigkeit ist fatal. Ausschließlich extrinsisch motivierte Menschen achten zu sehr auf äußere und materielle Dinge und vernachlässigen dabei ihr Seelenheil, ausschließlich intrinsisch Motivierte nehmen an der Welt nicht teil, sie machen »ihr eigenes Ding«, haben Fantasien und Ideen zu ihrer Lebensgestaltung, die nicht realistisch sind, und bekommen so keinen »Fuß auf den Boden«.

SELBSTMITGEFÜHL

Nach diesem Exkurs möchte ich wieder an das Thema Selbstfürsorge anknüpfen. Eng verbunden damit ist das Selbstmitgefühl, das im Phasenmodell im letzten Punkt genannt wird. Wenn Sie sich mit Selbstfürsorge beschäftigen, kommen Sie auch in Kontakt mit Anteilen, die Sie nicht besonders an sich mögen, für die Sie sich vielleicht sogar schämen oder die auf irgendeine andere Weise negativ konnotiert sind. Selbst mit dem besten Willen ist es manchmal nicht möglich, eine gelungene Selbstfürsorge zu praktizieren. Dann ist es Zeit für Selbstmitgefühl.

Selbstmitgefühl ist nicht dasselbe wie Selbstmitleid. Im Selbstmitleid taucht man völlig in die eigenen Probleme ein und vergisst dabei, dass andere Menschen ähnliche Probleme haben. Jemand, der sich selbst bemitleidet, empfindet sich als Opfer und gerät leicht in einen »Jammer-Modus«. Selbstmitleid verstärkt das egozentrische Gefühl des Getrenntseins von anderen Menschen und führt oft zu größerem persönlichem Leiden.

Im Gegensatz dazu ermöglicht achtsames Selbstmitgefühl, Distanz zu der Situation zu entwickeln und eine ausgeglichenere Perspektive einzunehmen.[91] Gerade hochsensiblen Menschen, die oftmals sehr streng mit sich selbst und anderen sind, ermöglicht Selbstmitgefühl eine größere Nähe zum eigenen Feingefühl und damit erweiterte Optionen, nach den eigenen Werten zu handeln und sich nicht in den Problemen zu verstricken. Verständnis für sich selbst aufzubringen heißt nicht, dass man gut finden muss, wie man gehandelt hat, sondern anzuerkennen, dass man in der Situation nicht anders handeln konnte, verbunden mit einer Idee, wie man das nächste Mal das Verhalten variieren könnte.

Eine selbstmitfühlende Haltung kann man erlernen. Eine grundlegende Einstiegsübung, die Selbstmitgefühlspause, finden Sie in Übung 13 hinten im Buch.

Resilienz

Während manche Menschen schlimmste Schicksalsschläge gut verarbeiten, zerbrechen andere daran. Der Unterschied ist die Resilienz. Aber was genau ist Resilienz? Darüber diskutieren Fachleute aus unterschiedlichen Disziplinen bereits seit Jahrzehnten. Es gibt bislang keine allgemeingültige Definition.

Stattdessen werden Aspekte von Flexibilität im Umgang mit Stress und die Regulations- und Regenerationsfähigkeit von Menschen in alle Definitionsversuche eingebunden.[92]

Allgemein lässt sich sagen, dass Resilienz eine psychische Widerstandskraft ist, die es Menschen ermöglicht, Krisen und schwierige Situationen relativ unbeschadet zu überstehen und sogar gestärkt daraus hervorzugehen.

Die Anfänge der Resilienzforschung gehen auf Langzeitstudien von Emmy Werner zurück, die auf der Hawaii-Insel Kauai die Entwicklung von 698 Kindern des Jahrgangs 1955 über vierzig Jahre lang mit ihrem Forschungsteam begleitet hat. Die Kinder wurden in Familien hineingeboren, in denen Arbeitslosigkeit, Alkoholismus, häusliche Gewalt und Vernachlässigung an der Tagesordnung waren. Die Erwartung der Forscher war, dass sich Kinder aus einer solchen Umgebung negativ entwickeln würden und im Erwachsenenalter ebenfalls arbeitslos, alkoholabhängig und gewaltbereit wären. Auf einen Teil der Kinder traf das zu, aber längst nicht auf alle. Manche waren resilient und schafften es, die schwierige Kindheit zu überwinden.

Emmy Werner definiert Resilienz aufgrund ihrer Forschungsergebnisse nicht als Charaktermerkmal, sondern als Endprodukt von Pufferungsprozessen, welche Risiken und belastende Ereignisse zwar nicht ausschließen, es aber dem Einzelnen ermöglichen, mit ihnen erfolgreich umzugehen.[93] Scheinbar können Menschen also bis zu einem gewissen Grad Resilienz erlernen.

Für den Gegenstand dieses Buches stellt sich nun die Frage, inwiefern Hochsensible resilient sind. In meinen Lehrgängen und Kursen kommt darauf meistens spontan die Antwort: »Nein, bei ihrer Stressanfälligkeit sind sie nicht besonders resilient.« Aber lassen Sie uns genauer hinschauen.

Tatsächlich sieht es so aus, als seien hochsensible Menschen im Alltag nicht sonderlich widerstandsfähig. Es wird ihnen schnell alles zu viel, sie nagen lange an scheinbaren Kleinigkeiten, sie brauchen bestimmte Bedingungen, um gute Arbeit zu leisten oder sich wohlzufühlen, sie sind oft überreizt und angespannt und brauchen lange, um sich zu erholen. Alles zusammen genommen erweckt das nicht den Eindruck von großer Resilienz. Allerdings lässt sich beobachten, dass gerade hochsensible Menschen in Krisensituationen Kräfte mobilisieren können, die man ihnen gar nicht zutrauen würde. Wenn es hart auf hart kommt, wissen sie genau, was zu tun ist, sie können gut organisieren, sind überall, wo helfende Hände gebraucht werden, behalten den Überblick und sind wahre Meister im Krisenmanagement. Wie passt das zusammen?

Hochsensible sind seit Kindertagen daran gewöhnt, dass sich das Leben krisenhaft anfühlt. Täglich emotionale Achterbahnfahrten zu erleben, bereitet den Organismus auf »echte« Krisen vor. Meiner Beobachtung zufolge neigen Hochsensible dazu, sich schlimmste Szenarien auszumalen und sich für jede Eventualität einen Plan zurechtzulegen (gründliche Informationsverarbeitung). Sie haben schon alles durchdacht, bevor der Ernstfall eintritt. Ihr Organismus, ihr Geist und ihr Herz sind schon vorbereitet.

Mir fällt dazu eine Geschichte ein, die mir ein entfernter Bekannter vor langer Zeit einmal erzählt hat: Er (normalsensibel) und seine Frau (hochsensibel) sind Eltern eines (damals) kleinen Mädchens. Eines Tages lag das Kind steif und starr im Bett und reagierte nicht mehr auf seine Umgebung. Während mein Bekannter vollkommen hilflos war und im Schockzustand verharrte, nahm seine Frau die Sache in die Hand, rief den Rettungsdienst an, bettete das Kind um, sodass es besser atmen konnte, packte eine Tasche für das Krankenhaus, informierte die Familie, stellte sicher, dass die Katze während der Zeit der Abwesenheit versorgt wurde, und räumte den Weg für die Sanitäter frei. Mein Bekannter war tief beeindruckt von der Fähigkeit seiner Frau, diese Krise zu meistern, und beschämt darüber, dass er dazu nicht in der Lage war. Fortan hatte er sehr viel mehr Respekt vor der Hochsensibilität seiner Frau, denn ihm wurde bewusst, dass sie als Mutter alle diese Szenarien schon im Geiste durchgespielt hatte.

Aufgrund meiner Praxisbeobachtungen komme ich zu dem Schluss, dass Hochsensible zwar im Alltag über eine niedrige Resilienz verfügen, in Krisensituationen aber über eine sehr hohe. Folgende Grafik veranschaulicht das:

Dabei ist zu beachten, dass nach überstandener Krise sehr viel Regenerations- und Verarbeitungszeit notwendig ist, damit Hochsensible sich wieder in ihrem Alltag einpendeln können. Zur Selbstfürsorge gehört auch, dass Sie sich diese Zeiten nehmen.

FAKTOREN, DIE RESILIENZ BEEINFLUSSEN

Bereits Emmy Werner erkannte, dass es Faktoren gibt, die Resilienz eher verhindern oder fördern. Aus ihren und anderen Studien haben sich folgende Risikofaktoren herauskristallisiert:

- Armut
- Niedriger Bildungsstand der Eltern
- Scheidungen/Trennungen
- Alkoholismus

- Arbeitslosigkeit der Eltern
- Perinatale Komplikationen
- Psychische Erkrankungen der Eltern

Daneben gibt es Schutzfaktoren, welche den schädlichen Einflüssen der Risikofaktoren entgegenwirken. Als Schutzfaktoren gelten:

- Offenheit gegenüber neuen Erfahrungen
- Effizientes Einsetzen der eigenen Fähigkeiten
- Interne Kontrollüberzeugung
- Verlässliche emotionale Unterstützung außerhalb der Familie
- Positives Gemeinschaftserleben in Vereinen, Jugendgruppen oder kirchlichen Institutionen

Dabei möchte ich betonen, dass es nicht *den einen* Risikofaktor oder *den einen* Schutzfaktor gibt, der für alle Menschen gültig wäre.

Emmy Werner stellt heraus, dass es nicht unerheblich ist, in welchem Alter schützende Faktoren wirksam sind. Sie beschreibt schützende Faktoren im Kind, in der Familie und im weiteren sozialen Umfeld. Die resilienten Kinder zeigten bereits im Säuglingsalter Eigenschaften, die positive Reaktionen bei ihren Eltern oder anderen Bezugspersonen hervorriefen. Sie wurden als aktiv, liebevoll, schmusig, gutmütig und umgänglich beschrieben. Diese Kinder entwickelten sich zu Teenagern, die besondere Talente entwickelten, große Hilfsbereitschaft zeigten und großes Vertrauen in ihre eigenen Fähigkeiten zur Lösung von Problemen hatten.

Schützende Faktoren in der Familie zeigten sich vor allem darin, dass resiliente Kinder die Chance hatten, eine enge

Verbindung zu einer emotional stabilen Bezugsperson aufzubauen, die sich für ihre Bedürfnisse interessierte. Diese Rolle nahmen oft Großeltern, ältere Geschwister, Tanten oder Onkel ein. Es müssen also nicht die leiblichen Eltern sein, welche die Beschaffenheit der Resilienz prägen.

Bei der Recherche zu diesem Kapitel erinnerte ich mich plötzlich daran, dass ich in meiner Kindheit sehr viel Zeit bei meiner Großmutter verbrachte, deren Lieblingsenkelkind ich war. Ich war nahezu jedes Wochenende und in den Ferien dort und ich fühlte mich von meiner Großmutter wirklich geliebt. Sie kochte mein Lieblingsessen, war geduldig und hob alle meine Kinderzeichnungen auf (und das waren eine Menge). Ich war dort zu Hause und ich darf sagen, dass in meiner frühen Kindheit die Aufenthalte bei meiner Großmutter meine Zuflucht waren. Leider ist mir dies erst durch die Arbeit an diesem Buch bewusst geworden und ich wünschte, ich hätte noch die Möglichkeit, es meiner Großmutter zu sagen.

Im weiteren sozialen Umfeld zeigte sich, dass resiliente Jugendliche emotionale Unterstützung in ihren Peergroups suchten und fanden. Ältere Schüler, Lehrpersonen oder Nachbarn konnten ebenfalls eine solche Rolle einnehmen.[94] Beim Studieren dieser Erkenntnisse wurde mir bewusst, dass resilient zu sein auch bedeutet, um Unterstützung zu bitten. Das Gefühl, nicht alleine zu sein, und in Zeiten der Not zu wissen, an wen man sich wenden kann, erinnert an das Kohärenzgefühl bei Antonovsky, bei dem die Verbindung zu anderen Menschen ein wesentlicher Aspekt ist. Und ganz offensichtlich haben Kleinkinder, die schmusig und anhänglich sind, bessere Chancen auf die Entwicklung einer guten Resilienz, da sie grundsätzlich davon ausgehen, dass ihnen Gutes von anderen Menschen widerfährt. Dies gelingt jedoch nur, wenn sie nicht zurückgewiesen werden, sondern auf empfängliche und stabile Erwachsene treffen. Dies fördert wiederum die frühe Entwicklungskompetenz, sodass die Wahrscheinlichkeit erhöht wird, dass die Heranwachsenden Hilfsangebote annehmen können.[95]

Natürlich besteht hier eine Wechselwirkung: Einem Kind, welches schmusig und anhänglich ist, werden eher die Herzen der Erwachsenen zufliegen als einem, welches abweisend ist. Wenn ein Kind »lernt«, dass es gemocht wird, wenn es sich schmusig und anhänglich verhält, dann ist das Verhalten als Strategie zu sehen und nicht unbedingt als Charaktereigenschaft. Hier spielt der jeweilige soziokulturelle Hintergrund eine große Rolle.

DIE SIEBEN SÄULEN DER RESILIENZ

Wie lässt sich die Resilienz stärken? Aufgrund der Forschungsergebnisse werden im Allgemeinen sieben Säulen der Resilienz benannt. Sie lassen sich in Haltungen und Praktiken unterscheiden:

- Akzeptanz
- Bindung
- Lösungsorientierung
- Optimismus
- Selbstwahrnehmung
- Selbstreflexion
- Selbstwirksamkeit[96]

Die ersten vier Punkte beschreiben Grundhaltungen, welche die Basis der Resilienz bilden. Akzeptanz bedeutet, sowohl äußere Faktoren anzunehmen, die sich nicht oder noch nicht ändern lassen, als auch die eigenen Fehler, Schwächen und Makel zu bejahen. Für Hochsensible ist es äußerst wichtig, diesen Teil ihrer Persönlichkeit anzunehmen. Übung 19 hinten im Buch kann Sie dabei unterstützen.

Wie schon oft in den letzten Kapiteln angesprochen, gehört das Bedürfnis nach Bindung zum Menschsein. Dazu zählt nicht nur die Beziehung zu anderen Menschen, Gruppen, Vereinen oder Systemen, sondern auch die Beziehung zu sich selbst. Sich selbst eine gute Freundin oder ein guter Freund zu sein, ist für eine resiliente Grundhaltung unabdingbar.

In Lösungen zu denken und nicht in Problemen, stärkt die Resilienz ebenfalls. Dabei sind realistische und kontrollierbare Ziele wichtig, die in kleinen Schritten erreicht werden können. Aber eine lösungsorientierte Grundhaltung umfasst mehr, als sich Ziele zu setzen. Lösungsorientierte Menschen erkennen Möglichkeiten des Handelns, und seien sie noch so klein oder versteckt. Sie verfügen außerdem über genügend Fantasie und Kreativität, um innovative Ideen zu entwickeln.

Optimistisch zu sein, bedeutet nicht, Probleme zu verleugnen oder schönzureden. Vielmehr können Optimisten das Negative würdigen, gleichzeitig aber die Balance mit dem Positiven halten. Es gibt schlichtweg kein Leben, welches ausschließlich negativ oder positiv wäre.

Die letzten drei Punkte der sieben Säulen beschreiben Praktiken zur Resilienzstärkung. Es wird Ihnen schon aufgefallen sein, dass ich großen Wert auf die Selbstwahrnehmung lege. Je besser Sie über sich Bescheid wissen, umso mehr Möglichkeiten haben Sie, sich selbst zu regulieren. Dabei spielt die Körperwahrnehmung eine entscheidende Rolle (siehe dazu Übung 5).

Die Selbstwahrnehmung zu schulen, bedeutet nicht, dass man sich selbst ängstlich beobachtet und Befürchtungen hegt, was jetzt schon wieder aus dem eigenen Inneren aufsteigen könnte, verbunden mit der Angst, diese starken Reaktionen (emotional oder physisch) nicht handhaben zu können. Selbstwahrnehmung heißt, wertfrei zu betrachten, was da ist, und es als momentanen Zustand anzuerkennen. Sich in der wertfreien Wahrnehmung von sich selbst zu schulen, stellt für Hochsensible eine enorme Kompetenzerweiterung dar.

Selbstreflexion geht noch einen Schritt weiter. Sich selbst zu reflektieren, bedeutet, die Denk- und Verhaltensweisen zu beobachten und im Hinblick auf die zugrunde liegenden Bedürfnisse und auf Nützlichkeit zu analysieren. Wenn man sich selbst gut reflektieren kann, erlaubt einem dies, Stressoren frühzeitig zu erkennen und anderes Verhalten einzuüben.

Selbstwirksamkeit schließlich ist das Bewusstsein darüber, dass das eigene Verhalten Auswirkungen hat. Dazu gehört der Glaube daran, dass man selbst in der Lage ist, etwas zu verbessern. Nur weil etwas immer so war, muss es nicht so bleiben. Zu erkennen, dass das eigene Handeln das Leben, so wie es ist, maßgeblich beeinflusst hat, ist eine Grundlage der Resilienz.

Für jeden Menschen ist der Ausbau der Resilienz wichtig, für Hochsensible aber besonders, da sie dazu neigen, sich in Probleme zu verstricken, ungünstige Bedingungen oder andere Menschen für ihr Schicksal verantwortlich zu machen oder in der ängstlichen Selbstbeobachtung »stecken zu bleiben«. Da mir das Fördern von Resilienz sehr am Herzen liegt, finden Sie in Übung 14 hinten im Buch einige Anregungen dazu.

Schönheit aus Brüchen und Unperfektem

Jeder Mensch, ob hochsensibel oder nicht, erfährt in seinem Leben Weichenstellungen, Krisen und Brüche, nach denen das Leben nicht mehr so verläuft wie vorher. In unserer westlichen Zivilisation werden solche Phasen im Leben eher tabuisiert. »Geht es dir wieder besser?«, wird man dann hoffnungsvoll gefragt oder Menschen ziehen sich von einem zurück, weil sie mit der Trauer nicht umgehen können oder schlichtweg nicht wissen, wie sie sich verhalten sollen.

Der Umgang mit Krisen ist kulturell geprägt, deshalb lohnt es sich, bei anderen Kulturen nachzusehen, wie dort mit Brüchen umgegangen wird.

KINTSUGI – WIE MAN BRUCHSTELLEN VERGOLDET

Aus dem Zen-Buddhismus ist eine japanische Kunstform entstanden, die es sich zur Aufgabe gemacht hat, zerbrochene oder beschädigte Keramikobjekte so zu reparieren, dass ein neues, schönes Objekt entsteht. Diese Kunst nennt sich Kintsugi, was übersetzt so viel wie »Goldverbindung« oder »Goldreparatur« bedeutet. Dabei werden die Bruchstellen mit einem Kleber (ursprünglich aus einem Baumharz gewonnen) zusammengefügt, der mit Goldpulver angereichert wird. Der Effekt ist, dass die Bruchlinien hervorgehoben werden und eine neue Ästhetik ergeben. Der Symbolgehalt liegt auf der Hand: Anstatt etwas Fehlerhaftes oder Beschädigtes so zu kitten, dass man die Bruchstellen nicht mehr sieht, werden diese Bereiche absichtlich in den Vordergrund gerückt.

Ich erinnere mich an eine Klientin, die sehr verzweifelt darüber war, dass man ihr in der Probezeit gekündigt hatte. Sie befürchtete, dass dieser »Makel« in ihrem Lebenslauf dazu führen würde, dass sie keine neue Stelle mehr bekommen würde. Sie empfand diese Sache als »Schmach« und Versagen und schämte sich dafür. Bei genauerer Betrachtung stellte sich heraus, dass sie schon beim Vorstellungsgespräch kein gutes Gefühl gehabt hatte, und später zeigte sich, dass sie dort tatsächlich am falschen Platz gewesen war. Nun gab es zwei Möglichkeiten: Entweder sie begrub diese Erfahrung tief in ihrem Inneren und erwähnte das Ganze gar nicht in ihrem Lebenslauf, sondern versuchte, die fehlenden Monate »schönzureden« oder mit einer »Auszeit« zu rechtfertigen. Oder aber sie stand dazu, bekannte sich authentisch zu dieser Fehlentscheidung und übernahm Verantwortung für ihren Teil. Sie entschied sich für Letzteres. Im Sinne von Kintsugi »vergoldete« sie diesen »Makel«, indem sie analysierte, welche Aspekte zu dieser Erfahrung geführt hatten. Sie erkannte, dass sie die Stelle aufgrund ihrer somatischen Marker, die schnell Alarm geschlagen hatten, gar nicht erst hätte antreten sollen. Aber sie schloss Frieden damit, integrierte diese Phase in ihr Leben und baute ihr Selbstwertgefühl wieder auf. Da sie künstlerisch sehr interessiert ist, half ihr die Metapher von Kintsugi, eine andere Perspektive einzunehmen. Mit neuem Selbst-Bewusstsein bewarb sie sich und bekam eine Stelle, in der sie ihre Kompetenzen einsetzen kann und im Team gerade wegen ihrer Feinfühligkeit sehr geschätzt wird.

WABI-SABI

Im Zusammenhang mit der Kunst des Kintsugi wird die japanische Haltung des Wabi-Sabi diskutiert. Darunter versteht man die Schönheit des Unvollkommenen, zum Beispiel die Ästhetik von Falten im Gesicht eines Menschen oder die Schönheit von einzelnen Kirschblüten auf einem sonst sauber gefegten Hof.[97]

Anzuerkennen, dass es Perfektion nicht gibt und dass eine eigene Anmut in einer beinahe verblühten Sonnenblume oder einem leicht angeschlagenen Porzellanteller wohnt, weitet den Blick und kann Hochsensiblen helfen, Schönheit an Orten zu sehen, wo man sie auf den ersten Blick nicht vermuten würde.

Übung 17 befasst sich mit dem Thema Stärke aus der Krise und der Schönheit des Unperfekten.

Fehlersensitivität – Anfälligkeit für Fehlleistungen und der Umgang damit

Kintsugi und Wabi-Sabi zeigen, dass fehlende Perfektion kein Drama ist und sogar ihre eigene Schönheit hat. Perfektionismus auf der einen Seite, Fehleranfälligkeit auf der anderen – wie gehen Hochsensible damit am besten um?

Um sich diesem komplexen Bereich anzunähern, möchte ich zunächst einmal untersuchen, was man unter Fehlern versteht. Grundsätzlich entsteht ein Fehler durch die Abweichung von einer Norm. Wenn Arbeitsprozesse sehr strukturiert vorgegeben sind und davon abgewichen wird, dann ist das ein Fehler. Voraussetzung dafür ist, dass die Normen feststehen und allen Beteiligten bekannt sind.

In Mitteleuropa gilt es beispielsweise als soziale Norm, jemandem zur Begrüßung die Hand zu reichen. Dieser Brauch hat seinen Ursprung im Mittelalter. Dort galt das Händeschütteln als Zeichen dafür, dass man unbewaffnet ist und nichts in seiner Hand zu verbergen hat. Verweigert jemand den Händedruck zur Begrüßung oder zur Verabschiedung, gilt das als grobe Unhöflichkeit (es sei denn, es werden neue Normen festgelegt, zum Beispiel in Zeiten einer Pandemie wie Corona, in der Händeschütteln als Ansteckungsrisiko gilt). Im asiatischen Raum dagegen ist das Händeschütteln nicht üblich. Dort gilt die Norm, sich mit aneinandergelegten Handflächen zu verbeugen. Wenn nun ein Europäer nach Asien reist und das nicht weiß, dann wird er bei den Begrüßungen Fehler um Fehler begehen, weil er nach seiner europäischen Norm handelt und nicht nach der asiatischen. Hierbei handelt es sich um soziale Normen, die kulturell verschieden sind.

Wenn Kinder in einer Gesellschaft aufwachsen, lernen sie die geltenden Normen durch Beobachtung und durch Ge- und

Verbote. In meiner Kindheit war es beispielsweise üblich, zu sagen: »Gib das schöne Händchen«, um einem Kind beizubringen, dass es zur Begrüßung die rechte Hand reichen soll.

Fehler können objektiv nachweisbar sein, zum Beispiel, wenn ein Chirurg bei einer Operation einen Fehler macht. Da diese Fehler oft sehr nachteilige Konsequenzen für den Patienten haben, wiegen sie besonders schwer. In der Buchhaltung, in Steuerangelegenheiten oder sonstigen finanziellen Geschäften gibt es ebenfalls objektive Normen. Zwei mal zwei ergibt vier. Es wird das Leben sehr viel komplizierter machen, wenn Sie sich dafür entscheiden, dass zwei mal zwei fünf ergibt. Diese Art von Regeln und Normen werden in der Schule gelehrt, sodass niemand behaupten kann, er habe von ihnen noch nie etwas gehört.

All diese Fehler entstehen durch aktives Handeln und Abweichen von der Norm. Daneben existieren aber auch fehlerhafte Zustände, wie zum Beispiel ein Herzfehler, für die man nichts kann. Es gibt also Fehler, die man machen, und fehlerhafte Zustände, die man haben kann.

Nach meiner Überzeugung sind Menschen fehleranfällig, das gehört zum Menschsein dazu. Dennoch ist meine Beobachtung, dass es immer weniger Fehlertoleranz gibt. Im technischen Bereich wird eine Fehlertoleranz einberechnet, das heißt, es wird schon bei der Konstruktion eines Gerätes von der Möglichkeit eines Fehlers ausgegangen und nach Möglichkeiten gesucht, dass Hard- oder Software weiter funktionsfähig bleiben, wenn einzelne Komponenten ausfallen. Die gesellschaftliche Entwicklung legt dagegen den Schluss nahe, dass Menschen in immer kürzerer Zeit immer mehr Leistung erbringen sollen, und das möglichst fehlerfrei. Diesem Anspruch sind aber menschliche Grenzen gesetzt. Menschen ermüden, leiden unter Stress, können sich manchmal schlecht konzentrieren und sind abgelenkt. Dies begünstigt die Fehleranfälligkeit. Da Hochsensible aufgrund von Überstimulation zeitweise unkonzentriert und stressanfällig sein können, sind sie ebenfalls fehleranfällig. Da sie gleichzeitig einen perfektionistischen Anspruch haben, verzeihen sie sich selbst ihre Fehler nur schwer.

Perfektionistisch zu sein, heißt nicht unbedingt, keine Fehler zu machen, sondern nur, einen fehlerfreien Anspruch zu haben. Ich habe bereits an anderer Stelle über Perfektionismus geschrieben und hier möchte ich einen Auszug aus diesem Text wiedergeben:[98]

> *Dazu hat Raphael M. Bonelli eine interessante Theorie aufgestellt: Für ihn ist Perfektionismus ein angstvolles Vermeidungsverhalten, bei dem es zum Missverhältnis zwischen »Soll«-, »Ist«- und »Muss«-Werten kommt. Das »Soll« repräsentiert das Ideal, welches es zu erreichen gilt. Es klafft eine Lücke zwischen dem »Soll« und dem »Ich«, da dieses fehlerhaft und ungenügend erscheint. Psychisch stabile Menschen ertragen dieses Spannungsfeld gut und sehen darin einen Ansporn, sich weiterzuentwickeln. Ein Perfektionist dagegen erträgt diese Spannung nicht, weil für ihn das kaum oder nie realisierbare »Soll« ein permanenter Vorwurf ist, noch nicht perfekt zu sein. Dadurch wird das »Soll« zum angstauslösenden »Muss« und der Handlungsspielraum wird eingeschränkt. Hintergrund ist eine überzogene Angst vor Fehlern und der damit verbundenen Kritik, die die Betroffenen ängstlich-verkrampft zu vermeiden suchen.[99]*
>
> *Es geht dem Perfektionisten nicht um die Perfektion an sich, sondern um die damit verbundene bombensichere Unantastbarkeit.[100]*

Tatsächlich bemerke ich in meiner Arbeit mit meinen Klienten und Klientinnen, dass sie zwar Fehler machen, es ihnen aber oft erst unangenehm oder peinlich ist, wenn diese Fehler auffallen und sichtbar werden. Bei dem sprichwörtlichen Perfektionismus

Hochsensibler handelt es sich also um den Aspekt der »perfektionistischen Besorgnis«, um ängstliche Fehlervermeidung.

Erikson hat in seinem Stufenmodell der psychosozialen Entwicklung die Entstehung von Gewissenhaftigkeit und Perfektionismus einer frühen Entwicklungsstufe (2.-6. Lebensjahr) zugeordnet. Nach diesem Modell kann beides daher nicht ursächlich mit der Veranlagung der Hochsensibilität verknüpft sein, weil diese nicht entsteht, sondern angeboren ist. Das entspricht auch meiner Überzeugung.

Dem Anspruch, keine Fehler zu machen, steht also die Fehleranfälligkeit gegenüber. Ich bin zum Beispiel nicht gut in der Administration. Es kann vorkommen, dass ich trotz bester Absichten und großer Mühe Fehler beim Erstellen von Rechnungen oder in der Terminplanung mache. Office-Anwendungen sind ebenfalls nicht gerade mein Spezialgebiet. Ich habe diese Technik so weit gelernt, dass ich Dokumente und Bücher schreiben kann, aber Excel ist für mich ein Buch mit sieben Siegeln und PowerPoint beherrsche ich nur rudimentär. Ich ärgere mich regelmäßig über mein technisches Unvermögen und gerate jeweils an den Rand der Verzweiflung, wenn das Internet nicht funktioniert, der Drucker streikt oder ich für mich unverständliche Fehlermeldungen bekomme. Ich gehöre zu der Generation, die mit Schallplatten, Schwarz-Weiß-Fernseher und Kassettenrekorder aufgewachsen ist. Wie viele meiner Altersgenossen bin ich froh, so weit gekommen zu sein, dass ich E-Mails, Word-Dokumente, PowerPoint-Präsentationen und Zoom bedienen kann.

Inzwischen ist es die Norm geworden, mit diesen Dingen vertraut zu sein, aber als ich die Ausbildung zur Erwachsenenbildnerin gemacht habe, gab es in meiner Gruppe Teilnehmerinnen, die keine E-Mail-Adresse hatten. Das war 2006. In den letzten fünfzehn Jahren hat sich die technische Entwicklung rasant beschleunigt und damit sind neue Maßstäbe entstanden. Meine Generation, die noch im Berufsleben steht, sieht sich gezwungen, mit jungen Menschen, die CDs, Streamingdienste, YouTube-Videos und technische Finessen aller Art praktisch mit der Muttermilch aufgesogen haben, Schritt zu halten. Die in einer Generation entstandenen neuen Normen, was die technische Handhabung angeht, werden nun auf alle Menschen, auch auf die Älteren, angewendet. Fehler sind im Grunde genommen nicht vorgesehen und werden bestenfalls belächelt, schlimmstenfalls verurteilt. Hier herrscht ebenfalls ein perfektionistisches Denken.

So gnadenlos Hochsensible mitunter mit sich sind, so verständnisvoll können sie sein, wenn es um Fehler anderer geht. Licht und Schatten liegen nahe beieinander. Ich persönlich erlebe es als entlastend, wenn andere Menschen Fehler machen und dies zugeben können.

Wie soll man nun mit diesen Spannungsfeldern zwischen perfektionistischem Anspruch, Fehleranfälligkeit, Scham und Gnadenlosigkeit umgehen?

Zunächst ist es mir ein besonderes Anliegen, Sie an Ihr Bewusstsein zu erinnern. Lernen Sie, die verschiedenen Aspekte Ihrer Empfindungen zu differenzieren und zu benennen. Übung 12 im Übungsteil dieses Buches kann Ihnen dabei helfen.

Systematische Fehler kennzeichnen sich dadurch, dass Normen, die ihnen zugrunde liegen, ungenau oder sogar fehlerhaft sind. Das heißt, der vermeintliche Fehler ist möglicherweise eine richtige Antwort auf falsche Annahmen oder Voraussetzungen. Manchmal ist Verhalten, welches nicht den gängigen Normen entspricht, eine gesunde Reaktion auf krank machende Umstände. Gehen Sie hier auf Ursachenforschung und versuchen Sie nicht, etwas geradezubiegen, was nun mal krumm ist.

Würde und Sinn

Die »Geheimzutat«, welche die Beziehungen, die Arbeit, das Verhältnis zum Geld und praktisch alle Lebensbereiche beeinflusst, ist die Würde.

Es wird über Menschenwürde gesprochen als etwas, was keinem Menschen abgesprochen werden kann, unabhängig von seinen Lebensumständen. Würde ist also auf der einen Seite etwas, was relativ stabil ist und objektiv beurteilt werden kann. Es gibt Länder wie zum Beispiel Deutschland oder die Schweiz, welche die Unantastbarkeit und den Schutz der Menschenwürde in ihrem Grundgesetz festgeschrieben haben.[101] Würde wird in diesem Sinne als eine Eigenschaft betrachtet, die jeder Mensch besitzt. Damit verbunden ist ein Anrecht, auf eine bestimmte Art und Weise geachtet und behandelt zu werden, wie Peter Bieri, ein Schweizer Philosoph, schreibt.[102]

In Ergänzung zu dieser Haltung gibt es auf der anderen Seite die Ansicht, dass Würde viele Aspekte umfasst und je nach Lebenslage und Situation veränderbar ist. Dies klingt recht modern, aber bereits Anfang des 20. Jahrhunderts hat der portugiesische Philosoph Pedro Vasco de Almeida Prado geschrieben:

> *Würde ist nicht eine einzige Sache, sondern viele. Es kommt darauf an, zu verstehen, wie diese vielen Sachen im Leben eines Menschen zusammenhängen. Wenn einer zu sagen versucht, was er da zu verstehen glaubt, so wird er, ohne es beabsichtigt zu haben, zu einem, der eine weitläufige Landkarte der menschlichen Existenz zeichnet. Die Unbescheidenheit, die darin liegt, ist unvermeidbar und deshalb, so hoffe ich, verzeihlich.*[103]

Wenn ich in diesem Buch über Hochsensibilität mit Ihnen über Würde nachdenken möchte, dann deshalb, weil ich der Ansicht bin, dass hochsensibles Verhalten oft mit etwas einhergeht, was Würdelosigkeit ziemlich nahekommt. Ich erinnere mich an einen Konflikt mit einer Klientin, der darin gipfelte, dass sie zuerst meine Kompetenz und anschließend mein Honorar infrage stellte. Wir trafen uns ein letztes Mal, um den Konflikt zu klären und in Frieden auseinanderzugehen. Das gelang, weil wir beide kompetente Frauen sind.

Diese Klientin hatte die Angewohnheit, mir das Honorar für die Sitzung jeweils in bar dazulassen. Am Ende der letzten Beratung nahm sie ihr Portemonnaie in die Hand, holte das Honorar raus und legte es mir auf den Tisch. Anschließend griff sie noch einmal in die Geldbörse und legte einen Schein dazu mit den Worten: »Das ist ein Bonus für heute.« Natürlich lehnte ich ab.

Empfinden Sie dieses Verhalten meiner Klientin als würdevoll? Vermutlich nicht. Es verletzte meine Würde in mehrfacher Hinsicht. Zum einen sind meine Honorare keine Fantasieprodukte, sondern das Resultat sorgfältiger Berechnungen in Kombination mit meiner langjährigen Erfahrung. Zum anderen unterlag sie offensichtlich dem Irrtum, anzunehmen, dass ich nach »Erfolg« bezahlt würde. Das ist aber nicht der Fall. Man reserviert die Zeit, unabhängig davon, was in der Sitzung »herauskommt«. Die meisten Klienten wissen das intuitiv. Ich nehme an, dass meine Klientin aus der großen Erleichterung heraus, den Konflikt bereinigt zu haben, zu dieser Geste griff. Das Resultat aber war beschämend für uns beide. Ich musste ablehnen und sie musste das Geld wieder zurücknehmen, erfuhr also in gewissem Sinne eine Abweisung meinerseits. Beides, das Ablehnen und die Abweisung, hat Scham zur Folge. Ich möchte behaupten, dass immer dann, wenn Scham im Spiel ist, eine Verletzung der Würde zugrunde liegt.

Dabei denke ich, dass Hochsensible gerade wegen ihrer Feinfühligkeit ein gutes Gespür für würdevolles Verhalten haben könnten. Dies bedingt aber eine Einbettung und Integration ihres Wesens in die Gesellschaft und nicht, wie es vielfach geschieht, eine Separierung.

RELEVANZ

Wie Peter Bieri schreibt, ist ein Aspekt der Würde, etwas zu verfolgen, was einem wichtig ist.[104] Das klingt einfacher, als es ist. Es kann wichtig sein, heute das Mittagessen zu kochen, eine Ausbildung abzuschließen oder regelmäßig Sport zu treiben. Alle diese Wichtigkeiten haben Ziele. Wenn ich das Mittagessen koche, ist das Ziel, die Familie zu ernähren und satt zu machen. Wenn ich eine Ausbildung abschließe, habe ich das Ziel, in diesem Beruf zu arbeiten und meinen Lebensunterhalt zu verdienen. Wenn ich Sport mache, dann habe ich vielleicht das Ziel, einen Marathon mitzulaufen oder einen Wettbewerb zu gewinnen, oder einfach nur, mich selbst in meinem Körper wohlzufühlen.

Ein Mensch kann aber ebenso das Ziel haben, Macht auszuüben und andere Menschen zu unterdrücken, wie es momentan bei vielen der Fall ist. Dies geschieht im Großen wie im Kleinen. Ob es sich um die Führung von Ländern handelt oder um Vereinsdebakel, vielfach ist zu beobachten, dass Menschen Funktionen innehaben, die es ihnen ermöglichen, Machtmissbrauch zu betreiben. Sowohl im großen Stil als auch im kleinen Rahmen geht es dabei vielfach um das Ziel Einzelner, recht zu haben und dieses vermeintliche Recht auf Kosten anderer durchzusetzen. Die Wichtigkeit, recht zu behalten, verletzt die eigene Würde und diejenige anderer Menschen.

Wie wohltuend wäre es doch, wenn es mehr hochsensible Menschen in verantwortungsvollen Funktionen geben würde! Bitte verstehen Sie mich nicht falsch: Ich behaupte nicht, dass Hochsensible die besseren Menschen wären, ganz im Gegenteil. Aber wenn es gelingt, die hochsensible Veranlagung zu performen und zum Wohle der Gesellschaft zu entwickeln, dann gäbe es zukünftig für Selbstdarsteller auf der Weltbühne zumindest Gegendarsteller, die etwas anderes vorleben. Auch deshalb haben wir eine Verantwortung für die nächste hochsensible Generation, indem wir schon frühzeitig Aufklärungsarbeit in Kindergärten und Schulen leisten und in den Familien eine höhere Sensibilität nicht mehr verleugnet werden muss.

Hochsensiblen wird ja oft ein besonders starkes Streben nach Sinnhaftigkeit zugesprochen. Was sich sinnvoll anfühlt, hat mit Wichtigkeit zu tun. Dabei übersehen hochsensible Menschen aber oft die Sinnhaftigkeit im Kleinen und suchen stattdessen nach dem übergeordneten Sinn, nach dem Sinn des Lebens, als ob es nur einen einzigen gäbe. Ich möchte einmal einfach annehmen, dass der Sinn eines Lebens in vielen sinnhaften Momenten besteht, in denen sich Würde zeigt. Es hat etwas Würdevolles, einer Kollegin, die permanent die Schutzmaßnahmen gegen Covid-19 infrage stellt und lächerlich macht, ein eigenes Statement entgegenzustellen. Dies kann ohne Vorwürfe oder Anschuldigungen gelingen, nur aus dem Grund heraus, weil es einem selbst wichtig ist, eine andere Sichtweise anzubieten. Bleibt dieses Statement aus, fühlt man sich als hochsensibler Mensch wochenlang beschmutzt (denken Sie an das lange Nachhallen) und hadert damit, dass man nicht adäquat und den eigenen Werten entsprechend gehandelt hat.

SINN IN DER KRISE

Würde hat also etwas mit Wichtigkeit, Zielen und Sinn zu tun. Diese drei Aspekte können aber nur im eigenen Inneren zustande kommen und nicht, jedenfalls nicht auf nachhaltige Weise, von außen gegeben werden. Ich neige wie Peter Bieri zu der Ansicht, dass Sinn etwas ist, was wir im eigenen Inneren finden, und nicht etwas, was wir vorfinden.[105]

Viel zu häufig erlebe ich Menschen in meiner Praxis, die sich in einer existenziellen Krise befinden. Sie erleben beispielsweise ein Burn-out, psychiatrisch korrekt Erschöpfungsdepression genannt. Zu erleben, dass sie nicht mehr arbeiten können, keine Kraft mehr für die alltäglichsten Dinge haben und dass neben dem Einkommensverlust auch die Beziehungen zu ihren engsten Angehörigen leiden, stellt sie auf eine harte Probe. Der ursprüngliche Lebensentwurf scheint gescheitert zu sein. In diesem Stadium fragen Menschen sich oft: »Was hat das Ganze für einen Sinn?«, und manchmal sogar: »Hat das Leben überhaupt noch einen Sinn?« Nicht immer entstehen aus diesen Krisen Diamanten. Es scheint, als ob in solchen Zeiten die Sinnfrage geradezu bedrängend wird. Was wäre, wenn es aber den übergeordneten Sinn gar nicht gäbe? Wäre es nicht einfach von Bedeutung, in solchen Zeiten andere, neue Dinge zu finden, die einem wichtig sind?

Ich kenne das selbst sehr gut. Als ich mein Burn-out hatte – und bitte glauben Sie mir, das ist keine Koketterie, sondern eine äußerst leidvolle Erfahrung –, wusste ich nicht, wie es weitergehen sollte. Alleinerziehend mit zwei kleinen Kindern und infolge der Erschöpfung arbeitslos, blieb wahrlich kein Stein mehr auf dem anderen. Am Tiefpunkt fragte ich mich nicht, welchen Sinn das Ganze wohl haben möge. Es zählte nur, dass ich jeden Tag für meine Kinder aufstand und für das Essen sorgte. Erst als es mir dann langsam besser ging, entstanden Fragen nach der Zukunft und der weiteren Lebensgestaltung. Aus dem heraus nahm ich allen Mut zusammen und machte mich selbstständig. Und bald darauf traf mich das Thema Hochsensibilität. Ich spezialisierte mich, mein erstes Buch erschien und so kam eins zum anderen. Hätte ich diesen Weg auch ohne das Burnout gemacht? Wahrscheinlich nicht. Wäre alles glattgelaufen, hätte ich mich vielleicht in einem Angestelltenverhältnis in einem Büro wohlgefühlt. Aus heutiger Sicht hatte mein Burn-out durchaus Sinn, denn ohne hätte ich weder meine eigene Hochsensibilität entdeckt noch die Freude am Bücherschreiben.

Jetzt kann man sich natürlich fragen: War der Sinn meines Lebens schon vorher da und das Burn-out ist mir »geschickt« worden, um ihn zu entdecken? Oder war es immer schon in mir angelegt, Autorin zu sein und das Thema Hochsensibilität flächendeckend bekannt zu machen? Ich glaube, es ist viel einfacher: Es gab für mich damals keinen Plan B. Ich fand etwas Neues und Wichtiges für mich. Das war die Hochsensibilität. Für mich persönlich und für meine weitere Arbeit war das von entscheidender Bedeutung. Zu dieser Zeit habe ich mich nicht gefragt, ob es Sinn ergibt, dieses Thema zu beackern. Hätte ich das getan, hätte ich wohl aufgegeben, weil es damals, zumindest in der Schweiz, noch sehr wenige Menschen gab, die sich damit befassten. Tatsache war, dass das Thema überaus wichtig für mich war. Und ich wusste, dass es auch für andere Menschen wichtig sein müsste. Das war alles. Ich hatte kein Ziel vor Augen, aber ich wusste, dass dies mein Weg sein würde. Heute, etwa fünfzehn Jahre später, ergibt jeder kleine Schritt auf diesem Weg für mich Sinn. Und wenn ich sehe, was in der Zwischenzeit zum Thema Hochsensibilität entstanden ist und wie viele Menschen sich privat und beruflich damit beschäftigen, bin ich sehr erfüllt und glücklich über diese Entwicklung. Sinn kann man also einem Geschehen ebenso im Nachhinein geben.

Würde in dieser biografischen Notiz heißt für mich, dass ich mir an einem Tiefpunkt meines Lebens genug Unabhängigkeit bewahrt habe, um zu entscheiden, was für mich wichtig ist. Und wenn ich es recht bedenke, hatte ich diese Unabhängigkeit immer schon.

Ich denke, um Würde zu zeigen, braucht es diese Art von innerer Unabhängigkeit, gepaart mit Akzeptanz den äußeren

Umständen gegenüber, Authentizität und ein gutes Bewusstsein für die eigene Biografie und die Beschaffung der Persönlichkeit. Da in diesem Buch verschiedene dieser Aspekte beleuchtet wurden, ist meine Hoffnung, dass es zur Entdeckung Ihrer Würde und zu einem würdevollen Verhalten beiträgt.

Innere Unabhängigkeit zu pflegen, heißt auch, das Leiden an einer Situation oder einem Zustand zu relativieren. Ein leuchtendes Beispiel dafür stellt für mich Nelson Mandela dar. Der unermüdliche Kämpfer gegen die Apartheid verbrachte bekanntlich siebenundzwanzig Jahre im Gefängnis. Was viele Menschen aber nicht wissen, ist, dass Mandela während der Haft auf Robben Island ein kleines Gärtchen angelegt hat. Es handelte sich dabei um einen schmalen Grünstreifen entlang der Gefängnismauer, den Sie auf Fotos im Internet betrachten können.[106] Mandela kultivierte Apfelbäumchen und Gemüse, dies alles neben der Zwangsarbeit und den sehr schwierigen Bedingungen auf Robben Island. Die Ernte teilte er mit den anderen Häftlingen. Als er in ein anderes Gefängnis verlegt wurde, gab es dort nur alte Ölfässer. Die halbierte Mandela und zog darin Obst und Gemüse.

Ich bin überzeugt davon, dass die »Grünkraft« ihn diese Zeit an Leib und Seele gesund überstehen ließ. Handlungsfähig zu sein und etwas auf kleinstem Raum wachsen und gedeihen zu lassen, verbindet Menschen mit der Natur.

Die Geschichte von Mandela und seinem Gärtchen ist ein eindrückliches Beispiel dafür, dass es nicht die Lebensumstände an sich sind, die gelingendes Leben ausmachen, sondern die Einstellung dazu. Dies hat sehr viel mit Würde zu tun. Es ist möglich, mit sehr viel Würde förmlich unerträgliche Lebensumstände hinzunehmen. Um es mit dem französischen Dichter Tzvetan Todorov zu sagen:

Um seine Würde zu wahren, muss man eine Situation des Zwangs in eine der Freiheit verwandeln.[107]

Damit das gelingt und Sie zur bestmöglichen Performance mit Ihrer Hochsensibilität gelangen, finden Sie im folgenden Übungsteil Anregungen und Impulse. Wählen Sie aus, was zu Ihnen passt, und experimentieren Sie.

Hochsensibilität. Umsetzen

Anregungen für Übungen

Die Übungen auf einen Blick

1. Neugier fördern
2. Kreativität fördern
3. Atemübungen
4. Mikrooasen
5. Body-Scan
6. Schüchternheit begegnen
7. Kichererbsen-Übung
8. Authentizität stärken
9. Feingefühl kultivieren
10. Vertrauen stärken
11. Abgrenzen (unterscheiden lernen) üben
12. Eigenarbeit mit Ego-States
13. Selbstmitgefühlspause
14. Resilienzstärkung
15. Persönliches Engagement entdecken
16. Exzellenz
17. Kintsugi und Wabi-Sabi
18. Dankbarkeit pflegen
19. Akzeptanz Ihrer Hochsensibilität stärken

1. Neugier (Wissbegierde und Erkenntnis) fördern

Die folgenden acht Ideen zur Förderung der Neugier können Sie nach Belieben ausprobieren.[108]

WISSEN VERTIEFEN

Informieren Sie sich genau über ein Thema, beschäftigen Sie sich eine Weile nur damit und werden Sie so in gewisser Weise zum Experten oder zur Expertin. Dabei ist es unerheblich, ob Sie sich internationaler Politik, einem Tier, einer Persönlichkeit, einem historischen Ereignis, einer Epoche oder dem perfekt gekochten Ei widmen. Lernen Sie alles, was es darüber zu wissen gibt!

UNTER DIE FORSCHER GEHEN

Erforschen Sie mithilfe von Bibliotheken oder dem Internet das Leben von Menschen, die Sie bewundern. Wie haben diese gedacht, wie haben sie gelebt? Vielleicht gibt es ja Persönlichkeiten, die in Ihrer Region zu Hause waren und die Sie noch nicht kennen? Sich mit dem Leben anderer zu verbinden, kann das eigene Leben stark inspirieren.

FRAGEN STELLEN

Warum fliegen Vögel eigentlich? Warum ist der Himmel blau? (Das ist übrigens eine beliebte Prüfungsfrage im Physik-Studium.) Versuchen Sie, möglichst viel über die Stadt, in der Sie leben, herauszufinden: Welches ist der höchste Punkt? Gibt es interessante Anekdoten zur Entstehung der Stadt? Gibt es Orte in Ihrer Stadt, an denen Sie noch nie waren? Haben Sie ein Lieblingsrestaurant? Und wenn ja, warum sind Sie gern dort?

Wie wird Knoblauch angebaut? Wie braut man Bier? Wie wird Geld gemacht? Oder Spiegel? Es gibt so vieles, was man lernen könnte.

Neben der Erforschung der Welt können Sie auch versuchen, anderen Menschen Fragen zu stellen: Warum hast du genau dieses Fach studiert? Wie ist es gekommen, dass du in dieser Stadt lebst? Gibt es Entscheidungen, die du heute anders treffen würdest?

Wenn Sie in einer aufrichtig interessierten Haltung anderen Fragen stellen, werden sich Ihre sozialen Kontakte vertiefen, und Sie werden einiges über Möglichkeiten der Lebensgestaltung lernen.

SELBSTREFLEXION ÜBEN

Erforschen Sie sich selbst und versuchen Sie, zu ergründen, warum Sie gerade unruhig, gestresst oder antriebslos sind. Eine gesunde Innenschau beinhaltet ein wertfreies Annehmen von dem, was ist.

ANGST VOR DEM SCHEITERN ÜBERWINDEN

Nur Mut! Im Leben läuft nicht immer alles nach Plan, aber das gehört dazu. Jedes Scheitern bietet Lernmöglichkeiten. Vielleicht möchten Sie einmal eine fremde Person ansprechen, die Sie interessant finden? Wagen Sie es und belohnen Sie sich hinterher mit einem guten Kaffee oder Tee – Sie werden staunen, was diese kleine Mutspritze alles bewirken kann!

NEUES AUSPROBIEREN

Experimentieren Sie mit Dingen, die Sie noch nie getan haben: Steigen Sie einmal mit dem anderen als dem gewohnten Bein zuerst aus dem Bett, probieren Sie etwas, was Sie nie zuvor gegessen haben, buchen Sie eine Schnupperstunde für ein Musikinstrument, wechseln Sie die gewohnten Sitzplätze bei den Mahlzeiten und freuen Sie sich an der neuen Perspektive.

ALLTAGSBEOBACHTUNGEN ANSTELLEN

Das Leben besteht oft aus Gewohnheiten. Lernen Sie, die Dinge in Ihrer Umgebung so zu betrachten, als sähen Sie sie zum ersten Mal. Haben Sie sich schon einmal die Etiketten der Lebensmittel beim Einkauf genau angesehen? Könnten Sie sie aus dem Gedächtnis zeichnen?

DIE PERSPEKTIVE WECHSELN

Gibt es Themen, zu denen Sie eine feste Meinung haben? Ohne sich zu verbiegen – könnten Sie einmal versuchen, eine andere Perspektive zu diesem Thema einzunehmen? Zum Beispiel könnten Sie den Umweltschutz einmal ernster oder weniger ernst nehmen, als Sie es gewöhnlich tun. Versuchen Sie, verschiedene politische Haltungen einzunehmen, das schult die Offenheit.

2. Kreativität fördern

Es gibt viele Möglichkeiten, die Kreativität zu fördern.

KOCHKUNST

Schauen Sie in Ihren Kühlschrank und/oder Ihren Vorratsschrank und kreieren Sie eine Mahlzeit aus Resten oder aus Dingen, die eigentlich nicht zusammenpassen. Lassen Sie sich vom Ergebnis überraschen!

MALEN

Sammeln Sie Kieselsteine in jeglicher Form, Farbe und Größe. Bemalen Sie sie mit Sprüchen, Blumen, Schmetterlingen oder einfach in Ihren Lieblingsfarben. Deponieren Sie die bemalten Steine auf der Fensterbank, auf Ihrem Nachttisch, auf der Terrasse (vorher wetterfest lackieren) oder im Blumenbeet. Sie eignen sich auch als kleines Geschenk.

POESIE

Wenn Sie gerne Spaziergänge oder Wanderungen unternehmen, stecken Sie ein kleines Notizheft und einen Stift ein. Immer wenn Sie eine Pause machen, versuchen Sie, Ihre Eindrücke in einem kleinen Gedicht oder einer Versform festzuhalten. Statt mühsam nach Reimen zu suchen, haben sich für die Kreativität folgende Versformen als günstig erwiesen:

Elfchen

Das sogenannte Elfchen besteht aus elf Wörtern in fünf Zeilen nach folgendem Schema:

Schema	**Beispiel**
1. Zeile – 1 Wort	Jetzt
2. Zeile – 2 Wörter	im Tun
3. Zeile – 3 Wörter	erkennen, was ist,
4. Zeile – 4 Wörter	meine Tage, mein Leben
5. Zeile – 1 Wort	begreifen

Probieren Sie es aus – es macht Spaß!

Haiku

Die japanische Gedichtform Haiku besteht aus drei Zeilen und hat das folgende Versschema:

Schema	Beispiel (auf einer Wanderung entstanden)
1. Zeile – 5 Silben	Sonne wärmt den Schritt
2. Zeile – 7 Silben	Bank lädt zum Nachdenken ein
3. Zeile – 5 Silben	fünf Kühe folgen

Natürlich können Sie stattdessen freie Formen wählen, wenn Sie sich durch solche Maße eher eingeengt fühlen.

3. Atemübungen

Es wird viel über die Notwendigkeit der Regulation für Hochsensible berichtet. Dabei wird aber häufig übersehen, dass wir alle bereits ein hochkompetentes Werkzeug dafür besitzen – unseren Atem. Alle Menschen atmen, beziehungsweise sie holen Luft und geben sie wieder von sich. Damit der Atem zu einer Quelle der Regulation wird, braucht es gezielte und bewusste Techniken. Hier stelle ich Ihnen zwei Übungen vor.

LANGES AUSATMEN

Das lange Ausatmen ist eine Übung, die Sie überall durchführen können. Es spielt keine Rolle, ob Sie dabei sitzen, liegen oder im Straßenverkehr unterwegs sind.

Atmen Sie ein und zählen Sie dabei von eins bis vier, dann atmen Sie aus und zählen dabei von eins bis acht oder so lange, bis Sie das Gefühl haben, dass Ihre Lungen vollständig entleert sind.

Das Prinzip ist: Ungefähr doppelt so lange aus- wie einzuatmen, und zwar so, dass sich Ihr Brustkorb deutlich hebt und senkt. Möglicherweise werden Sie überrascht sein, wie viel Luft Sie in den Lungen haben.

GELENKTER ATEM

Versuchen Sie, in einzelne Körperteile oder -stellen hineinzuatmen. Lassen Sie Ihren Atem Ihre inneren Organe umspülen, sich ausbreiten bis in die Fingerspitzen oder die Zehen. Spüren Sie dem Raum nach, den Ihr Atem frei ausfüllen kann.

4. Mikrooasen

Ich empfehle sehr, jeden Tag Mikrooasen zu pflegen. Darunter verstehe ich Mini-Pausen, in denen Sie sich fragen: »Wie geht es mir eigentlich? Atme ich noch, fühlt sich irgendwo etwas verspannt an?« Idealerweise führen Sie dieses »Zu-sich-selbst-Zurückkommen« einmal pro Stunde durch. Das klingt vielleicht viel, aber wenn Sie sich an den Rhythmus gewöhnt haben, wird es für Sie immer selbstverständlicher, regelmäßig nach sich »zu schauen«. Wichtig ist nicht so sehr, ob Sie acht oder zehn Mikrooasen am Tag machen, sondern dass sie regelmäßig stattfinden.

In diesen zwei, drei Minuten können Sie Wasser trinken, das Fenster öffnen oder schließen, die Zehen bewegen, die Schultern kreisen, die Augen schließen, tief durchatmen, ein paar Schritte durch das Büro tun, sich strecken und was dergleichen körperliche Dinge mehr sind. Probieren Sie es aus. Möglicherweise stellen Sie fest, dass Sie abends weniger erschöpft sind. Mikrooasen sind ein Teil der Abgrenzung und erfüllen einen guten Teil der Regenerationszeiten.

5. Body-Scan

Die folgende Body-Scan-Übung dient dazu, das Körpergewahrsein (auch Interozeption genannt) und das Bewusstsein (Insula) zu stärken. Zwar kann man Körperübungen wie diese nicht so gut aus Büchern lernen, dennoch hoffe ich, dass der Text Ihnen Impulse gibt, die Sie in Ihren Alltag einbauen können.

Sorgen Sie dafür, dass Sie ungestört sind. Legen Sie sich auf einer Unterlage (Decke, Yogamatte o. Ä.) flach auf den Boden. Nehmen Sie Kontakt mit Ihrem Atem auf und verfolgen Sie aufmerksam, wie der Atem in Sie hineinfließt und Ihren Körper wieder verlässt. Nehmen Sie mit Ihrem Körpergewahrsein wahr, wie sich Ihr Brustkorb hebt und senkt. Vielleicht erleben Sie, dass Ihr Atem etwas Verlässliches ist. Atem geschieht. Erlauben Sie sich, mit jedem Atemzug Ihren Körper etwas tiefer dem Untergrund anzuvertrauen, spüren Sie, dass der Boden Sie trägt.

Nun richten Sie Ihre Aufmerksamkeit zunächst auf den linken Fuß. Genauer gesagt, auf dessen Ferse. Erspüren Sie den Punkt, an dem sie auf dem Boden aufliegt. Wie fühlt sich dieser Punkt an im Vergleich zum Rest der Ferse? Wandern Sie mit Ihrer Aufmerksamkeit von der Ferse bis zu den Zehenspitzen. Wie fühlen sich Ihre Zehen an? Können Sie jeden einzelnen für sich wahrnehmen? Das wiederholen Sie mit dem rechten Fuß. Mit demselben Gewahrsein nehmen Sie jetzt vielleicht Ihr linkes Fußgelenk wahr, Ihren Knöchel und die Beweglichkeit dieses Gelenks. Dasselbe machen Sie mit der rechten Seite. Lassen Sie Ihre Aufmerksamkeit nun hochwandern über Schienbein und Wade, nehmen Sie wahr, wo Ihre Wade auf dem Boden aufliegt und wie sich Ihr Schienbein anfühlt. Immer erst links und dann rechts. Wenn Sie bei Ihrem Knie angekommen sind, können Sie den Raum zwischen der Unterlage und der Kniekehle mit in Ihr Gewahrsein aufnehmen.

Wenden Sie sich mit gleicher Aufmerksamkeit Ihren Oberschenkeln zu, erst links, dann rechts. Dann zu den Hüftgelenken, die dafür sorgen, dass Sie gehen können. Spüren Sie Ihr Gesäß, wie es auf der Unterlage ruht und wo es aufliegt. Wandern Sie weiter zur Leistengegend und zu Ihren Genitalien, verbleiben Sie dort nur so lange, wie Sie sich wohlfühlen. Richten Sie nun Ihre Aufmerksamkeit nach innen auf Ihre Darmtätigkeit, spüren Sie, wie aktiv diese Region möglicherweise ist und wie sie sich bemerkbar macht.

Richten Sie Ihr Gewahrsein auf den unteren Rücken und auf Nieren, Leber und Milz, die ihre Arbeit für Sie tun. Wandern Sie die Wirbelsäule hinauf, Wirbel für Wirbel, bis hin zu den Schulterblättern und spüren Sie, wie diese Ihre Schultern tragen. Widmen Sie ein paar Minuten Ihrer Aufmerksamkeit der Herzregion. Spüren Sie, wie Ihr Herz schlägt? Und das tut es schon Ihr ganzes Leben lang … Beobachten Sie, welche Empfindungen sich zu Ihrem Herzen einstellen: Dankbarkeit, Besorgnis? Nehmen Sie Kontakt zu Ihrer Lunge auf und spüren Sie, wie sie sich mit jedem Atemzug füllt und bei jedem Ausatmen entleert.

Kommen Sie nun mit Ihrer Aufmerksamkeit zum Hals und zum Nacken. Erlauben Sie sich, zu empfinden, wie Ihr Nacken auf der Unterlage ruht. Spüren Sie Verspannungen? Oder fühlt sich Ihr Nacken frei und leicht an? Wandern Sie weiter über Ihren Hinterkopf nach vorne zu Ihrem Gesicht. Richten Sie Ihr Gewahrsein auf Ihre Augen, erst links, dann rechts, auf Ihre Wangen, Ihre Nase, Ihren Mund und Ihr Kinn. Das alles gehört zu Ihnen und zu niemandem sonst. Vergessen Sie Ihren Kiefer und Ihre Ohren nicht.

Nun können Sie Ihre Aufmerksamkeit auf Ihre Schultern richten und auf Ihre Oberarme. Wieder erst links und dann rechts. Wie liegen Ihre Oberarme auf? Wandern Sie weiter zu den Ellbogengelenken und zu den Unterarmen. Wie fühlen sich Unter- und Oberseite an? Richten Sie Ihr Gewahrsein auf Ihre Handgelenke und schließlich auf Ihre Hände und auf jeden einzelnen Finger, bis in dessen Spitze. Können Sie Ihre Handflächen spüren? Und die Außenseite Ihrer Hände, auf denen die verflochtenen Adern sichtbar sind? Spüren Sie die Beweglichkeit Ihrer Finger und wie es sich anfühlt, dass dies Ihre Hände sind?

Während Sie langsam die Übung abschließen, nehmen Sie noch einmal bewusst Ihren Atem wahr und spüren Sie nach, wie sich Ihr Körper jetzt anfühlt. Recken und strecken Sie sich nach Herzenslust, während Sie mit Ihrer Aufmerksamkeit wieder in den äußeren Raum zurückkehren.

Anmerkungen: Es braucht etwas Training, bis Sie Ihre inneren Organe spüren können. Sie müssen diese Übung nicht immer in voller Länge durchführen, denn sie ist unter Umständen anstrengend. Nehmen Sie sich vielleicht vor, erst einmal einen Teil davon zu machen. Auch Widerstand ist eine Empfindung, und wenn Sie so etwas spüren sollten, dann begrüßen Sie den Widerstand einfach und anerkennen Sie ihn als eine Empfindung.

6. Schüchternheit begegnen

Erleben Sie sich selbst oft als schüchtern? Dann könnten Ihnen die folgenden beiden Übungen helfen.

WAS WÄRE, WENN?

Stellen Sie sich vor, es geschieht ein Wunder und Ihre Schüchternheit ist wie weggeblasen. Was würden Sie tun? Wie würden Sie sich verhalten, wenn Sie nicht schüchtern sind? Wo würden Sie wohnen? Wie wären Sie eingerichtet? Was für Freunde hätten Sie? Welchen Freizeitbeschäftigungen würden Sie nachgehen? Malen Sie sich ein Bild von Ihnen ohne Schüchternheit, so plastisch und konkret wie möglich.

Das Ziel dieser Übung ist, dass Ihr Organismus eine Idee davon bekommt, wie es sich anfühlt, nicht schüchtern zu sein. Wir wissen zuverlässig, dass auch Vorstellungen (Imaginationen) eine Körperreaktion hervorrufen, sodass die reine Vorstellung in uns eine Empfindung bewirken kann, als wäre die Vorstellung bereits Realität. In dem Sinne geht das, was wir imaginieren, in unser Körpergedächtnis ein und kann, bei entsprechender Wiederholung, jederzeit abgerufen werden. Allein die Tatsache, dass Sie annehmen, dass es einen Zustand ohne Schüchternheit für Sie gibt, wird in Ihrem Körpersystem einen Widerhall hervorrufen, der Sie erahnen lässt, wie es ist, ohne Schüchternheit zu sein.

UMSETZUNG

Diese Übung baut auf der vorhergehenden auf. Sie haben jetzt eine Idee davon, wie es sich anfühlen könnte, nicht schüchtern zu sein. Nun können Sie sich in einem nächsten Schritt vornehmen, an ein oder zwei Tagen der Woche so zu tun, als wären Sie nicht schüchtern. Werfen Sie eine Münze und entscheiden Sie per Zufall, welche Tage Sie für dieses Experiment vorsehen. Vielleicht Dienstag und Donnerstag? Sie können vor dem Spiegel eine Körperhaltung einüben, die nicht schüchtern wirkt. Probieren Sie es aus. Wie müssten Sie dastehen, um sich selbst als nicht schüchtern zu empfinden? Körperhaltungen bewirken Emotionen ebenso, wie Empfindungen eine entsprechende Körpersprache auslösen.

An den ausgewählten Tagen sollen Sie Erfahrungen damit machen, wie es ist, nicht schüchtern zu sein. Dabei geht es nicht darum, etwas darzustellen, was Sie nicht sind, sondern eher um das Experimentieren mit Persönlichkeitsanteilen, die sonst nicht so im Vordergrund stehen. Da Schüchternheit etwas Erworbenes ist (vgl. das Kapitel »Hochsensibilität und Schüchternheit«), sollte es möglich sein, sich ohne sie zu erleben.

Dieses Experiment können Sie ebenso mit anderen Eigenschaften versuchen, beispielsweise mit Extraversion, mit Großzügigkeit oder Gelassenheit.

Am Ende des Tages können Sie Ihre Beobachtungen und Erfahrungen in Form von Notizen festhalten. Lassen Sie sich von sich selbst überraschen!

7. Kichererbsen-Übung

Die Kichererbsen-Übung zielt darauf ab, Ihre Aufmerksamkeit auf das Positive zu lenken. Nehmen Sie sich morgens eine Handvoll Kichererbsen und stecken Sie sie in die linke Hosentasche. Achten Sie auf die schönen Momente des Tages – immer wenn Ihnen etwas Angenehmes begegnet, Sie ein freundliches Lächeln empfangen, ein nettes Gespräch haben, sich an einer schönen Blüte freuen, eine besondere Wolkenformation beobachten oder eine Tasse Kaffee (oder Tee) mit allen Sinnen genießen, stecken Sie eine Kichererbse aus der linken Hosentasche in die rechte.

Abends zählen Sie, wie viele Kichererbsen den Platz gewechselt haben. Ich habe diese Übung einmal zu Beginn einer Tagung gemacht, bei der über einhundert Personen anwesend waren. Es war für mich beglückend, als am Ende des Tages viele Leute zu mir gekommen sind, um mir ihre Kichererbsen zu zeigen. Meine eigene Erfahrung mit dieser Übung ist, dass ich mich an jede einzelne Begebenheit erinnere.

Wenn Sie diese Übung regelmäßig durchführen, werden Sie

feststellen, dass Sie viele positive Dinge bewusster wahrnehmen.

Die Übung funktioniert auch mit Büroklammern, Knöpfen oder anderen kleinen festen Gegenständen.

8. Authentizität stärken

Authentizität, das heißt Echtheit, ist notwendig, um sich im Einklang mit sich selbst zu fühlen. Wenn Sie authentisch sind, handeln Sie nach Ihren Grundsätzen und verbiegen sich nicht. Dafür ist es notwendig, die Werte zu kennen, die Ihnen wichtig sind. Können Sie die Werte definieren, die Sie aktuell ausmachen? Dabei geht es nicht darum, welche Werte Sie gerne hätten, oder darum, welche Werte in Ihren Augen in der Gesellschaft notwendig sind oder welche Sie sich von anderen Menschen wünschen, sondern lediglich um Ihre eigenen, unabhängig von der Machbarkeit. Ehrlichkeit ist gefragt.

Wählen Sie aus der folgenden Werteliste die zwölf Werte aus, die Sie am stärksten in sich entdecken, und kreisen Sie diese ein:

Abenteuer Achtsamkeit Akzeptanz Authentizität

Balance Beliebtheit Bescheidenheit Dankbarkeit

Disziplin Effizienz Ehrlichkeit Empathie

Entwicklung Erfolg Fairness Fantasie Flexibilität

Freiheit Fröhlichkeit Geduld Gelassenheit

Gerechtigkeit Gesundheit Glaubwürdigkeit Großzügigkeit

Harmonie Herzlichkeit Hilfsbereitschaft Humor

Intuition Kontrolle Kreativität Leichtigkeit Leidenschaft

Liebe Loyalität Mitgefühl Mut Nachhaltigkeit

Nähe Offenheit Optimismus Ordnung Perfektion

Realismus Respekt Sanftmut Selbstständigkeit

Sensibilität Sicherheit Spaß Spiritualität Toleranz

Tradition Transparenz Treue Unabhängigkeit

Verantwortung Verlässlichkeit Vertrauen Weisheit

Wissen Wohlstand Zugehörigkeit Zuverlässigkeit

Haben Sie die zwölf Werte eingekreist, die in Ihnen vorherrschen? Dann versuchen Sie in einem nächsten Schritt, diese zwölf Werte auf fünf zu reduzieren. Färben Sie diese Kreise mit einem hellen Farbton ein.

Wie zeigen sich diese fünf Werte in Ihrem Verhalten? Rufen Sie sich Situationen ins Gedächtnis, in denen diese Werte verletzt wurden, denn in Verletzungen zeigen sich die wichtigen Werte am deutlichsten.

Vielleicht brauchen Sie Zeit, um darüber nachzudenken, welche Werte Ihnen wirklich am Herzen liegen. Manche sind zudem nahezu deckungsgleich, wie zum Beispiel Verlässlichkeit und Zuverlässigkeit.

Überlegen Sie, inwiefern Sie Ihre Werte bereits leben und in welchen Bereichen Entwicklungsbedarf besteht. Stellen Sie sich folgende Fragen:

- Welche Werte finden zu wenig Berücksichtigung in meinem Leben?
- Was müsste ich konkret tun, um meine Werte besser in mein Leben zu integrieren?
- Welche Auswirkungen/Konsequenzen hätte das?

Wenn Sie sich dafür entscheiden, authentischer zu leben, dann nehmen Sie sich eine kleine Sache vor, die Sie ändern möchten. Dabei sollten Sie möglichst konkret vorgehen und das Ziel klar benennen. Wenn Ihnen beispielsweise Respekt in Ihrem Leben fehlt, ist eine Formulierung wie die folgende wenig hilfreich: »Ich möchte, dass ich mehr Respekt von Bettina bekomme.« Zielführender wäre beispielsweise: »Ich möchte, dass Bettina sich mehr Zeit für ein Gespräch mit mir nimmt. Um das zu erreichen, werde ich ihr sagen, dass sie mir wichtig ist und dass ich öfters ausführlich mit ihr sprechen möchte.«

9. Feingefühl kultivieren

Wenn ich dazu einlade, Ihr Feingefühl zu kultivieren, heißt das nicht, dass Sie empfindlicher oder noch reizoffener werden sollen. Vielmehr ist es mir ein Anliegen, das Feingefühl, welches in der Regel eine Begleiterscheinung der hochsensiblen Veranlagung ist, positiv nutzbar zu machen. Deshalb spreche ich von »Kultivierung«. Wenn Sie Salat oder Tomaten, Paprika und Zucchini pflanzen, dann werden Sie darauf achten, dass jede Gemüsesorte ihren speziellen Standort, ihre Erde und ihren Dünger, also jeweils die eigene Kultur, bekommt. Um eine möglichst reiche Ernte zu erhalten, braucht das hochsensible Feingefühl ebenfalls eine Kultivierung.

KUNST

Auch wenn Sie kein Kunstfreund sind, gibt es bestimmt Gemälde, Fotos oder Bücher, die in Ihnen etwas anrühren. Begeben Sie sich auf die Suche danach. Wenn es nicht moderne Kunst ist, dann sind es vielleicht die alten Meister oder jemand ganz Unbekanntes. Machen Sie sich frei von gängigen Meinungen wie »Das muss man mal gesehen haben« oder »Das solltest du mal lesen«. Entdecken Sie, was in Ihnen einen Nachhall findet. Besuchen Sie Ausstellungen und berühmte Museen ebenso wie kleine Galerien. Schauen Sie sich Literatursendungen im Fernsehen an und spüren Sie nach, ob Sie eines der rezensierten Bücher gerne lesen würden. Gehen Sie auf Fotosafari und entwickeln Sie Ihren Blick für Bildausschnitte und Motive.

NATUR

Die Natur ist ebenfalls dazu geeignet, das hochsensible Feingefühl zu kultivieren. Lernen Sie, die Morgenluft im Frühherbst mit allen Sinnen zu empfinden, nehmen Sie jeden blauen Himmel ganz in sich auf, beachten Sie beim Spazierengehen jedes Detail, betasten Sie die Rinde einer Buche, einer Eiche und einer Birke und versuchen Sie, die Unterschiede zu beschreiben.

SOZIALES

Beobachten Sie Menschen und ihr Verhalten. Setzen Sie sich in ein Café und schauen Sie den Vorübergehenden in einem Ausschnitt ihres Lebens zu. Wer wirkt auf Sie gestresst, nachdenklich oder gelassen? Und warum entsteht diese Wirkung? Wenn Sie ein streitendes Paar sehen, wie wirkt das auf Sie? Und angenommen, das wären Ihre Freunde, wie würden Sie sich verhalten?

10. Vertrauen stärken

Wenn man von Vertrauen spricht, dann weist der Weg in zwei Richtungen:

- Selbstvertrauen – Vertrauen in sich selbst und die eigenen Fähigkeiten, Ressourcen und Kompetenzen
- Vertrauen in andere Menschen

Beide Wege des Vertrauens sind miteinander verknüpft: Wenn ich der Überzeugung bin, dass ich mit allen Anforderungen fertigwerden kann, die mir begegnen, dann wird es mir leichter fallen, das Gute in anderen Menschen zu sehen und vertrauensvoll auf sie zuzugehen. Wenn ich mich aber anderen unterlegen und psychisch nicht gewachsen fühle, dann werde ich eher misstrauisch auf sie reagieren.[109]

IMPULSE, UM DAS SELBSTVERTRAUEN ZU STÄRKEN

Rufen Sie sich so oft wie möglich in Erinnerung, welche schwierigen Situationen Sie schon gemeistert haben. Versuchen Sie, konkrete Beispiele zu finden und sich in diese Erlebnisse mit allen Sinnen hineinzuversetzen. Können Sie körperlich spüren, wie Sie sich gefühlt haben, als Ihnen diese Herausforderung gelungen ist?

Fertigen Sie eine Mindmap zum Begriff »Mein Selbstvertrauen« an und schreiben Sie alles auf, was Ihnen dazu einfällt. Gestalten Sie das Blatt farbig, vielleicht auch mit Zeichnungen oder Symbolen.

Fragen Sie gute Freunde, was sie an Ihnen schätzen (Fremdbild), und lassen Sie sich die Antworten schriftlich geben (oder machen Sie selbst Notizen).

Sprechen Sie freundlich mit sich selbst und verzeihen Sie sich Ihre »Fehler«. Es gibt immer wieder einen neuen Tag, um etwas anders zu machen als heute.

Überprüfen Sie Ihre Ansprüche: Wenn Ihre Ansprüche so hoch gesteckt sind, dass Sie und andere nur scheitern können, dann wird das einen wenig günstigen Einfluss auf Ihr Selbstvertrauen haben.

IMPULSE, UM DAS VERTRAUEN IN ANDERE ZU STÄRKEN

Begeben Sie sich öfters einmal in Gruppensituationen, ohne die Teilnehmenden zu kennen. Atmen Sie gut (siehe Atemübungen) und beobachten Sie die Interaktionen der anderen Teilnehmenden und die Wirkung, die diese auf Sie haben. Sollten Sie zu den Hochsensiblen gehören, die negative Gruppenerfahrungen gemacht haben (Schulsport, Schule, Berufsschule, Jugendgruppen, Nachbarschaft, Spielgruppen, Mu-Ki-Turnen, Weiterbildungen usw.), gilt es, jetzt positivere Erfahrungen zu sammeln. Vielleicht dauert es eine Weile, bis Sie merken, dass andere Menschen in der Regel keine bösen Absichten haben. Lassen Sie sich Zeit! Man benötigt viele korrigierende Erfahrungen, um wieder etwas Vertrauen zu Gruppen zu fassen, wenn es einmal zerstört worden ist.

Finden Sie heraus, welche Gruppenaktivitäten Ihnen wirklich liegen. Es stärkt das Vertrauen in andere Menschen nicht, wenn Sie sich unwohl fühlen, weil Sie in einen Tanzkurs gehen, obwohl Sie eigentlich ein Bewegungsmuffel sind.

Vertrauen in einzelne Menschen kann über verschiedene Ebenen gestärkt werden: Kognitiv können Sie sich immer wieder ins Bewusstsein rufen, dass von der Nachbarin keine »Gefahr« ausgeht, dass der Chef nur das Beste für die Firma will und einfach dafür sorgt, dass »der Laden läuft«, dass die Kollegin zwar ein wenig zum Klatschen und Tratschen neigt, aber auch gute Eigenschaften hat, und dass Ihr Partner vielleicht nicht der emotionalste Mensch ist, Sie sich aber, was das Finanzielle betrifft, immer auf ihn verlassen können.

Emotional können Sie versuchen, wohlwollende und freundliche Gefühle für andere Menschen zu pflegen. Lassen Sie nicht zu, dass aus Ihrem Herzen eine »Mördergrube« wird, und sammeln Sie positive Momente im Kontakt mit anderen Menschen.

Auf der körperlichen Ebene empfehle ich Ihnen, nachzuspüren, ob Ihr Körper Vertrauen kennt. Sie können sich dazu entspannt hinsetzen, die Augen schließen und sich den Satz »Ich vertraue« vorsagen oder denken. Dann spüren Sie nach, ob es eine körperliche Resonanz dazu gibt. Wird es irgendwo warm und weit? Oder sinkt etwas in Ihnen tiefer in die Entspannung? Obwohl die »somatischen Marker« sehr subtil sein mögen, schulen Sie sich im Körpergewahrsein. Vertrauen ist, genau wie alle anderen Emotionen, körperlich erfassbar. Würdigen Sie auch die kleinste Empfindung des Vertrauens, denn das bedeutet, dass Ihr Körper das Vertrauen kennt und sich daran erinnern kann.

LASSEN SIE SICH ZEIT

Vertrauen wächst nicht über Nacht. Meine Beobachtung ist, dass hochsensible Menschen oft eine Brüchigkeit in ihrer Fähigkeit, zu vertrauen, haben. Entweder sie sind äußerst gutgläubig und dann am Boden zerstört, wenn ihr Vertrauen missbraucht wird, oder sie können aufgrund ihres Bindungsstiles grundsätzlich eher nicht vertrauen, sondern erwarten instinktiv Schlechtes von anderen Menschen.

Es gibt aber einige Grundsätze, welche Vertrauen fördern oder erschweren, unabhängig von der eigenen Disposition dafür.

Erschwerende Verhaltensweisen:

- andere abwerten, um sich selbst besser zu fühlen
- Verschweigen eigener Unzulänglichkeiten
- eigene Schwächen schönreden
- über andere in deren Abwesenheit schlecht reden
- Allianzen schmieden
- Ausnutzen von Schwächen bei Kollegen und Kolleginnen wie Untergebenen

Achten Sie darauf, dass Sie diese Verhaltensweisen ab sofort unterlassen. Selbst scheinbar geringfügige Bemerkungen über andere in deren Abwesenheit untergraben das Vertrauen, Ihre Authentizität und Ihre Integrität.

Sie werden wahrscheinlich feststellen, dass es Disziplin erfordert, sich nicht auf die Bemerkungen anderer einzulassen. Sagen Sie sich immer wieder: »Ich rede nicht schlecht über Kolleginnen/Freunde/Familienmitglieder.« Wenn Sie etwas zu sagen haben, sagen Sie es demjenigen direkt. Das braucht Mut, macht Sie aber vertrauenswürdiger für andere und stärkt Ihr Vertrauen in Ihren eigenen Charakter.

Neben den oben genannten Dingen, die Sie unterlassen sollten, gibt es eine Reihe von Grundsätzen/Regeln, die das Vertrauen stärken. Dazu gehören:

- Kommunikation
- Authentizität (siehe Übung »Authentizität stärken«)
- Wahrhaftigkeit
- zu den eigenen Fehlern/Schwächen stehen
- Zeit

Um offen und authentisch kommunizieren zu können, müssen Sie über Ihre eigenen Motive Bescheid wissen. Und natürlich geht es bei Kommunikation nicht darum, Geheimnisse auszuplaudern oder jemanden »zuzutexten«. Hinzuhören, aktiv zuzuhören, Momente der Stille entstehen zu lassen und aushalten zu können, fördert Ihr Vertrauen in den nächsten Moment und bringt Sie näher zu sich selbst. Wie oft werden Banalitäten ausgesprochen, nur um keine Pause entstehen zu lassen. Erfahren Sie, dass es nicht bedrohlich ist, nichts zu sagen, und erleben Sie das gestärkte Ich-Bewusstsein durch Disziplin und Übernahme von Verantwortung für Ihre Kommunikation.

Sollten Sie sich einmal dabei erwischen, dass Sie die oben genannten Grundsätze verletzt haben: Seien Sie gnädig mit sich selbst. Es geht um die Richtung, die Sie einschlagen wollen, und jeder neue Tag bietet wieder neue Übungsmöglichkeiten. Es ist schon ein Erfolg, wenn Ihnen Ihre Schwächen in der Kommunikation auffallen.

Kein Mensch besteht nur aus Sonne oder Schatten, Menschen mit einem guten Selbstvertrauen wissen um beides in ihrer eigenen Persönlichkeit. Deshalb: Stehen Sie zu Ihren Schwächen, ohne sich dabei kleiner zu machen, als Sie sind.

Sie können sich Zeit dabei lassen, es drängt Sie ja nichts. Aber nehmen Sie sich vor, regelmäßig etwas davon zu üben.

11. Abgrenzen (unterscheiden lernen) üben

Zum Thema »unterscheiden lernen« ist es meines Erachtens wesentlich, körperliche von emotionalen Grenzen zu trennen. Wenn im Rahmen der Hochsensibilität von Abgrenzung gesprochen wird, sind meistens emotionale Grenzen gemeint, dennoch gehe ich hier auch auf die körperlichen Grenzen ein.

KÖRPERLICHE BEGRENZUNGEN

Wo höre ich auf und wo beginnt der andere? Ist die Haut die Grenze? Beginnt meine Komfortzone einen Meter um mich herum? Oder zwei Meter? Oder einen halben? In welcher Situation gilt welche Grenze (zu Hause, im Büro, im Supermarkt, im Auto, im Bus)? Ab wann ist es mir zu eng? In welchen Situationen bin ich anderen gerne nahe, in welchen nicht? Probieren Sie es aus und beobachten Sie, wann es Ihnen zu eng und zu nahe wird.

Um körperliche Begrenzungen wahrzunehmen, gibt es verschiedene Übungen.

Wasser

Duschen Sie bewusst. Wenn Sie unter der Dusche stehen, spüren Sie, wie das Wasser auf Ihre Haut trifft, daran abperlt und zurückspritzt. Sie können jeden einzelnen Körperteil bewusst wahrnehmen, indem Sie, während das Wasser auf Sie herabströmt, beispielsweise sagen: »Das ist meine linke Hand. Das ist meine linke Handinnenfläche, das ist die Außenseite meiner linken Hand. Das sind meine Fingerspitzen, innen und außen. Das ist mein linkes Handgelenk, mein linker Unterarm, mein linker Oberarm, meine linke Schulter« und so weiter, bis Sie jeden Körperteil links und rechts bewusst wahrgenommen und in seinen Begrenzungen gespürt haben.

Mauer

Stellen Sie sich so vor eine Wand, dass Sie eine Armlänge Abstand haben. Heben Sie zunächst einen Arm mit der Handfläche nach außen, bis diese die Wand berührt. Sagen Sie (laut oder nur in Ihrer Vorstellung): »Bis hierher und nicht weiter.« Heben Sie den anderen Arm und verfahren genauso. Wichtig bei dieser Übung: Behalten Sie Ihren festen Stand auf dem Boden und lehnen Sie sich nicht an die Wand an. Bleiben Sie in Ihrer Kraft und geben Sie die Verantwortung dafür nicht an die Wand ab.

Abstand

Für diese Übung brauchen Sie eine zweite Person. Stellen Sie sich in einem relativ großen Abstand einander gegenüber. Ihre Partnerin/Ihr Partner bleibt stehen, während Sie sich auf ihn oder sie zubewegen. Achten Sie darauf, dass Sie dies sehr langsam tun. Nehmen Sie wahr, wann sich der Abstand zu der anderen Person stimmig anfühlt und ab wann Sie ein körperliches Unbehagen spüren, weil der Abstand zu gering ist. Spielen Sie damit. Beim leichtesten Unbehagen treten Sie wieder einen Schritt (oder einen halben) zurück. Sie können sich der anderen Person auch seitwärts nähern. Macht das einen Unterschied? Ziel dieser Übung ist, den für Sie stimmigen Abstand zu anderen Personen mittels Ihrer körperlichen Marker zu bestimmen. Natürlich ist dies je nach Situation verschieden. Wenn Sie sich in einer voll besetzten Straßenbahn befinden, verringert sich dieser Abstand »automatisch«, weil es die Situation erfordert. Aber hier geht es darum, Erfahrungen damit zu machen, wie viel Abstand Sie eigentlich brauchen.

EMOTIONALE GRENZEN

Während man sich körperlich relativ leicht abgrenzen kann, ist die emotionale oder verbale Abgrenzung sehr viel komplexer. Was geht mir verbal zu weit? Was lasse ich mir zu nahe kommen? Welche Worte prallen an mir ab? Welche Gefühle von anderen lasse ich in mich hinein und welche blocke ich ab? Ist es mit Wut anders als mit Trauer?[110]

Folgende Übungen können Ihnen helfen, Ihre emotionalen Grenzen besser einzuschätzen und zu wahren.

Was wäre, wenn?

Stellen Sie sich vor, Sie könnten sich schon so abgrenzen, wie Sie es sich wünschen. Wie würde das aussehen? Was würden Sie sagen und tun? Nehmen Sie sich zwei Tage in der Woche vor, an denen Sie so tun, als könnten Sie sich gut abgrenzen. An diesen Tagen verhalten Sie sich entsprechend. Reflektieren Sie abends darüber und spüren Sie nach, wie Sie sich gefühlt haben.

Hier gilt das Gleiche wie bei der Übung zu Schüchternheit: Durch die Vorstellung bekommt Ihr Organismus eine Idee, wie es sich anfühlt, sich abzugrenzen, da Imaginationen eine Körperreaktion hervorrufen. Was Sie imaginieren, geht in Ihr Körpergedächtnis ein und kann bei entsprechender Wiederholung jederzeit abgerufen werden.

Nahestehende Personen

Führen Sie klärende Gespräche mit Personen, die Ihnen wichtig sind und bei denen Sie den Eindruck haben, dass Ihnen die Abgrenzung dort nicht sehr gut gelingt. Sagen Sie, wie Sie die Beziehung in Zukunft gestalten wollen und was sie anders machen werden. Seien Sie so authentisch wie möglich und bereiten Sie das Gespräch mental und schriftlich vor.

Alt und neu

Überlegen Sie, welche Qualitäten Sie in Ihr Leben einladen wollen und welche Sie daraus entfernen möchten. Hätten Sie gerne mehr anregende philosophische Gespräche? Oder mehr Kunst und Literatur in Ihrem Leben? Oder mehr Kontakt zu anderen Hochsensiblen? Dann überlegen Sie, wie Sie das bewerkstelligen könnten. Wollen Sie einem Museumsverein beitreten oder Literatur- und Philosophiezirkel besuchen? Oder eine Gesprächsgruppe für Hochsensible gründen?

Und wovon möchten Sie sich verabschieden? Wer und was nimmt Ihnen mehr Energie, als Sie bekommen? Ziehen Sie Bilanz und räumen Sie auch in Ihren Beziehungen auf. Das bedeutet nicht, dass Sie Kontakte ruckartig abbrechen müssen, manches können Sie einfach laufen lassen oder sich schlicht seltener verabreden. Die Qualität muss stimmen! Sie können sich dazu eine Liste machen, in der Sie alle Ihre Kontakte aufschreiben mit den positiven und gegebenenfalls negativen Seiten. Wovon wollen Sie mehr, wovon weniger?

Haben Sie dabei im Blick, dass es nicht nur darum geht, zu bekommen, sondern auch zu geben. Je nach Phase sind Beziehungen nicht immer ausgeglichen. Hier können Sie bewusst die Entscheidung treffen, in Beziehungen zu bestimmten Personen zu investieren, obwohl Sie (im Moment) mehr geben, als Sie bekommen.

12. Eigenarbeit mit Ego-States

Diese Übung ist nichts für Anfänger. Sie sollten bereits gut mit Ihren Emotionen umgehen können und stabil sein, bevor Sie sich daran wagen. Wenn Ihre Ich-Zustände und das daraus resultierende Verhalten mit einem Trauma in Verbindung stehen, sollten Sie sich unbedingt von einem erfahrenen Therapeuten oder einer Therapeutin begleiten lassen.

Es kann jedoch Ungeübten schon helfen, sich vorzustellen, dass eine Persönlichkeit aus verschiedenen Anteilen besteht, die mal mehr, mal weniger deutlich zutage treten.

Beobachten Sie in Ihrem Alltag, ob es Verhaltensweisen gibt, die Ihnen oder Ihrem Umfeld Mühe bereiten, weil sie auf eine frühere kindliche Entwicklungsstufe hindeuten (z.B. ein stark kontrollierendes Verhalten, übergroße Ängstlichkeit, Aggressivität, starke Rückzugstendenzen, das Gefühl, nicht zu genügen, u.Ä.). Legen Sie sich ein Notizbuch für Ihre Beobachtungen an und notieren Sie alles, was Ihnen zu einer bestimmten Verhaltensweise einfällt. Vielleicht kommen Ihnen Situationen aus Ihrer Geschichte in den Sinn, die damit in einem Zusammenhang stehen?

Machen Sie sich eine Mindmap in Flipchart-Größe. Ziel dieser Übung ist es, eine innere Landkarte über die dominanten Ego-States zu erstellen. Wahrscheinlich werden Ihnen am Anfang lediglich Eigenschaften einfallen, wie die Großzügige, die Perfektionistische, der Detailverliebte, der Ungeduldige und so weiter. Das macht nichts. Eigenschaften können auf Ego-States hinweisen und Begleiterscheinungen sein. Beobachten Sie sich genau und lernen Sie Ihr inneres Orchester kennen (vgl. S. 144).

In einem nächsten Schritt geht es darum, Kontakt mit mindestens einem Ihrer inneren Ich-Zustände aufzunehmen. Es gibt nicht nur behindernde oder destruktive Ego-States, sondern auch ressourcenvolle. Versuchen Sie, sich an eine Situation aus der jüngeren Vergangenheit zu erinnern, in der Sie eine starke Emotion gespürt haben. Dazu ist es meist hilfreich, sich eine bequeme Position zu suchen und sich zunächst einmal auf den Atem zu konzentrieren. Damit lenken Sie die Aufmerksamkeit von außen nach innen.

Wenn Sie in Kontakt mit dieser starken Emotion sind, beschreiben Sie diese: Wie fühlt es sich körperlich an? Gibt es ein Bild dazu oder kommt Ihnen eine Erinnerung in den Sinn, wo diese Emotion eine Rolle gespielt hat? Gehen Sie in Ihrer Biografie bis zu dem Punkt zurück, an dem Sie diese Emotion (soweit Sie sich erinnern) zum ersten Mal gespürt haben. Erfassen Sie die Situation mit allen Ihren Sinnen: Wie alt waren Sie? Wie war der soziale Kontext? Was hat zu der Situation geführt? Wie genau hat es sich angefühlt? Ergründen Sie dies möglichst genau.

Versuchen Sie nun, ein Gespräch mit diesem Teil zu beginnen. Was ist sein Erleben, seine Funktion, sein Bedürfnis, seine Motivation? Vielleicht stellen Sie fest, dass dieser Teil zum Zeitpunkt seines Entstehens dazu beitragen wollte, das Leben leichter zu machen. Wenn Sie die Funktion der ursprünglichen Emotion verstehen lernen, können Sie sie würdigen und ihr für die enorme Leistung danken, die dieser Ego-State über all die Jahre aufgebracht hat. Vielleicht wäre es jetzt an der Zeit, dass er sich ein wenig entspannen darf? Was könnte ihn darin unterstützen? Erfährt er Unterstützung von anderen Anteilen?

Gibt es vielleicht einen Teil, der nicht mit Ihnen reden möchte?

Kommen Sie ins Hier und Jetzt zurück und notieren Sie sich Ihre Erkenntnisse.

13. Selbstmitgefühlspause

Diese Übung zur Stärkung des Selbstmitgefühls besteht aus drei Teilen:

- Achtsamkeit
- Gemeinsames Menschsein
- Selbstfreundlichkeit

ACHTSAMKEIT

Setzen Sie sich bequem hin und nehmen Sie Ihren Atem wahr. Wenn Sie möchten, schließen Sie die Augen. Denken Sie nun an ein Problem oder an eine Schwierigkeit in Ihrem Leben. Nehmen Sie wahr, wie es sich anfühlt, an dieses Problem zu denken. Was bemerken Sie emotional? Was stellen Sie körperlich fest? Was für Gedanken kommen Ihnen? Nehmen Sie jede Regung bewusst, achtsam und wertfrei wahr.

In einem nächsten Schritt können Sie anerkennen, was ist, zum Beispiel, indem Sie sich sagen: »Ja, das ist jetzt ein schwieriger Moment«, und dabei die Hand auf Ihr Herz legen (oder auf eine andere Stelle, die Ihnen guttut). Beobachten Sie, was sich durch die Anerkennung verändert.

GEMEINSAMES MENSCHSEIN

Machen Sie sich bewusst, dass andere Menschen ähnlich fühlen und dass Sie nicht alleine sind mit diesem Problem/dieser Schwierigkeit. Anerkennen Sie, dass es zum Menschsein gehört, zu kämpfen, und dass Schwierigkeiten ein Teil des Lebens sind.

SELBSTFREUNDLICHKEIT

Finden Sie eine Körperhaltung oder eine Bewegung, die Ihnen guttut, zum Beispiel könnten Sie Ihren Brustkorb mit Ihren Händen ausstreichen oder sich selbst umarmen oder einfach nur die Hände auf dem Herz belassen (oder auf dem Bauch). Finden Sie heraus, wie Ihr Körper Sie in Ihrer Selbstfreundlichkeit unterstützen könnte. Sie können auch versuchen, Worte zu finden, um sich selbst freundlich zu begegnen. Probieren Sie aus, welche Sätze Ihnen guttun, und seien Sie freundlich mit den Anteilen in Ihnen, die Sie vielleicht nicht so mögen.

Danach kommen Sie wieder ins Hier und Jetzt zurück. Öffnen Sie Ihre Augen, atmen Sie tief ein und aus und spüren Sie nach, wie es sich jetzt anfühlt. Diese Übung können Sie zu Beginn mehrmals am Tag machen, sooft Sie das Bedürfnis nach Selbstmitgefühl haben.[111]

14. Resilienzstärkung

Die Resilienz kann man stärken, indem man ihre sieben Säulen stärkt. Deshalb stelle ich im Folgenden Übungen zu den einzelnen Haltungen und Praktiken vor.

AKZEPTANZ

Um mehr Resilienz zu gewinnen, ist es notwendig, die eigenen Grenzen in Bezug auf das, was möglich ist, zu akzeptieren. Das klingt leichter, als es ist. Ich lade Sie ein, sich jeden Tag folgende Fragen zu stellen:

- Was kann ich ändern?
- Was kann ich (noch) nicht ändern?
- Was kann ich gar nicht ändern?[112]

Diese Übung zielt darauf ab, Ihr Bewusstsein für die eigenen Möglichkeiten und Grenzen zu schärfen. Wenn man aufhört, gegen Windmühlen anzukämpfen, setzt dies Energien für das frei, was möglich ist, und stärkt damit die Resilienz.

BINDUNG

Für eine gute Resilienz benötigt es eine stimmige Balance zwischen Ich-Zeit und Zeit mit anderen. Bauen Sie eine gute Beziehung zu sich selbst auf. Dabei kann es helfen, jede Woche in Ihre Agenda einzutragen, wann Sie qualitativ hochwertige Zeit mit sich selbst verbringen wollen. Markieren Sie diese Zeiten farbig. Idealerweise planen Sie jeden Tag Ich-Zeit ein, selbst wenn es nur eine halbe Stunde ist. Sollte das aus zwingenden Gründen nicht möglich sein, achten Sie darauf, dass Sie mindestens zwei- bis dreimal pro Woche Zeiten für sich selbst reservieren. Diese Zeit-Räume sind nicht verhandelbar!

Genauso können Sie mit der Bindung zu anderen Menschen verfahren. Einmal in der Woche sollten Sie Zeit für ein Treffen mit guten Freunden (nicht zu viele auf einmal) einplanen, einmal im Monat den Besuch einer Ausstellung, eines Literaturkreises oder einer Gesprächsgruppe, wo immer Ihr Interesse hingeht und Sie mit anderen Menschen in Kontakt kommen, und einmal im Quartal die Nachbarn einladen (oder Freunde oder die ganze Familie). Diese Zeiten sind ebenfalls nicht verhandelbar.

SELBSTWIRKSAMKEIT

Unter Selbstwirksamkeit wird der Glaube an die eigene Handlungsfähigkeit verstanden.[113] Das Bewusstsein der eigenen Kompetenzen ist entscheidend dafür, ob Menschen sich als positiv/handelnd oder als negativ/erleidend wahrnehmen. Ausgehend von der systemischen Sichtweise, dass jeder Mensch sein Leben bewusst oder unbewusst gestaltet, können Sie sich folgende Fragen stellen, um das Bewusstsein für Ihre Selbstwirksamkeit zu stärken:

- Wie habe ich erreicht, dass etwas gelungen ist?
- Wie habe ich es geschafft, dass etwas nicht gelungen ist?
- Wie mache ich, dass es mir gut geht?
- Wie schaffe ich, dass es mir nicht gut geht? Welche Gedanken, Gefühle, Erinnerungen, Körperempfindungen tragen dazu bei?

Sie merken, diese Fragen lenken sehr bewusst die Aufmerksamkeit auf Ihre Kompetenzen. Auch wenn etwas nicht so gelingt, wie Sie es sich wünschen, kann man von Handlungskompetenzen sprechen, die dafür sorgen, dass etwas eintritt. Meine Empfehlung: Achten Sie täglich darauf, was Sie dazu beitragen, dass Ihr Leben so verläuft, wie es verläuft.

LÖSUNGSORIENTIERUNG

Stellen Sie sich ein Thema oder am besten eine konkrete Situation vor, die für Sie ein Problem darstellt. Und dann versuchen Sie, mindestens fünf Handlungsmöglichkeiten dafür zu finden. Hierbei ist es wesentlich, dass Sie Lösungen finden, die in Ihrem Einflussbereich liegen. Die Idee »Der- oder diejenige sollte sich bei mir entschuldigen/kündigen/irgendwie anders sein« wird sehr wahrscheinlich nicht dazu beitragen, dass Sie Ihre Handlungsoptionen erweitern.

Sie können für diese Übung die Methode des Mindmappings benutzen oder irgendeine andere Form der Verschriftlichung. Beginnen Sie die Sätze mit »Ich könnte …« und lassen Sie sich von Ihrer Kreativität leiten.

OPTIMISMUS

Zur Resilienz gehört, neben den Problemen auch das Positive zu sehen und eine optimistische Grundhaltung zu trainieren, gemäß dem Motto: »Am Ende wird alles gut, und wenn es nicht gut ist, ist es noch nicht das Ende.« Dabei können Ihnen zwei Fragen helfen:

- Was läuft gut?
- Was soll sich nicht ändern?

Versuchen Sie, zu jeder dieser Fragen mindestens zehn Dinge zu notieren. Sie können sich abends ein Notizbuch nehmen und den Tag vor Ihrem geistigen Auge Revue passieren lassen. Was war gut? Was hat Ihnen heute ein gutes Gefühl gegeben? Wofür können Sie heute dankbar sein?

SELBSTWAHRNEHMUNG

Eine gute Selbstwahrnehmung führt über den Körper. Üben Sie sich darin, die Signale Ihres Körpers wahrzunehmen. Sie sollten sich mindestens einmal am Tag Zeit dafür nehmen, in sich hineinzuhorchen: »Wie fühle ich mich gerade auf der körperlichen Ebene? Spüre ich irgendwo Verspannungen oder Druck? Wo fühlt es sich im Gegensatz dazu relativ entspannt an? Welche Gedanken bringen mein Herz zum Hüpfen? Was geschieht körperlich, wenn ich den blauen Himmel betrachte? Was empfinde ich körperlich, wenn ich einem bestimmten Menschen begegne? Welche Termine oder Aufgaben verursachen mir Unbehagen, welche Vergnügen? Wie spüre ich körperlich, dass ich zufrieden und ruhig bin?« Versuchen Sie, neben den unangenehmen Empfindungen auch die angenehmen zu lokalisieren und zu beschreiben.

Eine gute Selbstwahrnehmung hilft Ihnen, Stress frühzeitig

zu erkennen und Gegenmaßnahmen zu ergreifen. Außerdem kann es mit dieser Übung gelingen, einen Ausgleich zwischen den unangenehmen und den angenehmen Empfindungen herzustellen und somit zu mehr Balance zu finden. Die Praxis der Selbstwahrnehmung sollte deshalb zu Ihrem täglichen Ritual werden. Helfen kann Ihnen dabei unter anderem der Body-Scan (Übung 5).

SELBSTREFLEXION

Sich selbst gut zu kennen, schließt eine reflexive Haltung ein. Selbstreflexion bedeutet, sich seiner selbst und seiner Muster, Verhaltensweisen und Motive bewusst zu sein. Wie sind Sie zu der Person geworden, die Sie heute sind? Welche Prägungen haben Sie aus Ihrer Herkunftsfamilie mitgenommen, welche hat Ihnen das spätere Leben »beschert«?

Es geht hier um ein wertfreies Erkennen Ihrer Persönlichkeit. Manchmal ist es sinnvoll, eine psychologische Beratung in Anspruch zu nehmen, um Verbindungen zwischen Ihrer Biografie und Ihrem heutigen Verhalten zu erkennen. Besonders bei sehr traumatischen Erfahrungen in der Kindheit ist es wichtig, sich professionelle Unterstützung zu suchen, damit Sie Verbindungen erkennen und sich von Emotionen aus der Vergangenheit nicht überfluten lassen.

Um sich selbst auf die Spur zu kommen, können Sie sich folgende Fragen stellen:

- Welche Strategien wende ich an, um etwas zu erreichen?
- Welche Denkmuster erkenne ich bei mir?
- Wann oder mit wem zeigt sich ein Gedanke, ein Gefühl oder ein Verhalten mehr oder weniger?[114]

Fertigen Sie auch dazu eine Mindmap oder Notizen an.

15. Persönliches Engagement entdecken

Es mag widersprüchlich klingen, aber Hochsensible kreisen oft um sich selbst und ihre Befindlichkeiten, trotz aller Empathie. Meines Erachtens ist es für die Reifung der Persönlichkeit notwendig, sich in die Gesellschaft einzubringen. Ein paar Stunden pro Woche in ein soziales Projekt zu investieren, beugt der Arroganz vor.

Verlassen Sie zeitweise den Elfenbeinturm der Hochsensibilität und überlegen Sie sich: In welchem Bereich und für welches Thema würden Sie sich gerne einbringen? Ist es der Umwelt- oder Tierschutz? Oder können Sie sich vorstellen, Mahlzeiten an betagte Menschen auszuliefern? Vielleicht gibt es eine Nachbarin, für die Sie einkaufen könnten?

Gehen Sie mit offenen Augen durch die Welt und erfassen Sie, welche Möglichkeiten es gibt, sich zu engagieren. Achten Sie dabei genau auf Ihre Kapazitäten, damit es Ihnen nicht gleich zu viel wird. Bitte beachten Sie: Um sich in der Welt zu engagieren, muss man selbst stabil sein. Sollten Sie sich fragil oder angeschlagen fühlen, ist es noch nicht der passende Zeitpunkt für Engagement.

Die Welt steckt voller Möglichkeiten, sich zu engagieren und dadurch ein Sinn-Erleben zu haben. Wenn Sie Ihr persönliches Engagement in der Familie entdecken, dann ist dies genauso wertvoll wie ein Projekt für Menschen in Not. Und vielleicht können Sie ja mit Ihren Kindern zusammen ein kleines Engagement finden, das Ihnen allen Spaß macht, indem Sie zum Beispiel einen Hund aus dem Tierheim ausführen oder Weihnachtsgeschenke fürs Seniorenheim basteln. Lassen Sie Ihrer Fantasie freien Lauf.

16. Exzellenz

Sie können Ihre Exzellenz stärken, indem Sie sich nach jedem Tag fragen: »Habe ich heute mein Bestes gegeben? Was war verbesserungsfähig?«

Fragen Sie sich auch: »Was braucht es noch, um meinem eigenen Bild von Exzellenz nahezukommen?«

Können Sie vor sich selbst gerade stehen?

Haben Sie heute Ihr Bestmögliches gezeigt in der Partnerschaft, auf der Arbeit, als Mutter oder Vater?

Denken Sie daran: Dies ist nicht zu verwechseln mit Perfektionismus! Der Unterschied liegt darin, dass Perfektionisten getrieben sind von ihrem Wunsch nach Kontrolle und ihrem Bedürfnis, sich nichts zuschulden kommen zu lassen. Wenn Sie nach Exzellenz streben, versuchen Sie, das Bestmögliche aus sich herauszuholen, können sich aber Missgeschicke und Fehler verzeihen.

Es ist auch nicht zu verwechseln mit Leistungsdenken. Das Beste zu geben beinhaltet, sich ausreichend Pausen zu gönnen. Wenn Ordnung für Sie und Ihr Wohlbefinden nicht so relevant ist, müssen Ihre Schränke und Schubladen auch nicht aussehen wie aus einem Katalog. Es geht darum, in dem, was Ihnen wichtig ist, das Bestmögliche zu tun.

17. Kintsugi und Wabi-Sabi

STÄRKE AUS DER KRISE

Betrachten Sie Ihr Leben im Überblick: Legen Sie eine Schnur auf den Boden und teilen Sie diese in Lebensabschnitte ein. Sieben-Jahres-Schritte haben sich bewährt, da sie in etwa dem

Lebensrhythmus folgen, kleinere oder größere Abschnitte sind jedoch ebenso möglich. Überlegen Sie für jeden Abschnitt, welche Errungenschaften, aber auch welche Krisen von Bedeutung waren.

Ein Beispiel: In den ersten Lebensjahren haben Sie wahrscheinlich laufen und sprechen gelernt, außerdem konnten Sie je nach Einschulungsdatum gegen Ende des siebten Lebensjahrs vielleicht schon lesen und schreiben (dies ist generationsabhängig). Diese Errungenschaften können Sie auf Ihrer Lebenslinie mit einer Blüte markieren. Vielleicht hatten Sie aber auch schon Krisen zu erleiden, wie den Tod eines geliebten Haustieres oder gar eines Familienmitglieds, Trennung der Eltern, Ankunft eines Geschwisterchens, einen Umzug in eine andere Stadt oder Gewalterfahrungen. Für Krisen dieser Art können Sie Steine auf Ihre Lebenslinie setzen. Nun überlegen Sie sich, welche Konsequenzen die Errungenschaften sowie die Krisen hatten.

Beispielsweise hat Ihnen der Spracherwerb ermöglicht, in Kontakt mit anderen Menschen zu treten, die eigenen Bedürfnisse zu äußern und Nein zu sagen. Die Krisen haben Sie möglicherweise unabhängig gemacht und Ihnen das Gefühl gegeben, mit allem fertigzuwerden. Möglich wäre aber auch das Umgekehrte, wenn Sie keine Unterstützung bei der Bewältigung von traumatischen Erfahrungen hatten. Bei diesem Projekt geht es jedoch darum, auch in den Brüchen das Positive zu entdecken. Beispielsweise hat eine traumatische Erfahrung Sie vielleicht sensibel für andere Menschen gemacht, die Ähnliches erlebt haben.

Lassen Sie sich bei diesem Projekt Zeit, es kann Sie durchaus über Wochen oder Monate begleiten. Manchmal ist es nicht einfach, aus Brüchen und Krisen im Leben Gold zu schürfen. Wenn Sie räumlich eher beengt leben, dann können Sie das

Ganze auf einem großen Blatt Papier aufzeichnen, statt eine Schnur zu benutzen.

DIE SCHÖNHEIT DES UNPERFEKTEN

Sammeln Sie Naturmaterialien, wie Kieselsteine, Blätter, Moos, Gräser, und arrangieren Sie sie an einem exponierten Ort zu einem Ensemble. Sie können einen Jahreszeitentisch gestalten, indem Sie ein altes Tischchen mit einer schönen Decke oder einem Stoff umhüllen und Ihre Fundstücke darauf so arrangieren, dass sich ein stimmiges und ästhetisches Gesamtbild ergibt.

Achten Sie dabei auf die Schönheit des Unperfekten. Sie können eine Lichtquelle so hinstellen, dass sie die im Verblühen begriffene Zucchiniblüte ins Rampenlicht setzt oder eine einzelne Rosenblüte. Aktivieren Sie Ihr ästhetisches Empfinden.

18. Dankbarkeit pflegen

Dankbarkeit macht zufriedener, verbessert Beziehungen und beugt Krankheiten vor[115] – Grund genug, dankbarer zu werden. Das Gefühl der Dankbarkeit zu pflegen, bedeutet einen Perspektivenwechsel. Sobald Sie dankbar sein können, verliert das Schwere und Ungelöste im Leben an Gewicht.

DANKBAR SEIN

Fragen Sie sich noch vor dem Aufstehen, wofür Sie heute dankbar sein möchten. Es gibt viele Gründe, dankbar zu sein: dafür, dass der Körper gut funktioniert, dass Sie in einem sicheren Land leben, dass Sie arbeiten können, dass Sie ohne Schmerzen und fremde Hilfsmittel atmen können, dass Sie genug zu essen haben, dass es Supermärkte gibt, vielleicht sogar ein eigenes Gärtchen, dass Blumen blühen, dass es Freundschaft und Nachbarschaftshilfe gibt, dass Sie Augen haben, um die Schönheit der Welt zu sehen, dass Sie Hände besitzen, mit denen Sie Dinge greifen und Zuwendung geben können, und vieles mehr. Nehmen Sie nichts als selbstverständlich, atmen Sie bewusst und zählen Sie die Dinge auf, für die Sie dankbar sind. Dasselbe können Sie am Abend tun, wenn Sie sich zur Ruhe legen.

Machen Sie sich diese Dankbarkeitsübung zum Ritual zu Beginn und zum Ausklang eines jeden Tages. Sie können sich dafür ein kleines Notizbuch anlegen.

DANKBARKEIT FÜHLEN

Nun wissen Sie, dass Sie dankbar sein können. In einem nächsten Schritt geht es darum, Dankbarkeit zu fühlen. Nehmen Sie sich Ihre Notizen vor und fokussieren Sie sich auf eine Sache, für die Sie dankbar sind. Versetzen Sie sich mit Ihrer Vorstellungskraft in eine Situation, in der Sie diese Dankbarkeit tief empfunden haben. Erlauben Sie, dass die Dankbarkeit und alle damit verbundenen Emotionen wie Liebe und Freude Sie ganz erfüllen. Malen Sie sich die Situation möglichst detailreich aus, bis Sie die Dankbarkeit auch körperlich fühlen können.

Wiederholen Sie diese Übung mindestens einmal am Tag.

DANKBARKEIT ZEIGEN

Nun können Sie auf der kognitiven und der emotionalen Ebene Dankbarkeit denken und fühlen. Sie können außerdem einen Schritt weitergehen und Dankbarkeit zeigen. Martin Seligman schlägt dazu folgende Übung vor:

Schließen Sie die Augen. Stellen Sie sich einen Menschen vor, der vor kürzerer oder längerer Zeit etwas getan oder gesagt hat, was Ihr Leben zum Besseren verändert hat. Idealerweise lebt die Person in erreichbarer Nähe, denn Ihre Aufgabe ist nun, dieser Person einen Dankesbrief zu schreiben und ihn persönlich zu überbringen. Der Brief sollte konkret und etwa eine Seite lang sein. Benennen Sie ganz spezifisch, was die Person getan hat und wie dies auf Sie gewirkt und möglicherweise Ihr Leben verändert hat. Lassen Sie die Person wissen, was Sie jetzt tun und wie oft Sie sich an ihre Freundlichkeit erinnern. Wenn Sie den Brief geschrieben haben, rufen Sie die Person an (oder schreiben Sie eine E-Mail) und sagen Sie ihr, dass Sie ihr gerne einen Besuch abstatten möchten. Sagen Sie ihr aber nicht, worum es geht, es soll eine Überraschung sein. Wenn Sie die Person treffen, lesen Sie ihr den Brief vor, und zwar jedes Wort, schön langsam und ohne Unterbrechungen oder Erklärungen. Danach sprechen Sie miteinander über den Brief und Ihre Gefühle.[116]

19. Die Akzeptanz Ihrer Hochsensibilität stärken

Um die Akzeptanz Ihrer Hochsensibilität zu fördern, empfehle ich Ihnen, einen Brief an Ihre Hochsensibilität zu schreiben. Es mutet vielleicht etwas merkwürdig an, einen Brief an eine Eigenschaft zu verfassen, aber das ist eine sehr effektive Möglichkeit, Kontakt mit diesem Teil herzustellen und Ihrer Hochsensibilität ehrlich zu sagen, was Sie von ihr halten.

Durch das intuitive Schreiben kommen Sie in Kontakt mit unbewussten Anteilen Ihres Erlebens. Auch wenn Sie kognitiv wissen, dass Sie hochsensibel sind, muss das noch lange nicht heißen, dass Sie es voll und ganz akzeptieren. Durch den Brief können solche Widersprüche aufgedeckt werden.

Nehmen Sie sich ein Blatt Papier und beginnen Sie mit »Liebe Hochsensibilität«. Weiter könnte der Brief in etwa so lauten: »… Du begleitest mich jetzt schon mein Leben lang und du warst immer bei mir, sodass ich mir ein Leben ohne dich gar nicht vorstellen kann. Du hast dafür gesorgt, dass …, aber auch, dass …«

Lassen Sie sich beim Schreiben assoziativ leiten und überraschen, wie Sie wirklich zu Ihrer Veranlagung stehen.

Übungen kreativ kombinieren und variieren

Wie ich bereits im Vorwort angekündigt habe, liegt diesem Buch die Idee zugrunde, dass Sie die vorgeschlagenen Übungen intuitiv miteinander kombinieren können. Um Ihnen eine Idee für stimmige Kombinationen zu geben, mache ich Ihnen im Folgenden Vorschläge. Dies dient nicht dazu, eine Regel aufzustellen, die Sie befolgen sollen, sondern soll Sie zu eigenen kreativen Möglichkeiten inspirieren.

FÜR EINSTEIGER

Wenn Sie noch nicht so geübt sind und gerade erst beginnen, Erfahrungen mit sich selbst zu machen, empfehle ich Ihnen, die Übungen 3, 4 und 10 zu kombinieren. Beginnen Sie mit Übung 3. Atemübungen können Sie in jeder Lebenslage praktizieren, ob beim Fernsehen, Spazierengehen, Lesen oder Kochen. Wenn Ihnen das zu langweilig ist (Sensation Seeker und/oder Extravertierte), können Sie Übung 4 und 10 hinzunehmen. Wichtiges Prinzip: Nehmen Sie sich nicht zu viel auf einmal vor, sondern praktizieren Sie den Weg der kleinen und kleinsten Schritte. Machen Sie das, was Ihnen wichtig ist. Wenn Sie nicht schüchtern sind, ist Übung 6 beispielsweise wenig sinnvoll, aber Sie können diese mit einer anderen Eigenschaft ausprobieren, die Sie gerne mehr in sich fördern würden.

Vor ein paar Jahren hatte ich das dringende Gefühl, dass ich mehr für meinen Körper tun und mich mehr bewegen sollte (obwohl ich immer schon ein ausgesprochener Bewegungsmuffel war und bin). Ich hatte Gewichtsprobleme und fühlte mich in meiner Haut absolut nicht mehr wohl. Nun lebe ich in einem Land, in dem Wandern, Fahrradfahren und Bergsteigen zum Alltag gehören. Dementsprechend gibt es direkt vor meiner Haustür Möglichkeiten zum Wandern. Meine Erfahrungen mit dieser Aktivität sind jedoch mehrheitlich frustrierend, mir wird schnell überaus langweilig, wenn ich lediglich gehe. Daher habe ich damals einen Wanderweg ausgekundschaftet, der mir nicht zu viel Anstrengung, aber doch ein gewisses Maß an Sportlichkeit versprach. Der Weg begann auf einer Anhöhe über meinem Wohnquartier.

Es dauerte Wochen, bis ich auf diese Anhöhe gelangen konnte, ohne völlig außer Atem zu sein. Oft saß ich dort auf einer Bank und betrachtete den Wegweiser zu der Route. Lange Zeit traute ich mir nicht zu, diesen steilen Anstieg zu bewältigen. Doch dann kam der Tag, an dem ich einen Rucksack packte und wusste: »Heute ist es so weit.« Ich überschritt den Rubikon und setzte einen Fuß vor den anderen. Am Ende des Tages hatte ich es geschafft. Ich hatte viele Pausen gemacht und doppelt so lange gebraucht, wie auf den Schildern angezeigt war. Seitdem weiß ich, dass ich überall hinkomme, ich brauche nur mehr Zeit und muss meinem eigenen Rhythmus folgen.

Was ich mit dieser kleinen Episode sagen will: Setzen Sie sich kleine und erreichbare Ziele, die Sie in kleinste Schritte unterteilen können. Etwas zu schnell zu wollen, führt nur zur Frustration und Resignation. Ich bewundere die Sportler, die bei Olympia antreten und außergewöhnliche Leistungen zeigen, aber ich anerkenne, dass ich nicht dazugehöre. So ist es bei den Übungen, die ich Ihnen hier vorschlage, auch. Lieber klein und langsam beginnen, und sei es nur, dass Sie einmal am Tag das lange Ausatmen pflegen, eine Runde ums Haus drehen oder die Selbstmitgefühlspause üben. Wem es wie mir einfach langweilig ist beim Wandern oder Spazierengehen, der kann ein Buch mitnehmen und beispielsweise beim Gehen ein Gedicht auswendig lernen. Oder Sie erinnern sich an Übung 2 (Kreativität) und schreiben in jeder Pause ein Haiku. Lassen Sie sich inspirieren und verändern Sie die Übungen so, dass sie zu Ihnen passen.

FÜR FORTGESCHRITTENE

Wenn Sie bereits in den ersten Übungen erfahren sind und diese gut in Ihr Leben integriert haben, zählen Sie schon zu den Fortgeschrittenen. In diesem Fall können Sie die Übungen 11, 12 und 13 hinzunehmen. Auch hier gilt: ganz in Ihrem eigenen Rhythmus und in Ihrem eigenen Tempo. Es ist wie beim Kochen: Wenn Sie damit anfangen, sich eigene Mahlzeiten zuzubereiten, dann kommt dabei vielleicht nicht mehr als Spaghetti oder Spiegelei heraus. Für diese Gerichte braucht es schon eine gewisse Kenntnis der Zutaten und physikalischen Vorgänge, aber mit der Zeit wird es Ihnen zu langweilig werden, nur von Pasta zu leben. Sie erweitern Ihr Repertoire, lassen sich von Wochenmärkten und saisonalen Angeboten inspirieren und entwickeln beim Kochen möglicherweise sogar eine eigene Handschrift.

Wenn Sie wie ich ein Fan von Kochbüchern sind, wissen Sie, dass es Kochbücher für Einsteiger und andere für ambitionierte Hobbyköche gibt. Um den Spaß am Kochen zu behalten, ist es wichtig, sich realistisch einzuschätzen und die passenden Rezepte zu wählen. Das gilt für die Persönlichkeitsentwicklung genauso. Es ist nicht förderlich, wenn Sie meinen, dass Sie die Atemübungen nicht mehr brauchen, weil Sie ja schon Ihr ganzes Leben lang Persönlichkeitsbildung betreiben. Diese Art von Arroganz kann Ihnen sehr im Weg stehen. Kehren Sie also ab und zu wieder einmal zu den Wurzeln zurück und üben Sie Ihren Atem mit Übung 3 bewusst.

FÜR PERFORMER

Die Übungen 12, 13, 14, 15, 16 und 17 sind nicht nur Übungen im klassischen Sinne, sondern stellen eine Haltung und Einstellung dem Leben gegenüber dar. Zu akzeptieren, was ist, und sich bewusst zu machen, dass man nicht ohne das Leben, wie es war, denkbar ist, hilft dabei, sich selbst realistisch anzunehmen und das Bestmögliche zu tun. In Kombination mit Übung 2 können Sie diese Haltung verinnerlichen und im besten Sinne zur Performance bringen.

Nachwort

Mein Wunsch war es, mit diesem Buch das Thema Hochsensibilität in einen größeren Rahmen zu stellen. Daher habe ich dieses Temperamentsmerkmal mit anderen Persönlichkeitsanteilen und Theorien in Beziehung gesetzt. Ich hoffe, dass es mir gelungen ist, aufzuzeigen, dass Hochsensibilität eine Spielart des Lebens ist, die in der Natur vorkommt und deshalb ihren Sinn haben muss. Weiterhin ist meine Hoffnung, dass Sie als Leserin oder Leser Ihre Veranlagung oder die Ihrer Angehörigen besser verstehen und zu einer tiefen Akzeptanz gelangen.

Es liegt in der Natur der Sache, dass dabei viele Fragen offenbleiben, darunter solche, die eher philosophischen Charakter haben. Zum Beispiel kann man sich fragen, ob es gerecht ist, dass in Mitteleuropa seit Jahrhunderten Extraversion, das Machertum und ein gewisses Durchsetzungsvermögen die Wertvorstellungen der Gesellschaft dominieren und die feinere Art, das Leben zu gestalten und wahrzunehmen, vor allem Künstlern vorbehalten bleibt. Wäre es nicht an der Zeit, eine gesellschaftliche Toleranz in Bezug auf Sensibilität zu üben? Gerade in einer Zeit, welche Homosexuellen, Transgender und Bisexuellen eine noch nie da gewesene Plattform bietet, läge es nahe, den Temperamentsunterschieden ebenfalls die ihnen zukommende Bedeutung beizumessen. Dass dies nicht geschieht, ist meines Erachtens darauf zurückzuführen, dass aufgrund der Historie in Mitteleuropa, geprägt durch schreckliche Kriege, existenzielle Not und Wiederaufbau, viele Jahre andere, praktischere Eigenschaften gefordert waren. Nun befinden wir uns aber in einer langen Zeit des relativen Friedens und man darf sich fragen, ob nicht der Moment gekommen ist, den Temperamentsunterschieden größere Bedeutung beizumessen, wie es schon im Altertum der Fall war.

Mir liegt es sehr am Herzen, mit meinen Büchern zu einem größeren Selbstbewusstsein sensibler Menschen beizutragen. Ich bin zuversichtlich, dass es für nächste Generationen ganz normal sein wird, dass Menschen unterschiedlich ausgestattet sind und dass die Kompetenzen jeder Art von Sensibilität sinnvoll genutzt werden, zum Wohle des Einzelnen, aber auch der Gesamtgesellschaft.

Ich habe in diesem Buch die Metapher einer Küche mit ihren Gerätschaften, Grundzutaten, Gewürzen und Handwerk herangezogen, weil Kochen, das heißt, Lebensmittel zu transformieren, etwas Archaisches ist. Als der Mensch das Feuer entdeckte, entwickelte sich sein Gehirn in sprunghafter Weise. Die Möglichkeit, rohe Zutaten durch Hitze in etwas anderes zu verwandeln, brachte einen Entwicklungsschub. Wenn wir heute in unseren modernen Einbauküchen kochen, mit Steamern, Wärmeschubladen, Mixern und Küchenmaschinen, können wir immer noch etwas von dem archaischen Gefühl in uns wachrufen, auf die Jagd zu gehen (im Supermarkt einzukaufen) und die Sippe zu ernähren. Nicht umsonst stehen viele Männer (und Frauen) so gerne am Grill. Wie gut lässt sich dies auf die menschliche Entwicklung übertragen! Die Dinge, die in uns angelegt sind, bedürfen der Transformation, der Bearbeitung, damit sie bekömmlich sind und wir sie genießen können!

Im Grunde genommen dürfte es keine Rolle spielen, ob Sie dick oder dünn, weiß oder dunkelhäutig, hetero- oder homosexuell, Fleischliebhaber oder Vegetarier, normalsensibel oder hochsensibel sind, alle Spielarten des Lebens tragen dazu bei, eine Gesellschaft zu formen, und machen das Leben bunter.

Deshalb möchte ich Ihnen zurufen: Erlauben Sie sich, sensibel zu sein, aber im gesunden Maß, und räumen Sie auf mit

Ihrer Vergangenheit, damit Sie frei Ihre Zukunft gestalten können und darin der nächsten Generation ein Vorbild sind!

Ich wünsche Ihnen von Herzen gutes Gelingen dafür und alles erdenklich Gute.

Altstätten, im Sommer 2021
Brigitte Küster

Anhang

Tests und Fragebögen
Links
Literaturverzeichnis
Anmerkungen

Tests und Fragebögen

SIND SIE HOCHSENSIBEL?

Anweisungen zum Ausfüllen: Beantworten Sie jede Frage nach Ihrem persönlichen Empfinden und benutzen Sie dazu die folgende Skala:

1	2	3	4	5	6	7
überhaupt nicht			in Maßen			sehr stark

1. Sind Sie leicht überwältigt von starkem sensorischem Input?
2. Scheint es, als ob Ihnen Feinheiten in Ihrer Umgebung bewusst sind?
3. Machen Ihnen die Stimmungen anderer etwas aus?
4. Tendieren Sie dazu, Schmerzen stark zu empfinden?
5. Haben Sie das Bedürfnis, sich während eines arbeitsreichen Tages zurückzuziehen, um sich vor der Stimulation zu schützen?
6. Reagieren Sie stark auf Koffein?
7. Fühlen Sie sich leicht überwältigt durch grelles Licht, starke Gerüche, grobe Stoffe oder Sirenen?
8. Haben Sie ein reiches, komplexes Innenleben?

9. Fühlen Sie sich durch laute Geräusche unwohl?

10. Bewegen Kunst oder Musik Sie tief?

11. Ist Ihr Nervensystem oft so erschöpft, dass Sie alleine sein müssen?

12. Sind Sie gewissenhaft?

13. Erschrecken Sie leicht?

14. Werden Sie schnell nervös, wenn Sie in kurzer Zeit viel erledigen müssen?

15. Wenn andere Menschen sich in der räumlichen Umgebung unwohl fühlen, tendieren Sie dazu, zu wissen, was es braucht, damit sie sich wohler fühlen (Licht ändern oder Sitzplatz wechseln)?

16. Sind Sie genervt, wenn Menschen versuchen, Sie dazu zu bringen, viele Dinge gleichzeitig zu tun?

17. Geben Sie sich viel Mühe, um es zu vermeiden, Fehler zu machen oder Dinge zu vergessen?

18. Vermeiden Sie es, Filme oder TV-Serien mit Gewaltszenen zu sehen?

19. Empfinden Sie es als unangenehm, wenn um Sie herum viel los ist?

20. Wenn Sie hungrig sind, ruft das eine starke Reaktion in Ihnen hervor? Stört es Ihre Konzentration oder Ihre Stimmung?

21. Beeinflussen Veränderungen in Ihrem Leben Sie stark?

22. Bemerken und genießen Sie feine Düfte, Geschmäcker, Töne und Kunstwerke?

23. Finden Sie es unangenehm, wenn zu viel auf einmal läuft?

24. Stellt es eine hohe Priorität für Sie dar, Ihr Leben so einzurichten, dass Sie überwältigende Situationen vermeiden?

25. Fühlen Sie sich belästigt durch intensive Stimulationen wie laute Geräusche oder chaotische Situationen?

26. Wenn Sie sich während einer Tätigkeit beobachtet fühlen, werden Sie so nervös, dass Sie viel schlechter abschneiden als sonst?

27. Haben Ihre Eltern oder Ihre Lehrer Sie für sensibel oder schüchtern gehalten, als Sie ein Kind waren?

Auswertung:

Wenn Sie mehr als 12 Fragen mit 4-7 beantwortet haben, können Sie davon ausgehen, dass Sie hochsensibel sind. Sie können den Test auf der Website »The Highly Sensitive Person« im Original abrufen.[117]

SIND SIE AMBIVERTIERT?

Unten stehend finden Sie 9 Merkmale für Ambiversion[118]:

1. Sie können Aufgaben alleine oder in einer Gruppe erledigen. Sie haben da keine besonderen Vorlieben.

2. In sozialen Bezügen fühlen Sie sich nicht unwohl, aber es ermüdet Sie, wenn Sie zu viel mit Menschen zusammen sind.

3. Sie stehen gerne mal im Mittelpunkt, müssen dort aber nicht verweilen.

4. Manche Menschen halten Sie für introvertiert, andere für extravertiert.

5. Sie müssen nicht ständig in Bewegung sein, aber wenn zu wenig läuft, dann fühlen Sie sich gelangweilt.

6. Sie können sich in Ihren Gedanken verlieren, aber auch in einem guten Gespräch.

7. Small Talk bringt Sie nicht zur Verzweiflung, ödet Sie aber bald an.

8. Manchen Menschen, die Sie kennenlernen, öffnen Sie sich recht schnell vertrauensvoll, bei anderen schmilzt das Eis sehr, sehr langsam (wenn überhaupt).

9. Wenn Sie zu lange Zeit allein sind, fällt Ihnen die Decke auf den Kopf, sind Sie zu viel draußen, ist Ihnen nach einem Rückzug ins Schneckenhaus.

Die Vorteile ambivertierter Menschen: Sie finden sich in beiden Welten zurecht, können sich an beiden erfreuen. Sie sind introvertiert genug, um Informationen in Ruhe zu verarbeiten, und extravertiert genug, um ihre Erkenntnisse nach außen zu tragen, ohne sich dabei abzunutzen.

SIND SIE EIN SENSATION SEEKER?

Hinweise zur Bearbeitung: Beantworten Sie jede Frage nach Ihrem Gefühl. Kreuzen Sie an, was sich für Sie richtig anfühlt. Wenn etwas nicht zutrifft, lassen Sie die Frage offen.

- ☐ 1. Wenn es sicher wäre, würde ich Drogen ausprobieren, um neue Erfahrungen zu machen.
- ☐ 2. Es kann geschehen, dass ich durch Gespräche äußerst gelangweilt bin.
- ☐ 3. Ich möchte neue Orte entdecken und gehe nicht so gerne an Orte, die ich bereits kenne und von denen ich weiß, dass ich sie mag.
- ☐ 4. Ich würde gerne eine Sportart ausprobieren, die mir einen körperlichen »Kick« gibt, wie zum Beispiel Skifahren, Klettern oder Surfen.
- ☐ 5. Ich werde unruhig, wenn ich lange zu Hause bin.
- ☐ 6. Ich mag es nicht, wenn ich lange warten muss, ohne etwas zu tun zu haben.
- ☐ 7. Ich sehe mir selten einen Film zweimal an.

☐ 8. Ich schätze das Unbekannte.

☐ 9. Wenn ich etwas Ungewöhnliches sehe, mache ich einen Umweg, um es kennenzulernen.

☐ 10. Mir wird schnell langweilig, wenn ich jeden Tag mit denselben Menschen zusammen bin.

☐ 11. Meine Freunde sagen, dass es schwer ist, vorauszusehen, was ich tun möchte.

☐ 12. Ich mag es, neue Bereiche zu erkunden.

☐ 13. Ich versuche, tägliche Routine zu vermeiden.

☐ 14. Ich suche nach Kunst, die mir intensive Erfahrungen ermöglicht.

☐ 15. Ich mag Substanzen, die mir das Gefühl geben, »high« zu sein.

☐ 16. Ich bevorzuge Freunde, die unkonventionell sind.

☐ 17. Ich freue mich, neue und fremde Orte kennenzulernen.

☐ 18. Bei Reisen gilt für mich der Grundsatz: Je fremder ein Land, desto besser.

☐ 19. Ich wäre gerne ein Forscher/eine Forscherin.

☐ 20. Ich genieße es, wenn jemand einen unerwarteten anzüglichen Witz macht oder einen Kommentar abgibt und andere nervös zu lachen beginnen.

Auswertung:

Für Frauen: Wenn Sie 11 oder mehr Aussagen angekreuzt haben, dann sind Sie möglicherweise ein Sensation Seeker. Wenn Sie 7 oder weniger Aussagen angekreuzt haben, sind Sie wahrscheinlich kein Sensation Seeker. Wenn Sie 8 bis 10 Aussagen angekreuzt haben, befinden Sie sich irgendwo dazwischen.

Für Männer: Wenn Sie 13 oder mehr Aussagen angekreuzt haben, sind Sie wahrscheinlich ein Sensation Seeker. Wenn Sie 9 oder weniger Aussagen als zutreffend betrachten, sind Sie wahrscheinlich kein Sensation Seeker. Wenn Sie 10 bis 12 Aussagen angekreuzt haben, befinden Sie sich wahrscheinlich irgendwo dazwischen.

Sie können den Test auf der Website »The Highly Sensitive Person« im Original abrufen.[119]

CHECKLISTE: GEHEN SIE SELBSTFÜRSORGLICH MIT SICH UM?

	Ja, ausreichend	Nein, zu selten	Möchte ich verbessern
Ich kenne und hinterfrage meine Glaubenssätze.			
Ich überfordere mich durch meine hohen Ansprüche oder Perfektionismus nicht selbst im Alltag.			
Es ist mir meistens egal, was andere über mich denken.			
Ich nehme meine Bedürfnisse und was mir guttut, körperlich wahr.			
Ich kenne meine Stresswarnzeichen und die Anzeichen dafür, wenn es höchste Zeit ist, mich um mich zu kümmern.			

	Ja, ausreichend	Nein, zu selten	Möchte ich verbessern
Ich bin mir im Klaren darüber, dass ich nur begrenzt belastbar bin.			
Ich habe in der letzten Woche meine Grundbedürfnisse befriedigt. Ich habe … … genug geschlafen. … genug getrunken. … mich gut ernährt.			
Ich achte darauf, wichtige Bedürfnisse aktiv zu befriedigen.			
Ich lebe nach meinen Werten und danach, was mir wirklich wichtig ist.			
Dem, was mir wirklich wichtig ist, gebe ich genug Raum und Zeit.			
Ich generiere Zeiträume explizit dafür, gut für mich zu sorgen.			
Ich plane Zeit ein zur Selbstreflexion.			

	Ja, ausreichend	Nein, zu selten	Möchte ich verbessern
In meinem Kalender stehen fixe Zeiten als wichtige Termine mit mir selbst blockiert.			
Ich kenne meine Motive, weshalb es sich lohnt, für mich zu sorgen.			
Ich habe Erinnerungssymbole, die mich an meine Selbstfürsorge erinnern.			
Ich weiß, was mich stresst, was meine Energieräuber sind.			
Ich bewerte Stress nicht per se als negativ und schädlich.			
Ich weiß, was in meinem Körper bei Stress passiert und wie er auf Stress reagiert.			
Ich kenne meine Kraftquellen und Ressourcen.			

	Ja, ausreichend	Nein, zu selten	Möchte ich verbessern
Ich nehme mir genug Zeit, um aufzutanken und meine Energiebilanz ausgeglichen zu halten.			
Ich kenne ein Entspannungsverfahren und nutze es.			
Ich bewege mich ausreichend.			
Ich mache regelmäßig Pausen und halte inne.			
Ich kenne meine Talente und Fähigkeiten, das Wissen darüber ist eine wichtige Ressource für mich.			
Ich bin optimistisch und habe eine positive Zukunftssicht.			
Ich setze mich nur wenig negativen Nachrichten aus.			
Ich bin dankbar für das, was ich habe.			

	Ja, ausreichend	Nein, zu selten	Möchte ich verbessern
Ich achte darauf, eine aufrechte und kraftvolle Körperhaltung einzunehmen.			
Ich wertschätze mich und andere.			
Ich achte auf meine Wortwahl (mir selbst und anderen gegenüber).			
Ich praktiziere täglich Achtsamkeit. Ich esse achtsam und weiß nach dem Essen noch ganz genau, was und wie viel ich gegessen habe, wie es geschmeckt hat, und bemerke, wenn ich satt bin.			
Ich probiere Neues aus und stelle mich meinen Ängsten.			
Ich unterscheide, ob ich Situationen beeinflussen kann oder nicht.			

	Ja, ausreichend	Nein, zu selten	Möchte ich verbessern
Wenn ich Situationen beeinflussen kann, handle ich auch dementsprechend.			
Ich kann mich selbst beruhigen und regulieren.			
Ich setze anderen gegenüber Grenzen und sage Nein, wenn nötig.			
Ich begrenze mich selbst, indem ich aktiv abschalte und unnötiges Grübeln beende.			
Ich weiß, wer mir guttut und wer mir Kraft raubt.			
Ich suche mir Unterstützung bei anderen und lasse mir helfen.			
Manchmal helfe ich anderen, ohne eine Gegenleistung zu erwarten.			

	Ja, ausreichend	**Nein, zu selten**	**Möchte ich verbessern**
Ich opfere mich nicht auf, ich will andere nicht retten.			
Ich lasse die Verantwortung da, wo sie ist und hingehört.			
Ich nehme das, was andere sagen oder tun, nicht persönlich.			
Ich kann loslassen … Dinge. … Rachegefühle. … Verpflichtungsgefühle. … mir schädliche Menschen.			

Quelle: Reichhart: Das Prinzip Selbstfürsorge[120]

Links

Alle Links zuletzt abgerufen 12.10.2021.

Big-Five-Persönlichkeitstest:
https://www.123test.com/de/Das-Persönlichkeitsmodell-der-Big-Five/

Suchtverhalten:
https://alkoholkonsum.ch
https://www.suchtschweiz.ch/rat-und-hilfe/selbsttests/

Online-Test für Bindungsstile (auf Englisch):
http://www.reha-psych.de/ihr-bindungsstil-online-test/

Test zur Intro-/Extraversion:
http://www.srf.ch/kultur/gesellschaft-religion/test-wie-introvertiert-sind-sie

Test zur Resilienz:
https://resilienz.at/resilienz-test/

Literaturverzeichnis

- Aron, E.: Hochsensible Menschen in der Psychotherapie, Junfermann, 2014
- Aron, E.: Sind Sie hochsensibel?, mvg Verlag, 2005
- Bieri, P.: Eine Art zu leben, Hanser, 2013
- Bonelli, R.: Perfektionismus, Pattloch, 2014
- Boyce, W. T.: Orchidee oder Löwenzahn?, Droemer, 2019
- Brown, B.: Verletzlichkeit macht stark, Goldmann, 2017
- Cain, S.: Still – Die Bedeutung von Introvertierten in einer lauten Welt, Riemann, 2011
- Carter, R.: Das Gehirn, DK, 2014
- Erikson, Erik H.: Identität und Lebenszyklus, suhrkamp tb, 1973
- Falkenstein, T.: Hochsensible Männer, junfermann, 2017
- Fenner, D.: Hochsensibilität. Phänomenologische und ethische Überlegungen, Schwabe Verlag, 2021
- Großmann, K. & Großmann, K.: Bindung und menschliche Entwicklung, Klett-Cotta, 2003
- Hensel, U.: Hochsensible Menschen im Coaching, junfermann, 2015
- Jung, C. G.: Typologie, dtv, 2008
- Kern, A.-B.: Nahrungsergänzung für hochsensible Menschen, E-Book, 2019
- Küster, B.: Von empfindsam bis hochsensibel, Kösel, 2021
- Löhndorf, A.: Kintsugi, Scorpio, 3. Aufl. 2021
- Neff, K.: Selbstmitgefühl, Kailash, 2012
- Oerter/Montada: Entwicklungspsychologie, Beltz, 4. Aufl. 1998
- Reichhart, T.: Das Prinzip Selbstfürsorge, Kösel, 2019
- Ruthe, R.: Hochsensibilität und Depression, Brendow Verlag, 2016

- Seligman, M.: Flourish. Wie Menschen aufblühen, Kösel, 5. Aufl. 2021
- Siegel, D.: Der achtsame Therapeut, Kösel, 2012
- Sieger, C.: Großes Dankbarkeitsübungsbuch, Neopubli GmbH, 2021
- Singer, T. & Bolz, M.: Mitgefühl in Alltag und Forschung, E-Book, 2013
- Schorr, B.: Hochsensible im Beruf, SCM Hänssler, 2018
- Schorr, Hochsensible in der Partnerschaft, SCM Hänssler, 2015
- Schorr, B.: Hochsensible Mütter, SCM Hänssler, 2013
- Schreiber, M.: Würde. Was wir verlieren, wenn sie verloren geht, DVA, 2013
- Wyrsch, P.: Neurosensitivität, Eigenverlag, 2021
- Zander, M. (Hg.): Handbuch Resilienzförderung, VS Verlag, 2011

Anmerkungen

1 Suroka, S., Fournier, P., Nir, L.: Cross-national evidence of a negativity bias in psychophysiological reactions to news, PNAS vol. 116, no. 38, 17.09.2019. Auf: PNAS Online, www.pnas.org/content/116/38/18888, abgerufen am 26.12.2020.

2 Augustinus: Bekenntnisse, Zweites Buch – Über die Laster, dtv, 7. Aufl. 1997, S. 397-401.

3 Thomas von Aquin: Die Wißbegierde (De studiositate). Summa theologiae, Teil II-II, Frage 166, Artikel 1.2. Auf: http://www.hoye.de/wahr/neugtxt.pdf, abgerufen am 27.12.2020.

4 Wiktionary (Hg.): Feingefühl. https://de.wiktionary.org/wiki/Feingefühl, abgerufen am 29.12.2020.

5 Krüger, R.: Das Zeitalter der Empfindsamkeit, Koehler & Amelang, 1972.

6 Falkenstein, T.: Hochsensible Männer, Junfermann, 2017, S. 30.

7 Kern, A.-B.: Nahrungsergänzung für hochsensible Menschen, Neobooks Self-Publishing, 2019.

8 Ebd., S. 47.

9 Boyce, T. W.: Orchidee oder Löwenzahn?, Droemer, 2019, S. 64.

10 Acevedo, B. et al.: The highly sensitive brain – an fMRI study of sensory processing sensitivity and response to others emotions, in: Brain and Behavior, vol. 4, Issue 4, July 2014, S. 580-594.

11 Greven et al.: Sensory Processing Sensitivity in the context of Environmental Sensitivity – A critical review and development of research agenda, in: Neuroscience and

behavioral Reviews 98, 2019, S. 287-305, zit. in: Wyrsch, P.: Neurosensitivität, Eigenverlag, 2020, S. 14-15.
12 Küster, B.: Von empfindsam bis hochsensibel, Kösel, 2021, S. 155ff.
13 Weissenböck, M.: Was versteht man unter einem Entwicklungstrauma? https://www.martinaweissenboeck.at/entwicklungstrauma/, abgerufen am 19.10.2021.
14 Schorr, B.: Hochsensible Mütter, SCM Hänssler, 2013, S. 69-71.
15 Jung, C. G.: Typologie, dtv, 9. Aufl. 2008, S. 71.
16 Aron, E.: Sind Sie hochsensibel?, mvg, 2005, S. 161.
17 Cain, S.: Still – Die Bedeutung von Introvertierten in einer lauten Welt, Riemann, 2011.
18 Aron: Sind Sie hochsensibel?, a. a. O., S. 159.
19 Thorne, A.: The Press of Personality – A study of Conversations Between Introverts and Extraverts, in: Journal of Personality and Social Psychology 53, 1987, S. 718ff, zit. in: Aron: Sind Sie hochsensibel?, a. a. O., 2005, S. 160.
20 SRF (Hg.): Unerwatete (sic!) Details über die Stillen. https://www.srf.ch/audio/kontext/still?partId=11043916, abgerufen am 06.10.2021.
21 Bradberry, T.: 9 Signs That You're An Ambivert. https://www.talentsmarteq.com/articles/9-Signs-That-You-re-An-Ambivert-952454316-p-1.html/, abgerufen am 19.10.2021.
22 Ewert, K.: Warum unser Gehirn Routinen liebt. Planet Wissen 19.03.2020. https://www.planet-wissen.de/gesellschaft/psychologie/gewohnheiten/gewohnheiten-hirnforschung-100.html, abgerufen am 12.05.2021.
23 Aristoteles: Nikomachische Ethik. Erstes Buch, Rowohlt, 5. Aufl. 2015, S. 90.

24 Kury, P.: Der überforderte Mensch. Eine Wissensgeschichte vom Stress zum Burnout, Campus Historische Studien, Band 66, Campus 2010, S. 67. Auf: https://zeithistorische-forschungen.de/sites/default/files/medien/material/2014-3/Kury_2012_1.pdf, abgerufen am 30.07.2021.

25 Ebd., S. 68.

26 Zimbardo, P. G.: Psychologie, Springer, 6. Aufl. 1995, S. 579, zit. in: Schönherr, C.: Belastungen und Bewältigungsstrategien von Einsatzkräften im Ausland, Masterarbeit an der Leopold-Franzens-Universität Innsbruck, 2003, S. 8.

27 Duden, Redewendungen, 5. Aufl. 1992, S. 766.

28 Vgl. Schorr, B.: Hochsensible im Beruf, SCM Hänssler, 2018, S. 71-84.

29 Erikson, E. H.: Identität und Lebenszyklus, Suhrkamp, 1966, S. 62.

30 Ebd., S. 64.

31 Ebd., S. 65.

32 Ebd., S. 66.

33 Vgl. Schorr: Hochsensible im Beruf, a. a. O., S. 65 und S. 84ff.

34 Homberg et al.: Sensory processing sensitivity and serotonin gene variance – Insights into mechanisms shaping environmental sensitivity, in: Neuroscience and Biobehavioral Reviews, Vol. 71, 2016, S. 472-483.

35 Aron, E.: Hochsensible Menschen in der Psychotherapie, Junfermann, 2014, S. 46ff.

36 Wyrsch, P.: Neurosensitivität, a. a. O., S. 20.

37 Carter, R.: Das Gehirn, Dorley Kindersley, 2014, S. 179.

38 Nicole Gonzalez: Insula (Inselrinde). Auf: Kenhub.

https://www.kenhub.com/de/library/anatomie/insula, abgerufen am 15.02.2021.
39 Carter: Das Gehirn, a.a.O., S. 179.
40 Fröhlich, W.D.: Wörterbuch Psychologie, dtv, 22. Aufl. 1998, S. 133.
41 Carter: Das Gehirn, a.a.O., S. 122.
42 Kaufmann, S.: Spiegelneuronen. Planet Wissen 28.08.2018. https://www.planet-wissen.de/natur/forschung/spiegelneuronen/index.html, abgerufen am 28.02.2021.
43 Vgl. Schorr, B.: Hochsensible in der Partnerschaft, SCM Hänssler, 2015, S. 119.
44 Homberg et al.: Sensory processing, a.a.O.
45 Aron: Hochsensible Menschen in der Psychotherapie, a.a.O., S. 46ff.
46 Acevedo et al.: The highly sensitive brain, a.a.O.
47 Institut für Hochsensibilität IFHS, auf Grundlage von Aron: Hochsensible Menschen in der Psychotherapie, a.a.O.
48 Fenner, D.: Hochsensibilität – Phänomenologische und ethische Überlegungen, Schwabe Verlag, 2021, S. 32.
49 Küster, B.: Von empfindsam bis hochsensibel, Kösel, 2021, S. 67ff.
50 Weikart, M.A.: Der philosophische Arzt. Bd. 3, Andreäische Buchhandlung, 1799, zit. nach: Wikipedia (Hg.): Aufmerksamkeitsdefizit-/Hyperaktivitätsstörung. https://de.wikipedia.org/wiki/Aufmerksamkeitsdefizit-/Hyperaktivit%C3%A4tsst%C3%B6rung, abgerufen am 17.03.2021.
51 Ratgeber AHDS (Hg.): ADHS – Stärken erkennen. https://www.adhs-ratgeber.com/adhs-selbstwahr-

nehmung-staerken-erkennen.html, abgerufen am 19.10.2021.

52 Neurologen und Psychiater im Netz (Hg.): Was ist eine Aufmerksamkeitsdefizit-Hyperaktivitätsstörung bzw. ADHS? https://www.neurologen-und-psychiater-im-netz.org/kinder-jugend-psychiatrie/erkrankungen/aufmerksamkeitsdefizit-hyperaktivitaetsstoerung-adhs/was-ist-adhs/, abgerufen am 16.03.2021.

53 Bundesärztekammer und Kassenärztliche Bundesvereinigung (Hg.): ADHS – einfach nur viel Energie oder schon hyperaktiv? Dezember 2019. Auf: https://www.patienten-information.de/kurzinformationen/adhs#, abgerufen am 16.03.2021.

54 Deutsches Institut für Medizinische Dokumentation und Information (Hg.): Kapitel V – Psychische und Verhaltensstörungen (F00-F99). https://www.dimdi.de/static/de/klassifikationen/icd/icd-10-who/kode-suche/htmlamtl2019/#V, abgerufen am 18.03.2021.

55 Aron: Hochsensible Menschen in der Psychotherapie, a. a. O., S. 269.

56 Lutter, A.: ADHS – was ist das und wie behandelt man? Lifeline 29.07.2020. https://www.lifeline.de/krankheiten/adhs/, abgerufen am 07.10.2021.

57 ICD-10-WHO Version 2019, zitiert nach: Deutsches Institut für Medizinische Dokumentation und Information (Hg.): Kapitel V, a. a. O.

58 Christopher Gillberg: Gone Asperger Gone? Gillberg Neuropsychiatry Centre, 05.12.2017. https://www.gu.se/en/gnc/gone-asperger-gone, abgerufen am 31.03.2021.

59 Atwood, T.: Das Asperger-Syndrom, TRIAS, 2010.

60 Remschmidt, H.: Autismus – Erscheinungsformen, Ursachen, Hilfen, C.H. Beck, 5. Aufl. 2012, S. 45.
61 Aron: Hochsensible Menschen in der Psychotherapie, a.a.O., S. 179.
62 Erikson, E.H.: Identität und Lebenszyklus, suhrkamp Taschenbuch, 1973, S. 78-79.
63 Brown, B.: Verletzlichkeit macht stark, Goldmann, 4. Aufl. 2017.
64 Wikipedia (Hg.): Schüchternheit. https://de.wikipedia.org/wiki/Schüchternheit, abgerufen am 31.03.2021.
65 Cain: Still, a.a.O., S. 155.
66 Ebd. S. 156ff.
67 Hensel, U.: Hochsensible Menschen im Coaching, Junfermann, 2015, S. 36.
68 Dreipunkt (Hg.): Damals und heute – Bindung und Beziehung im Erwachsenenalter. https://www.dreipunkt.team/2020/10/09/bindung-und-beziehung-im-erwachsenenalter/, abgerufen am 24.05.2021.
69 Mikulincer, M., Shaver, P.R.: Attachment in Adulthood, The Guilford Press, 2016, zit. auf: Paaruebungen.com (Hg.): Bindungsstile. https://paaruebungen.com/themen/bindungsstile/bindungsstile, abgerufen am 24.05.2021.
70 Test123 (Hg.): Personality – Openness. https://www.123test.com/personality-openness/, abgerufen am 18.09.2021.
71 Vgl. Schorr: Hochsensible im Beruf, a.a.O., S. 84-85.
72 Wikipedia (Hg.): Aufrichtigkeit. https://de.wikipedia.org/wiki/Aufrichtigkeit, abgerufen am 20.10.2021.
73 Helmut Stapel: Altruismus – Wie selbstlos ist die Selbstlosigkeit wirklich? Geo, 19.03.2021. https://www.geo.

de/wissen/altruismus-weshalb-dahinter-auch-egoismus-steckt-30437258.html, abgerufen am 03.05.2021.

74 Singer, T.: Empathie versus Mitgefühl, in: Singer, T., Bolz, M. (Hg.): Mitgefühl in Alltag und Forschung. E-Buch, 2013, Kap. 15, S. 282-297.

75 Ebd., S. 287.

76 Aristoteles: Nikomachische Ethik, a. a. O., S. 43.

77 Eudaimonic (Hg.): Eudaimonie. https://www.eudaimonic.at/eudaimonie/, abgerufen am 15.05.2021.

78 Seligman: Flourish, a. a. O., S. 27.

79 Kley, A.: Was ist »Exzellenz«. https://www.ius.uzh.ch/dam/jcr:00000000-3d12-7c07-0000-00006aad-5deb/WaIstExzellenz_Exzellenz.pdf, abgerufen am 29.07.2021.

80 Schorr: Hochsensible im Beruf, a. a. O., S. 84.

81 Schlorff, M.: International zertifiziertes Curriculum in Ego-State-Therapie, Seminar 1, 4./5. Juni 2021, S. 18.

82 Ebd.

83 DWDS (Hg.): Kohärenz. https://www.dwds.de/wb/Kohärenz, abgerufen am 19.07.2021.

84 Krause, F.: Dimensionen und Einflussfaktoren nach Antonovsky, Wikipedia (Hg.): Dreieck der Salutogenese. https://de.wikipedia.org/wiki/Salutogenese#/media/Datei:Dreieck_der_Salutogenese.png, abgerufen am 04.06.2021.

85 Senger, K.: Achtsamkeit und Selbstfürsorge, in: Psychotherapie im Dialog, 4/2017, S. 17.

86 Prochaska et al.: The Transtheoretical Model of Behavior Change, in: Shumaker, S. A. et al.: The Handbook of Health Behavior Change, Springer 2009, S. 59-83, zit. nach Potreck-Rose, F.: Selbstfürsorge, in: Psychotherapie im Dialog, 4/2017, S. 25.

87 Potreck-Rose: Selbstfürsorge, a. a. O., S. 25.
88 Ebd. S. 26.
89 Ebd., S. 27, mit leichten Änderungen von Brigitte Küster.
90 Maier, G. W.: Intrinsische Motivation, Gabler Wirtschaftslexikon. https://wirtschaftslexikon.gabler.de/definition/intrinsische-motivation-41764, abgerufen am 23.07.2021.
91 MSC (Hg.): Was ist Selbstmitgefühl? https://www.msc-selbstmitgefuehl.org/selbstmitgefuehl, abgerufen am 24.07.2021.
92 Resilienz Akademie (Hg.): Resilienz Definition. https://www.resilienz-akademie.com/resilienz/#Resilienz_Definition, abgerufen am 24.07.2021.
93 Werner, E.: Risiko und Resilienz im Leben von Kindern aus multiethnischen Familien, in: Zander, M. (Hg.): Handbuch Resilienzförderung, VS Verlag, 1. Aufl. 2011, S. 33.
94 Ebd., S. 37-38.
95 Ebd., S. 41.
96 Resilienz Akademie (Hg.): Sieben Säulen der Resilienz. https://www.resilienz-akademie.com/sieben-saeulen-der-resilienz/, abgerufen am 26.07.2021.
97 Löhndorf, A.: Kintsugi, Scorpio, 3. Aufl. 2021, S. 25ff.
98 Schorr: Hochsensible im Beruf, a. a. O., S. 84-88.
99 Ebd.
100 Bonelli, R. M.: Perfektionismus – Wenn das Soll zum Muss wird, Pattloch, 2014, S. 332ff.
101 Grundgesetz der Bundesrepublik Deutschland, 1949, Stand: 29.09.2020, Art. 1; Bundesverfassung der schweiz. Eidgenossenschaft, 1999, Stand: 01.01.2018, Art. 7.

102 Bieri, P.: Eine Art zu leben, Hanser, 2013, S. 11.
103 Vasco de Almeida Prado, P.: Über das, was wichtig ist, Lissabon, 1901, zit. in: Bieri.: Eine Art, a. a. O., o. S.
104 Bieri.: Eine Art, a. a. O., S. 309.
105 Ebd., S. 311.
106 Die Suche nach den Stichwörtern »Robben Island Nelson Mandela Garden« liefert eine Reihe von Fotos.
107 Todorov, T.: Angesichts des Äußersten, 1993, zit. in: Schreiber, M.: Würde – Was wir verlieren, wenn sie verloren geht, DVA, 2013, S. 8.
108 Nach Living at Home (Hg.): Tipps für mehr Neugierde im Alltag. https://www.livingathome.de/wellness-gesundheit/18469-rtkl-tipps-fuer-mehr-neugierde-im-alltag, abgerufen am 16.09.2021.
109 Merkle, R.: Wer nicht vertraut, findet kein Vertrauen. PAL, 23.02.2021. https://www.psychotipps.com/vertrauen.html, abgerufen am 05.08.2021.
110 Grießler, S.: Zwei Übungen um leichter Grenzen zu setzen. https://www.sissigriessler.at/post/übungen-um-leichter-grenzen-zu-setzen, abgerufen am 19.05.2021.
111 Germer, C.: Selbstfreundlichkeit, Arbor Verlag, 2019, S. 61.
112 Resilienz Akademie (Hg.): Akzeptanz. https://www.resilienz-akademie.com/akzeptanz-resiliente-grundhaltung/, abgerufen am 27.07.2021.
113 Vgl. Schorr: Hochsensible im Beruf, a. a. O., S. 177ff.
114 Resilienz Akademie (Hg.): Selbstreflexion – Sich selbst kennen und verstehen lernen. https://www.resilienz-akademie.com/reflexion/, abgerufen am 27.07.2021.
115 Mai, J.: Dankbarkeit lernen – 6 gute Gründe + 5 geniale Tipps. Karrierebibel, 08.06.2021. https://karrierebibel.de/dankbarkeit/, abgerufen am 18.09.2021.

116 Seligman, M.: Flourish – Wie Menschen aufblühen, Kösel, 5. Aufl. 2021, S. 53-54.

117 Aron, E.: The Highly Sensitive Person – Self-Tests. whttps://hsperson.com/test/, abgerufen am 12.10.2021.

118 Bradberry: 9 Signs That You're An Ambivert, a. a. O.; deutsch durch die Autorin.

119 Aron, E.: High Sensation Seeking Test. https://hsperson.com/test/high-sensation-seeking-test/, abgerufen am 12.10.2021.

120 Reichhart, T.: Das Prinzip Selbstfürsorge, Kösel, 2019, S. 24-27.

Brigitte Schorr
Hochsensible Mütter
SCM